プリント形式のリアル過去問で本番の臨場感！

大阪府

帝塚山学院泉ヶ丘中学校

2025年春受験用

解答集

本書は，実物をなるべくそのままに，プリント形式で年度ごとに収録しています。
問題用紙を教科別に分けて使うことができるので，本番さながらの演習ができます。

■ 収録内容

・解答集（この冊子です）

書籍ＩＤ番号，この問題集の使い方，最新年度実物データ，リアル過去問の活用，
解答例と解説，ご使用にあたってのお願い・ご注意，お問い合わせ

・2024（令和６）年度 ～ 2020（令和２）年度　学力検査問題

JN132486

〇は収録あり 年度	'24	'23	'22	'21	'20
■ 問題（1次A）	〇	〇	〇	〇	〇
■ 解答用紙	〇	〇	〇	〇	〇
■ 配点	〇	※1	〇	※2	〇

算数に解説があります

※1, 2…2023年度と2021年度理科の配点は非公表

☆問題文等の非掲載はありません

教英出版

■ 書籍ＩＤ番号

入試に役立つダウンロード付録や学校情報などを随時更新して掲載しています。
教英出版ウェブサイトの「ご購入者様のページ」画面で，書籍ＩＤ番号を入力してご利用ください。

書籍ＩＤ番号　123129

（有効期限：2025年9月30日まで）

【入試に役立つダウンロード付録】
「要点のまとめ(国語／算数)」
「課題作文演習」ほか

■ この問題集の使い方

年度ごとにプリント形式で収録しています。針を外して教科ごとに分けて使用します。①片側，②中央のどちらかでとじてありますので，下図を参考に，問題用紙と解答用紙に分けて準備をしましょう（解答用紙がない場合もあります）。

針を外すときは，けがをしないように十分注意してください。また，針を外すと紛失しやすくなりますので気をつけましょう。

① 片側でとじてあるもの

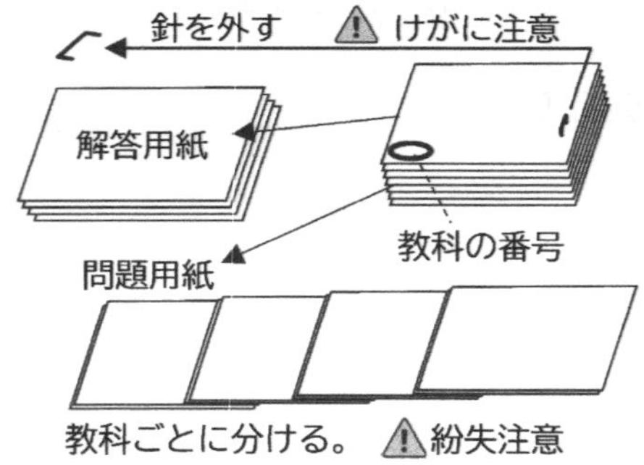

② 中央でとじてあるもの

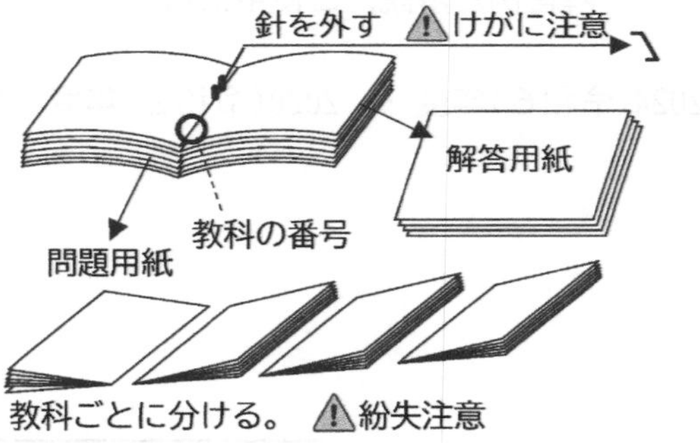

※教科数が上図と異なる場合があります。
解答用紙がない場合や，問題と一体になっている場合があります。
教科の番号は，教科ごとに分けるときの参考にしてください。

■ 最新年度 実物データ

実物をなるべくそのままに編集していますが，収録の都合上，実際の試験問題とは異なる場合があります。実物のサイズ，様式は右表で確認してください。

問題用紙	Ｂ５冊子(二つ折り)
解答用紙	Ｂ４片面プリント

リアル過去問の活用

～リアル過去問なら入試本番で力を発揮することができる～

本番を体験しよう！

問題用紙の形式（縦向き／横向き），問題の配置や余白など，実物に近い紙面構成なので本番の臨場感が味わえます。まずはパラパラとめくって眺めてみてください。「これが志望校の入試問題なんだ！」と思えば入試に向けて気持ちが高まることでしょう。

入試を知ろう！

同じ教科の過去数年分の問題紙面を並べて，見比べてみましょう。

①　問題の量

毎年同じ大問数か，年によって違うのか，また全体の問題量はどのくらいか知っておきましょう。どのくらいのスピードで解けば時間内に終わるのか，大問ひとつにかけられる時間を計算してみましょう。

②　出題分野

よく出題されている分野とそうでない分野を見つけましょう。同じような問題が過去にも出題されていることに気がつくはずです。

③　出題順序

得意な分野が毎年同じ大問番号で出題されていると分かれば，本番で取りこぼさないように先回りして解答することができるでしょう。

④　解答方法

記述式か選択式か（マークシートか），見ておきましょう。記述式なら，単位まで書く必要があるかどうか，文字数はどのくらいかなど，細かいところまでチェックしておきましょう。計算過程を書く必要があるかどうかも重要です。

⑤　問題の難易度

必ず正解したい基本問題，条件や指示の読み間違いといったケアレスミスに気をつけたい問題，後回しにしたほうがいい問題などをチェックしておきましょう。

問題を解こう！

志望校の入試傾向をつかんだら，問題を何度も解いていきましょう。ほかにも問題文の独特な言いまわしや，その学校独自の答え方を発見できることもあるでしょう。オリンピックや環境問題など，話題になった出来事を毎年出題する学校だと分かれば，日頃のニュースの見かたも変わってきます。

こうして志望校の入試傾向を知り対策を立てることこそが，過去問を解く最大の理由なのです。

実力を知ろう！

過去問を解くにあたって，得点はそれほど重要ではありません。大切なのは，志望校の過去問演習を通して，苦手な教科，苦手な分野を知ることです。苦手な教科，分野が分かったら，教科書や参考書に戻って重点的に学習する時間をつくりましょう。今の自分の実力を知れば，入試本番までの勉強の道すじが見えてきます。

試験に慣れよう！

入試では時間配分も重要です。本番で時間が足りなくなってあわてないように，リアル過去問で実戦演習をして，時間配分や出題パターンに慣れておきましょう。教科ごとに気持ちを切り替える練習もしておきましょう。

心を整えよう！

入試は誰でも緊張するものです。入試前日になったら，演習をやり尽くしたリアル過去問の表紙を眺めてみましょう。問題の内容を見る必要はもうありません。どんな形式だったかな？受験番号や氏名はどこに書くのかな？…ほんの少し見ておくだけでも，志望校の入試に向けて心の準備が整うことでしょう。

そして入試本番では，見慣れた問題紙面が緊張した心を落ち着かせてくれるはずです。

※まれに入試形式を変更する学校もありますが，条件はほかの受験生も同じです。心を整えてあせらずに問題に取りかかりましょう。

2024 解答例 令和6年度　帝塚山学院泉ヶ丘中学校

《国　語》

一　㈠エ　㈡Ⅰ．慣れない仕事が辛い　Ⅱ．当主としての責任　Ⅲ．心配させたくない　㈢仕事が忙しく、好きな絵を描く時間のない父がかわいそうだから。　㈣エ　㈤イ　㈥1．イ　2．エ　3．オ　4．ウ　㈦イ　㈧ウ　㈨Ⅰ．他の人なりの正しさ　Ⅱ．甘やかしすぎ

二　㈠1．エ　2．ウ　3．イ　4．ア　㈡ウ　㈢芽を出す時期が早いほうがいい場合と遅いほうがいい場合があるため、性格の異なる二つの種子を持っている。　㈣エ　㈤エ　㈥Ⅳ　㈦ア

三　⑴大輪　⑵形状　⑶口頭　⑷存分　⑸回想　⑹手製　⑺直　⑻若気　⑼正　⑽冷

四　[語句／意味]　⑴[エ／2]　⑵[イ／5]　⑶[ウ／1]　⑷[カ／4]　⑸[オ／3]

五　⑴イ　⑵オ　⑶エ　⑷ウ　⑸ア

《算　数》

1　⑴137　⑵$\frac{3}{8}$　⑶$\frac{5}{6}$　⑷$\frac{8}{11}$

2　⑴1600　⑵56　⑶25　⑷ア．5　イ．3　⑸106　⑹103　⑺0.86

3　⑴$\langle 140\times 25\rangle=2$　$\langle 162\times 25\rangle=1$　⑵80　⑶45

4　⑴45　⑵375　⑶16分20秒後

5　⑴1.5　⑵9　⑶3分20秒後／8分40秒後／19分20秒後

《理　科》

1　⑴ウ　⑵A．イ　B．ウ　⑶ア　⑷栄養分がたくわえられている。　⑸右表

		追いかけ回すメダカ		
		D	E	F
追いかけ回されるメダカ	E	○	＼	
	F	○	○	＼
	G	○		○

2　⑴イ，ウ　⑵①イ　②ウ　⑶①エ　②ア　⑷0.7　⑸オ　⑹イ

3　⑴ウ　⑵イ，エ　⑶ア　⑷エ　⑸イ，エ

4　⑴オ　⑵0.1　⑶3.2　⑷41　⑸ウ

5　⑴エ　⑵イ　⑶イ　⑷ウ　⑸200　⑹イ

6　⑴う　⑵イ　⑶イ，ウ　⑷ア，エ，オ　⑸エ

7　⑴震度　⑵○　⑶上流　⑷冬至　⑸フロン

《社　会》

1　問1．エ　問2．エ　問3．エ　問4．イ　問5．早く　問6．イ　問7．ウ　問8．イ　問9．エ　問10．ウ　問11．ダイバーシティ　問12．ウ　問13．エ　問14．イ　問15．ア　問16．エ　問17．ア　問18．複数の高速道路が通り，交通の便が良いから。　問19．イ

2　問1．ウ　問2．稲荷山　問3．ウ　問4．エ　問5．南蛮　問6．イ　問7．現在残っている世界最古の木造建築だから。　問8．仏教　問9．ア　問10．イ　問11．寝殿造　問12．イ　問13．太政大臣　問14．葛飾北斎　問15．目安箱　問16．エ　問17．ウ　問18．朱印船　問19．イ　問20．ア　問21．イ，ウ，エ

3　問1．a．象徴　b．承認　問2．イ　問3．サミット　問4．交戦権　問5．原水爆禁止世界大会　問6．イ　問7．エ　問8．ウ　問9．⑴二つの議院で話し合うことで慎重な審議を行うため。　⑵ア　問10．カ　問11．イ　問12．こども家庭庁　問13．ウ　問14．裁判員制度

1

(1)　与式＝(20−18)×75−13＝150−13＝**137**

(2)　与式＝$\{(\frac{6}{3}-\frac{1}{3})\times4-3\}\times\frac{1}{8}\times\frac{9}{11}=(\frac{5}{3}\times4-3)\times\frac{9}{88}=(\frac{20}{3}-\frac{9}{3})\times\frac{9}{88}=\frac{11}{3}\times\frac{9}{88}=\mathbf{\frac{3}{8}}$

(3)　与式＝$\{(\frac{11}{4}+\frac{3}{8})\div\frac{5}{4}+\frac{15}{32}\div(\frac{7}{8}-\frac{3}{4})\}\times\frac{2}{15}=\{(\frac{22}{8}+\frac{3}{8})\times\frac{4}{5}+\frac{15}{32}\div(\frac{7}{8}-\frac{6}{8})\}\times\frac{2}{15}=(\frac{25}{8}\times\frac{4}{5}+\frac{15}{32}\times8)\times\frac{2}{15}=$ $(\frac{5}{2}+\frac{15}{4})\times\frac{2}{15}=(\frac{10}{4}+\frac{15}{4})\times\frac{2}{15}=\frac{25}{4}\times\frac{2}{15}=\mathbf{\frac{5}{6}}$

(4)　与式より，$2\div\square-(\frac{59}{10}-\frac{7}{2})=\frac{1}{2}\times\frac{7}{10}$　　$2\div\square-(\frac{59}{10}-\frac{35}{10})=\frac{7}{20}$　　$2\div\square-\frac{24}{10}=\frac{7}{20}$　　$2\div\square=\frac{7}{20}+\frac{12}{5}$
$2\div\square=\frac{7}{20}+\frac{48}{20}$　　$\square=2\times\frac{20}{55}=\mathbf{\frac{8}{11}}$

2

(1)　**【解き方】原価の４割と原価の 15%との差が 400 円である。**
原価の４割を㊵とすると，原価の 15%は⑮だから，㊵−⑮＝400　　㉕＝400
よって，原価は $400\times\frac{\boxed{100}}{\boxed{25}}$＝**1600**(円)である。

(2)　**【解き方】Aは 28 より大きい整数であり，128−16＝112 と 196−28＝168 の公約数である。**

2) 112　168
2) 56　84
2) 28　42
7) 14　21
　　2　3

公約数は最大公約数の約数である。最大公約数を求めるときは，右の筆算のように割り切れる数で次々に割っていき，割った数をすべてかけあわせればよい。よって，112 と 168 の最大公約数は，２×２×２×７＝56 であり，56 の約数のうち，28 より大きい整数は 56 だけだから，整数Aは **56** である。

(3)　**【解き方】Bの個数と，Cの個数の３倍の和は 52 個である。**
BとCの個数の合計は 34 個だから，52−34＝18(個)がCの個数の３−１＝２(倍)にあたる。よって，Cの個数は 18÷２＝９(個)だから，Bの個数は 34−９＝**25**(個)である。

(4)　**【解き方】Aの順位は１位ではなく，後ろにCがいるので２位か３位，Bの順位は１位か２位か３位，Cの順位は３位か４位である。Dについての条件はないので，A，B，Cの順位について樹形図をかいて考える。**
Dについては残り１つの順位を当てはめればよいので，右の樹形図より，４人の順位として考えられるものは**5**通りあり，Bが１位になるのは○印をつけた**3**通りある。

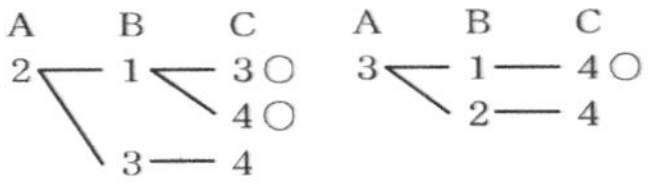

(5)　**【解き方】午前９時 55 分に乗れなかった人が１人のとき，待っていた人数が最も少なくなる。**
午前９時の発車から午前 10 時の発車までにジェットコースターは 60÷５＋１＝13(回)発車する。最後の発車から１回前の午前９時 55 分の発車までに乗った人は 30×12＝360(人)であり，午前 10 時の発車までにさらに３×５＝15(人)並び，発車と同時に待つ人の列がなくなる。よって，午前９時 55 分の発車時に待つ人が１人であればよい。
午前８時 30 分から午前９時 55 分までの 85 分間に並んだ人数は３×85＝255(人)だから，求める人数は 360−255＋１＝**106**(人)である。

(6)　右図で，ABとDCは平行だから，角ABD＝角BDC＝44°
向かい合う角は等しいから，角㋐＝角AFB＝180°−(33°＋44°)＝**103°**

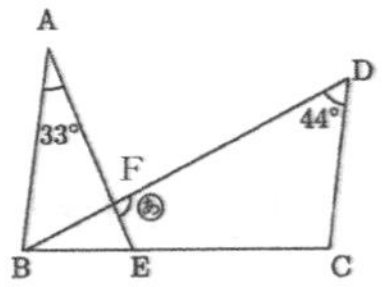

(7)　**【解き方】右図のように補助線を引く。**
小さい円の半径は４÷２＝２(cm)だから，求める面積は１辺の長さが２cmの正方形の面積から，半径が２cm，中心角が 90°のおうぎ形の面積を引いた値(あたい)なので，
$2\times2-2\times2\times3.14\times\frac{90°}{360°}$＝**0.86**(cm²)である。

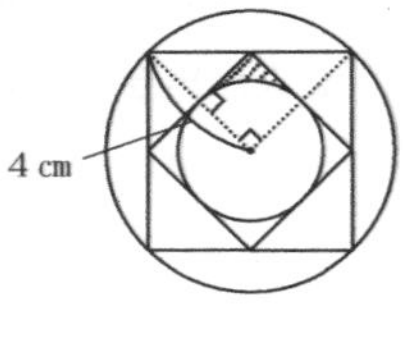

3 (1) 140×25＝3500より，〈140×25〉＝**2**，162×25＝4050より，〈162×25〉＝**1**である。

(2) **【解き方】整数Aから2を引いた数は6の倍数だから，一の位の数が8になる6の倍数を考える。**

1から99までの数のうち，一の位の数が8になる6の倍数は18，48，78の3個ある。よって，整数Aのうち最大の数は78＋2＝**80**である。

(3) **【解き方】整数Bから4を引いた数は8の倍数であり，〈B〉＝2だから，百の位の数が9以外で，十の位の数が9，一の位の数が6となるような4桁の8の倍数の個数を求める。**

96÷8＝12だから，96は8の倍数である。また，8の倍数のうち，十の位と一の位の数が0となる最小の数は200だから，96に200の倍数を足すと8の倍数になる。よって，整数Bから4を引いた数の百の位以下の数が096，296，496，696，896となるとき，条件に合う。千の位の数は1から9までの9通りあるから，整数Bは全部で5×9＝**45**(個)ある。

4 (1) **【解き方】(水面の高さ)＝(水の体積)÷(底面積)で求める。水は毎分250×60＝15000(㎤)の割合で入れる。**

グラフより，水を入れ始めて6分後から11分後までは水面の高さが一定になっているので，Aの部分からBの部分へ水が仕切りをこえて流れこんでいる。よって，仕切りの高さは水を入れ始めて6分後の水面の高さと等しいから，15000×6÷(40×50)＝**45**(㎝)である。

(2) **【解き方】AとBの部分の底面積は等しく，それぞれ6÷2＝3(分間)で底面から仕切りの高さまでの容積の半分に水が入る。よって，水を入れ始めて9分後，Bの部分には9－6＝3(分間)だけ水が流れこんだので，底面から仕切りの高さまでの容積の半分に水が入っている。**

Bの部分に入っている水の水面の高さは，9分後からさらに11－9＝2(分後)に仕切りの高さと等しくなる。

水を入れる部分の底面積が等しいとき，1分あたりに入れる水の量の比は，水面が同じ高さになるのにかかる時間の比の逆比だから，3：2の逆比の2：3となる。したがって，9分以降の入れる水の量は毎秒(250×$\frac{3}{2}$)㎤＝毎秒**375**㎤である。

(3) **【解き方】同じ時間に入れる水の量が等しいとき，かかる時間の比は水を入れる部分の体積比に等しい。**

水を入れ始めて9分後から11分後までに入れた水の体積と，11分後に水が入っていない部分の容積の比は，(40×50×45÷2)：{80×50×(75－45)}＝3：8である。よって，11分後以降，水そうが満水になるまでに，さらに2×$\frac{8}{3}$＝$\frac{16}{3}$＝5$\frac{1}{3}$(分)→5分20秒かかるから，求める時間は11分＋5分20秒＝**16分20秒(後)**である。

5 (1) かなさんは1分あたり，通路の道のり全体の$\frac{26}{520}$＝$\frac{1}{20}$だけ進む。よって，かなさんのいる場所の地上からの高さは，1分あたり30×$\frac{1}{20}$＝**1.5**(m)ずつ減る。

(2) **【解き方】かなさんがPを出発して2分後以降，かなさんとそうたさんの2人が1分間に進む道のりの比は26：13＝2：1である。**

かなさんはPを出発して2分後，通路を26×2＝52(m)進んだから，地上から30×$\frac{520-52}{520}$＝27(m)のところにいる。ここから2人が出会うまでに進む道のりの比は2：1なので，地上から27×$\frac{1}{2+1}$＝**9**(m)のところで出会う。

(3) **【解き方】2人がはじめて互(たが)いに真上と真下になるのは，2人が合わせて水そうを半周したときであり，そこから2人合わせて水そうを1周するごとに互(たが)いに真上と真下になる。ただし，2人合わせて2周半したときは2人が出会うときなので，真上と真下にはならないことに気をつける。**

水そう半周の道のりは520÷2.5÷2＝208÷2＝104(m)である。よって，2人がはじめて互いに真上と真下になるのは，かなさんが出発してから，2＋(104－52)÷(26＋13)＝3$\frac{1}{3}$(分後)→**3分20秒後**である。

２回目は２人合わせて水そうを１周半したときであり，２人合わせてさらに208mだけ進んだときだから，１回目の $208 \div 39 = 5\frac{1}{3}$(分後)→５分20秒後より，３分20秒後＋５分20秒後＝**8分40秒後**である。

３回目は２人合わせて水そうを３周半したときだから，２回目の５分20秒後×２＝10分40秒後より，

８分40秒後＋10分40秒後＝**19分20秒後**である。

かなさんがQに着くのは出発してから520÷26＝20(分後)だから，これらは条件に合う。

2023 解答例 令和５年度

帝塚山学院泉ヶ丘中学校

《国　語》

一　㈠ア　㈡エ　㈢ウ　㈣エ　㈤上から目線で、雨音のことを困っているとかかわいそうとか決めつけたものであるため、それに対していら立ちを感じた　㈥１．エ　２．ウ　３．ア　４．イ　㈦ア　㈧ウ

二　㈠ウ　㈡ウ　㈢Ⅰ．善悪をあまりにも決めつけて生きてきた　Ⅱ．仕事と遊びのバランスを上手にとっている　㈣イ　㈤１．イ　２．ウ　３．ア　４．エ　㈥エ　㈦イ　㈧ウ

三　⑴圧力　⑵遺産　⑶衛生　⑷貨物　⑸拡散　⑹改　⑺築　⑻導　⑼修　⑽群

四　⑴○　⑵くい　⑶かじり　⑷腕〔別解〕うで　⑸○

五　⑴エ　⑵イ　⑶ア　⑷ウ　⑸オ

《算　数》

1　⑴2023　⑵6.08　⑶$\frac{65}{123}$　⑷$\frac{1}{14}$

2　⑴8500　⑵ⓐ3　ⓘ4　⑶あ．37　い．31　う．29　え．23　⑷9　⑸9，53　⑹9　⑺28.5　⑻1

3　⑴0.785　⑵1，2，48

4　⑴119　⑵90　⑶白…60　赤…120　青…179

5　⑴8　⑵$10\frac{2}{7}$　⑶72

《理　科》

1　⑴イ，エ　⑵B　⑶エ　⑷ア　⑸オ　⑹表面積が大きくなるから

2　⑴イ　⑵エ　⑶エ　⑷エ

3　⑴イ，ウ　⑵20　⑶4　⑷11.5　⑸ウ　⑹エ

4　⑴ウ　⑵ウ　⑶ウ　⑷ウ　⑸水　⑹ア，エ

5　⑴①あ，い，う　②い　⑵①オ　②イ　⑶エ，オ　⑷え

6　⑴A．450　B．240　⑵(あ)58　(い)100　(う)200　⑶ウ　⑷(え)20　(お)90

7　⑴台風の目　⑵○　⑶7　⑷下弦の月　⑸○

《社　会》

1　問１．①A．ア　大阪府…イ　②ウ　問２．①ア　②ア　③ハザードマップ　問３．①イ　②ア　③桑　④ア　⑤ウ　問４．①ウ　②エ　③やませ　④大型機械が導入できることで１人あたりの生産量が増える。　問５．①ア　②エ　問６．①イ　②イ　問７．A．ウ　C．オ

2　問１．ウ　問２．イ　問３．ウ　問４．イ　問５．イ　問６．和　問７．エ　問８．イ　問９．仏教の力で国家を安定させることを願った。　問10．エ　問11．清少納言　問12．ウ　問13．太政大臣　問14．ア　問15．イ　問16．エ　問17．ア　問18．イ　問19．ア　問20．ノルマントン号　問21．ア　問22．イ　問23．エ　問24．エ

3　問１．①B　②グラフBの選挙年が３年ごとだから。　③期日前投票　問２．①三権分立　②エ　③エ　④イ　問３．①P．象徴　Q．主権　②イ　問４．エ　問５．①イ　②エ

1 (1) 与式＝(20－6＋20×5＋5)×17＝(19＋100)×17＝119×17＝**2023**

(2) 与式＝(1.15＋5.85)×5－28.92＝7×5－28.92＝35－28.92＝**6.08**

(3) 与式＝$\left\{3\frac{1}{6}-\left(1\frac{12}{18}+\frac{1}{18}\right)\right\}\div\left(3-\frac{7}{6}\times\frac{8}{35}\right)=\left(3\frac{3}{18}-1\frac{13}{18}\right)\div\left(3-\frac{4}{15}\right)=\left(\frac{57}{18}-\frac{31}{18}\right)\div\frac{41}{15}=\frac{26}{18}\times\frac{15}{41}=\mathbf{\frac{65}{123}}$

(4) 与式＝$\left(\frac{3}{4}-\frac{5}{12}\right)-\frac{3}{7}\times\left(\frac{11}{18}-\frac{1}{2}\right)-\frac{4}{21}\times1\frac{1}{8}=\left(\frac{9}{12}-\frac{5}{12}\right)-\frac{3}{7}\times\left(\frac{11}{18}-\frac{9}{18}\right)-\frac{4}{21}\times\frac{9}{8}=\frac{4}{12}-\frac{3}{7}\times\frac{2}{18}-\frac{3}{14}=$
$\frac{1}{3}-\frac{1}{21}-\frac{3}{14}=\frac{14-2-9}{42}=\frac{3}{42}=\mathbf{\frac{1}{14}}$

2 (1) **【解き方】くつを買った残りのお金は持っていたお金の$1-\frac{45}{100}=\frac{55}{100}$(倍)，Ｔシャツを買った残りのお金は，くつを買った残りのお金の$1-\frac{48}{100}=\frac{52}{100}$(倍)である。**

くつとＴシャツを買った後に残ったお金は，はじめに持っていた金額の$\frac{55}{100}\times\frac{52}{100}=\frac{143}{500}$(倍)となる。よって，はじめに持っていたお金は，$2431\div\frac{143}{500}$＝**8500**(円)

(2) **【解き方】[あ]＋[い]＝30－(2＋4＋9＋3＋5)＝7(人)である。この7人全員が6点だったとして，実際との差を考えればよい。**

４点と６点の人の合計点は，5.4×30－(0×2＋1×4＋5×9＋9×3＋10×5)＝162－126＝36(点)である。７人全員が６点とすると，合計点は6×7＝42(点)となり，実際の得点より42－36＝6(点)高い。６点の人を４点の人におきかえると１人あたり6－4＝2(点)低くなるから，４点の人は6÷2＝**3**(人)，６点の人は7－3＝**4**(人)

(3) **【解き方】[あ]，[い]，[う]，[え]のうち，大きい数と小さい数を入れるところを考える。**

[い]－[う]は割る数なので，２数の差を小さくする必要がある。[い]は[う]より大きいから，[い]＝**31**，[う]＝**29**のとき，差が２となり最小である。[え]はどの数を入れても$\frac{1}{[え]}$が０より大きく１未満の数なので大きな差は出ない。

よって，割られる数である[あ]を大きい数にすればよいから，[あ]＝**37**，[え]＝**23**とすればよい。

(4) **【解き方】29を割って２余り，48を割って３余る数は，29－2＝27と48－3＝45の公約数のうち３より大きい数である。**

```
3) 27  45
3)  9  15
    3   5
```

右の筆算より，27と45の最大公約数は3×3＝9だから，公約数は９の約数の１，３，９である。このうち３より大きい数は９だから，整数Ａは**9**である。

(5) **【解き方】１つの窓口では，１人の対応に$36\div\frac{24}{2}$＝3(分)かかる。お客さんが５分に１人増えるので，３分と５分の最小公倍数15分ごとの人数の変化を考える。また，お客さんが少なくなったとき，１つの窓口のみで対応している場合があることに気をつける。**

２つの窓口だと15分で対応できるお客さんは，15÷3×2＝10(人)，15分で増えるお客さんは15÷5＝3(人)だから，合計では７人減ることになる。24÷7＝3余り3より，15×3＝45(分後)に並んでいるお客さんは３人となる。２つの窓口を①，②とし，右図のように営業開始から45分後以降のお客さんの対応をしている時間を実線で表した。48分後にお客さんは１人となるので，そのお客さんを窓口①で対応すると，窓口②が空くことになる。窓口①のお客さんの対応が終わる前に，50分後にお客さんが新たに１人増え，そのお客さんは窓口②で対応することになる。よって，53分後に初めてお客さんがいない状態になるので，求める時刻は，午前**9**時**53**分である。

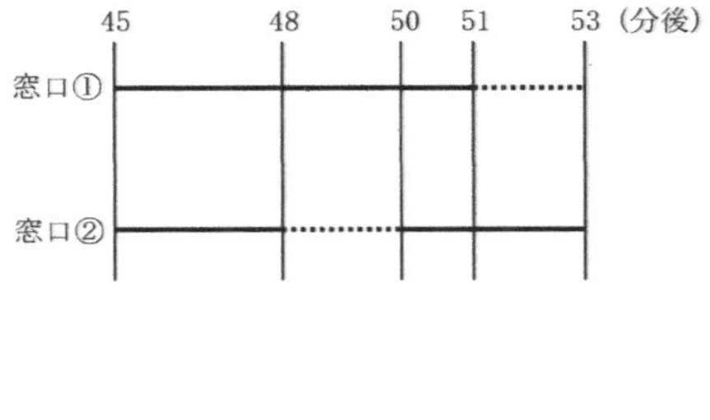

図1

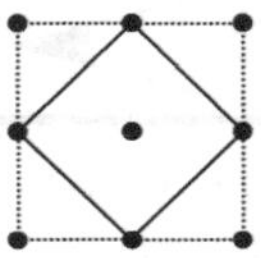

図2

(6)　**【解き方】対角線の長さが2cmの正方形の面積は2×2÷2＝2(㎠)だから，図1のような4点を結んだときに正方形の面積が2㎠となる。**

図1の四角形の左側の点の位置に注目して考える。25個の点のうち，図1の図形をつくれるのは図2の点線で囲った部分に四角形の左側の点があるときだから，求める正方形の個数は**9**個である。

(7)　**【解き方】ＢＤの長さは求められないが，正方形ＡＢＣＤの面積からＢＤ×ＢＤは求められる。**

正方形ＡＢＣＤの面積は，10×10＝100(㎠)だから，ＢＤ×ＢＤ÷2＝100より，ＢＤ×ＢＤ＝200となる。また，おうぎ形ＥＢＤは，半径をＢＤとする円の$\frac{45°}{360°}=\frac{1}{8}$の面積であり，斜線部分の面積は，おうぎ形ＥＢＤから直角二等辺三角形ＡＢＤの面積を引いた値(あたい)だから，ＢＤ×ＢＤ×3.14×$\frac{1}{8}$−10×10÷2＝200×3.14×$\frac{1}{8}$−50＝**28.5**(㎠)

(8)　**【解き方】1辺5cmの立方体は水につかっていない部分があるので，容器の底面積が1辺5cmの立方体の底面積の分だけ減ったと考えればよい。また，水の体積が変わらないので，水の底面積と高さは反比例の関係となる。**

容器の底面積は10×10＝100(㎠)，1辺5cmの立方体の底面積は5×5＝25(㎠)だから，水の底面積は最初と比べて，$\frac{100-25}{100}=\frac{3}{4}$になった。よって，水の高さは最初の$\frac{4}{3}$倍となる。したがって，水面の高さは，3×($\frac{4}{3}$−1)＝**1**(cm)高くなった。

3　(1)　**【解き方】地図上の2cmは実際には2cm×25000＝50000cm＝500m＝0.5kmである。**

公園の実際の面積は，0.5×0.5×3.14＝**0.785**(㎢)

(2)　公園の円周は0.5×2×3.14＝3.14(km)である。これを時速3kmで歩くと，3.14÷3＝$1\frac{14}{300}$(時間)となるので，$\frac{14}{300}$時間＝($\frac{14}{300}$×60)分＝$\frac{14}{5}$分＝$2\frac{4}{5}$分，$\frac{4}{5}$分＝($\frac{4}{5}$×60)秒＝48秒より，求める時間は，**1**時間**2**分**48**秒となる。

4　(1)　120等分されたとき，間隔(かんかく)の数が120個だから，その間にある白色の印は120−1＝**119**(か所)である。

(2)　**【解き方】白の印は60÷120＝$\frac{1}{2}$(m)，赤の印は60÷150＝$\frac{2}{5}$(m)ずつつける。それぞれの印の場所を表1のようにまとめると，初めて同じ場所に印をつけるのは2mの場所であり，以降は2mごとに同じ場所に印がある。**

表1

白の印	$\frac{1}{2}$	1	$\frac{3}{2}$	2	
赤の印	$\frac{2}{5}$	$\frac{4}{5}$	$\frac{6}{5}$	$\frac{8}{5}$	2

白と赤の印をつけた場所は，60÷2＝30より30−1＝29(か所)である。

よって，②の後に白の印がついている場所は，119−29＝**90**(か所)

(3)　**【解き方】青の印は60÷180＝$\frac{1}{3}$(m)ずつつけるので，(2)と同様に表2にまとめる。このとき，白の印とは1mごと，赤の印とは2mごとに重なることがわかる。**

表2

青の印	$\frac{1}{3}$	$\frac{2}{3}$	1	$\frac{4}{3}$	$\frac{5}{3}$	2

白の印のうち「(整数)m」の場所につけた印はすべて青の印になっているが，「(分数)m」の場所のものはすべて残っている。したがって，白の印がついている場所の数は，120÷2＝**60**(か所)である。

赤の印のうち「(整数)m」の場所につけた29か所の印はすべて青の印になっているが，「(分数)m」の場所のものはすべて残っている。したがって，赤の印がついている場所の数は，150−1−29＝**120**(か所)である。

青の印がついている場所の数は，180−1＝**179**(か所)である。

5 ⑴　**【解き方】正六角形の外接円の中心をOとする。出発して４秒後に直線ＰＱが正六角形の面積を２等分するので，図１のように，４秒後にＰ，ＱはＯについて点対称の位置にある。**

図１
（４秒後）

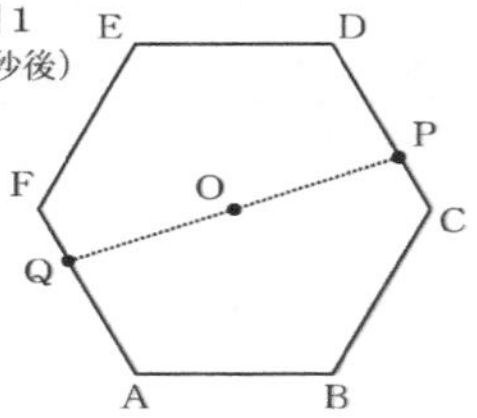

４秒後に，ＰとＱが進んだ道のりの合計が正六角形の周の長さの$\frac{1}{2}$になるのだから，進んだ道のりの合計が１周ぶんになって重なるのは，$4\times2=$ **8** (秒後)

⑵　**【解き方】正六角形は図２の実線によって合同な６つの正三角形に分けられる。このことを利用して，三角形ＡＣＤの面積が正六角形の面積の何倍かを求め，三角形ＡＣＤと三角形ＡＰＤの面積比からＣＤ：ＰＤを求める。**

図２
（４秒後）

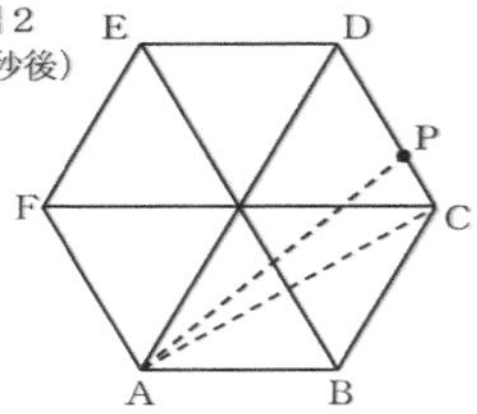

三角形ＡＣＤの面積は正三角形が$1+2\times\frac{1}{2}=2$ (つ)ぶんだから，三角形ＡＣＤの面積は正六角形の面積の，$\frac{2}{6}=\frac{1}{3}$である。

三角形ＡＣＤと三角形ＡＰＤは，底辺をそれぞれＣＤ，ＰＤとしたときの高さが等しいから，ＣＤ：ＰＤは面積比と等しく，$\frac{1}{3}:\frac{2}{9}=3:2$である。したがって，ＣＰの長さはＣＤの長さの$\frac{3-2}{3}=\frac{1}{3}$だから，正六角形の１辺の長さを１とすると，Ｐは４秒で$2\frac{1}{3}=\frac{7}{3}$進む。

Ｐの速さは秒速$\frac{7}{3}\div4=\frac{7}{12}$だから，１周して初めてＡに重なるのにかかる時間は，$6\div\frac{7}{12}=\frac{72}{7}=$ $\mathbf{10\frac{2}{7}}$ (秒後)

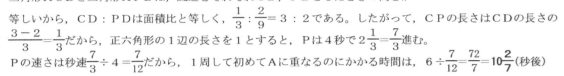

⑶　**【解き方】ここまでの解説をふまえる。ＰとＱは８秒ごとに重なるので，８と「Ｐが１周するのにかかる時間」，または，８と「Ｑが１周するのにかかる時間」の最小公倍数を求める。**

Ｑは４秒で$\frac{2}{3}$進むので，Ｑの速さは秒速$\frac{2}{3}\div4=\frac{1}{6}$，１周するのにかかる時間は，$6\div\frac{1}{6}=36$ (秒)である。

「Ｐが１周するのにかかる時間」は分数のため最小公倍数を求めづらいので，８と「Ｑが１周するのにかかる時間」の最小公倍数を求める。８と 36 の最小公倍数は 72 だから，求める時間は **72** 秒後である。

2022 解答例 帝塚山学院泉ヶ丘中学校
令和４年度

《国　語》

一 (一)1．イ　2．ア　3．エ　4．オ　5．ウ　(二)イ　(三)イ，エ　(四)家族そろって家にいるのが一番で自分たちは家族を大切にしている　(五)エ　(六)イ　(七)ウ　(八)エ　(九)ア

二 (一)1．ア　2．エ　3．イ　(二)ア　(三)ウ　(四)ア　(五)エ　(六)最初…日本人は日　最後…らソトの人　(七)日本語を選んだ他者の気持ちを自分のもののように感じとる共感と、日本語は国際的な共有物だという認識

三 (1)閣議　(2)痛快　(3)推理　(4)節操　(5)復興　(6)潮　(7)縮　(8)務　(9)奮　(10)豊

四 (1)イ　(2)オ　(3)ア　(4)イ　(5)エ

五 (1)イ　(2)オ　(3)ア　(4)ウ　(5)エ

《算　数》

1 (1)1101　(2)0.525　(3)$\frac{1}{25}$　(4)$4\frac{8}{9}$

2 (1)1500　(2)60　(3)500　(4)月　(5)13　(6)102　(7)27.84

3 (1)6　(2)5　(3)3720

4 (1)48　(2)8，18　(3)11.2

5 (1)7.5　(2)4　(3)$21\frac{1}{3}$

《理　科》

1 (1)ウ　(2)(植物による)光合成量と呼吸量が等しくなったから　(3)25　(4)20　(5)イ　(6)ウ　(7)イ　(8)ウ　(9)エ　(10)①エ　②ウ

2 (1)エ　(2)①ア　②イ　(3)(あ)エ　(お)イ　(4)イ　(5)ウ　(6)①ウ　②イ　(7)①イ　②ウ　③エ

3 (1)図３…２　図４…１　(2)①ウ　②ウ　(3)あ．180　い．90　う．45　(4)①1500　②600　③75　(5)ウ

4 (1)イ　(2)れき　(3)アンタレス　(4)○　(5)○　(6)福岡

《社　会》

1 問１．エ　問２．卵からふ化させた稚魚や稚貝をある程度育てたあとで海や川に放流し，成長してからとる漁業。
問３．(1)近郊農業　(2)西経 40 度　(3)カ　問４．ウ　問５．(1)イ　(2)金沢　(3)Ⅰ．神通　Ⅱ．カドミウム
Ⅲ．イタイイタイ病　問６．ウ　問７．(1)ア　(2)Ⅱ．ア　Ⅲ．ウ　(3)イ　問８．(1)オ　(2)エ　問９．(1)那覇　(2)ア

2 問１．ウ　問２．租　問３．集落のまわりを大きな二重のほりやさくなどで囲み，守りを固めた。
問４．吉野ケ里　問５．蘇我　問６．ア　問７．九州／近畿　問８．B→D→C→A
問９．中尊寺金色堂　問10．藤原頼通　問11．ア　問12．防塁〔別解〕石塁　問13．イ
問14．渡来人　問15．H→F→E→G　問16．エ　問17．ア　問18．エ　問19．大塩平八郎
問20．イ　問21．明智光秀　問22．小村寿太郎　問23．領事裁判〔別解〕治外法
問24．K→J→I→L

3 問１．(1)行政　(2)国民審査　(3)ウ　(4)一つの機関に権力が集中しないようにするため。　問２．(1)イ　(2)イ
(3)政党　問３．(1)ウ　(2)選挙管理委員会　問４．(1)永久　(2)エ　問５．(1)9　(2)防衛省
問６．(1)国民投票　(2)天皇

帝塚山学院泉ヶ丘中学校

1 (1) 与式＝1221－43×(13－8)＋95＝1221－215＋95＝1101

(2) 与式＝1.05＋0.75÷3.2×3.2÷10－0.6＝1.05＋0.075－0.6＝1.125－0.6＝0.525

(3) 与式＝$\{(\frac{38}{10}-2\times\frac{15}{8})\times\frac{16}{35}+\frac{4}{100}\}\div\frac{11}{7}=\{(\frac{19}{5}-\frac{15}{4})\times\frac{16}{35}+\frac{1}{25}\}\times\frac{7}{11}=\{(\frac{76}{20}-\frac{75}{20})\times\frac{16}{35}+\frac{1}{25}\}\times\frac{7}{11}=$
$(\frac{1}{20}\times\frac{16}{35}+\frac{1}{25})\times\frac{7}{11}=\frac{1}{20}\times\frac{16}{35}\times\frac{7}{11}+\frac{1}{25}\times\frac{7}{11}=\frac{4}{25\times11}+\frac{7}{25\times11}=\frac{11}{25\times11}=\frac{1}{25}$

(4) 与式より，$12\div(□\div3\frac{2}{3})=9$　$□\div3\frac{2}{3}=12\div9$　$□\div\frac{11}{3}=\frac{4}{3}$　$□=\frac{4}{3}\times\frac{11}{3}=\frac{44}{9}=4\frac{8}{9}$

2 (1) **【解き方】問題文より，一番少ないのはＣさんと考えられるから，Ｃさんのもらうお金を①として考える。**

Ｂさんのもらうお金は，①×２＋300＝②＋300(円)だから，Ａさんのもらうお金は，(②＋300)×２－100＝④＋500(円)になる。したがって，④＋②＋①＝⑦は，5000－300－500＝4200(円)にあたるから，Ｃさんは4200÷７＝600(円)，Ｂさんは600×２＋300＝1500(円)をもらう。

(2) **【解き方】60分間に４つのゲートを通った人数は，2400＋200×60＝14400(人)である。**

60分間に１つのゲートを通った人数は，14400÷４＝3600(人)だから，１分間に１つのゲートを通る人数は，3600÷60＝60(人)

(3) **【解き方】商品１個の仕入れ値を１とすると，定価は１×(１＋0.2)＝1.2，定価の１割引きの値段は1.2×(１－0.1)＝1.08になる。**

定価で40個売れたから，その売り上げは，1.2×40＝48

定価の１割引きで，100－40－５＝55(個)売れたから，その売り上げは，1.08×55＝59.4

仕入れ値の合計は１×100＝100だから，利益は，48＋59.4－100＝7.4になる。これが3700円にあたるから，商品１個あたりの仕入れ値は，3700÷7.4＝500(円)

(4) **【解き方】Ａ組の20番は20の倍数ごと，Ｂ組の16番は16の倍数ごとに当番がくる。**

20と16の最小公倍数は80だから，Ａ組の20番とＢ組の16番が同じ日に当番になるのは，金曜日を１日目としたときの80日目である。Ａ組の１番とＢ組の１番が同じ日に当番になるのは，金曜日を１日目としたときの81日目である。月曜日から土曜日までは６日あるから，81÷６＝13余り３より，81日目は金曜日から数えて３日目の月曜日である。

(5) **【解き方】つるかめ算で解く。**

Ａさんが20回全部負けると，Ａさんの得点は30－１×20＝10(点)になり，実際より62－10＝52(点)低い。

Ａさんの１回の負けを勝ちにかえると，Ａさんの得点は３＋１＝４(点)増えるから，Ａさんの勝った回数は，52÷４＝13(回)

(6) **【解き方】Ａさんが解き終えるのにかかった日数を，Ｂさんのペースで解く場合の問題数を考える。**

１日に解く問題を８－６＝２(題)増やすと，Ａさんが解き終えるのにかかった日数で８題ずつ解くと，問題が４×８＋(８－６)＝34(題)多くなるから，Ａさんが解き終えるのにかかった日数は，34÷２＝17(日)になる。

この教科書にある練習問題は，６×17＝102(題)

(7) **【解き方】右のように作図して，おうぎ形ＯＡＤと三角形ＯＡＢの面積の和から，三角形ＯＢＤの面積を引けばよい。**

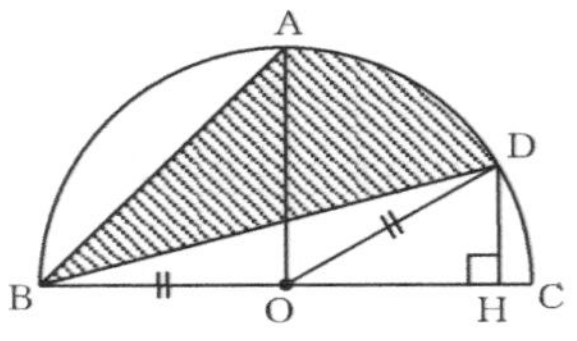

右図で，三角形ＯＢＤはＯＢ＝ＯＤの二等辺三角形だから，

角ＯＤＢ＝角ＯＢＤ＝15°，角ＤＯＣ＝角ＯＢＤ＋角ＯＤＢ＝15°＋15°＝30°

よって，角ＡＯＤ＝90°－30°＝60°　　また，三角形ＯＤＨは，ＯＤを１辺とする正三角形を半分にした直角三角形だから，ＤＨ＝ＯＤ×$\frac{1}{2}$＝６×$\frac{1}{2}$＝３(cm)である。

したがって，求める面積は，６×６×3.14×$\frac{60°}{360°}$＋６×６÷２－６×３÷２＝18.84＋18－９＝27.84(cm²)

3 (1)　**【解き方】まず，和が３になる３つの整数を考え，それらを並べ替えてできる３けたの整数を求める。**

和が３になる３つの整数の組は，（３，０，０）（２，１，０）（１，１，１）がある。

（３，０，０）（１，１，１）をそれぞれ使った３けたの整数は，300，111 の１個ずつしかない。

（２，１，０）は，210，201，120，102 の４個の３けたの整数ができるから，全部で，１＋１＋４＝６(個)

(2)　**【解き方】(1)と同様に考えるが，５の倍数の一の位は０か５だから，一の位が０か５になる３けたの整数を求めるが，各位の数の和が５になる３けたの整数で一の位が５になる整数はない。**

和が５になる３つの整数の組のうち，０または５を含むものは，（５，０，０）（４，１，０）（３，２，０）がある。

（５，０，０）を使った３けたの５の倍数は 500 の１個しかない。

（４，１，０）を使った３けたの５の倍数は 410，140 の２個ある。

（３，２，０）を使った３けたの５の倍数は 230，320 の２個あるから，全部で，１＋２＋２＝５(個)

(3)　**【解き方】(1)と同様に考える。**

和が５になる３つの整数の組は，（５，０，０）（４，１，０）（３，２，０）（３，１，１）（２，２，１）がある。

（５，０，０）を使った３けたの整数は 500 の１個ある。

（４，１，０）を使った３けたの整数は 410，401，140，104 の４個あるから，和は 410＋401＋140＋104＝1055

（３，２，０）を使った３けたの整数は 320，302，230，203 の４個あるから，和は 320＋302＋230＋203＝1055

（３，１，１）を使った３けたの整数は 311，131，113 の３個あるから，和は 311＋131＋113＝555

（２，２，１）を使った３けたの整数は 221，212，122 の３個あるから，和は 221＋212＋122＝555

よって，すべてたすと，500＋1055＋1055＋555＋555＝3720

4 (1)　**【解き方】バスが１往復する間に停車していた時間は４分間だから，44－４＝40(分)で１往復している。**

40 分間＝$\frac{40}{60}$時間＝$\frac{2}{3}$時間で 16×２＝32(km)進むから，バスの速さは，時速(32÷$\frac{2}{3}$)km＝時速 48 km

(2)　**【解き方】Ａさんは，駅から動物園までを 16÷16＝１(時間)＝60 分で進む。また，バスは動物園と駅の間を 40÷２＝20(分)で進むから，午前８時に動物園に到着したバスとＡさんの駅からの位置を表すグラフは，右図のようになる。**

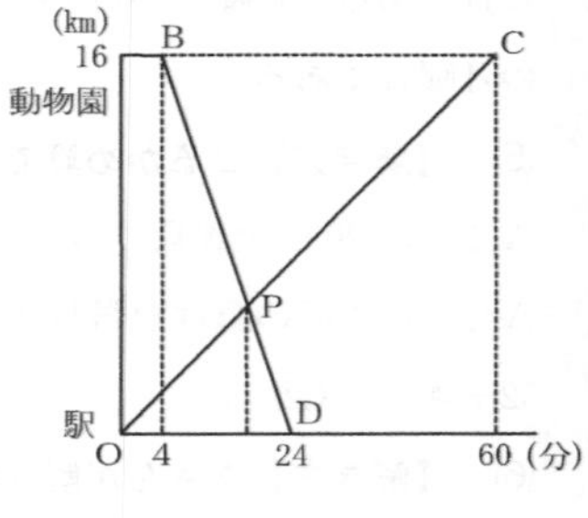

三角形ＯＰＤと三角形ＣＰＢは，同じ形の三角形であり，

ＯＰ：ＣＰ＝ＯＤ：ＣＢ＝24：(60－４)＝３：７になる。

よって，ＯＰ：ＯＣ＝３：(３＋７)＝３：10 だから，

Ａさんが駅行きのバスに初めて出会うのは，出発してから 60×$\frac{3}{10}$＝18(分後)のことである。これは午前８時 18 分である。

(3)　**【解き方】(2)でかいたグラフに，午前８時に駅に到着したバスの位置を表すグラフと，午前８時に動物園に到着したバスが駅に到着して再び動物園に向かうグラフをかき入れると右のようになる。**

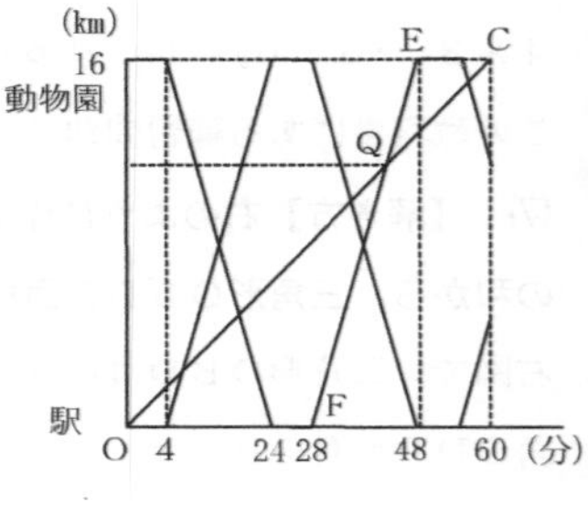

右図で，Ａさんが２台のバスにあわせて２回追い越されるのは，Ｑ地点である。

三角形ＯＱＦと三角形ＣＱＥは，同じ形の三角形であり，

ＯＱ：ＣＱ＝ＯＦ：ＣＥ＝28：(60－48)＝７：３になる。

よって，ＯＱ：ＯＣ＝７：10 だから，Ａさんが２回目に追い越されるのは，駅から $16\times\frac{7}{10}=11.2$(km)の地点。

5 (1) **【解き方】看板の影の横の長さは４ｍだから，影の縦の長さは 36÷４＝９(ｍ)になる。**

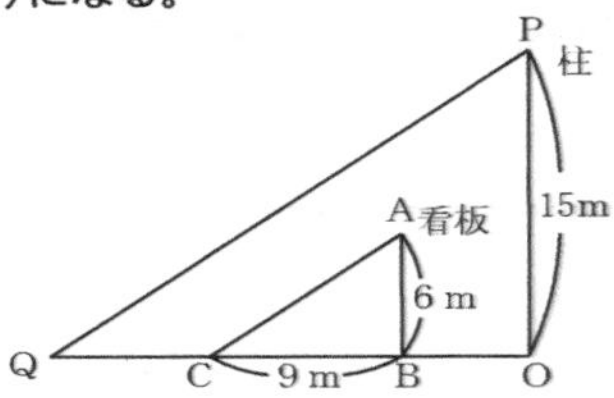

右図は，看板を真横から見た図である。

ＡＣとＰＱは平行だから，三角形ＡＢＣと三角形ＰＯＱは同じ形の三角形であり，

ＢＣ：ＯＱ＝ＡＢ：ＰＯ＝６：15＝２：５になる。

よって，ＯＱ＝ＢＣ$\times\frac{5}{2}=9\times\frac{5}{2}=22.5$(m)で，ＯＢ＝６ｍだから，

ＣＱ＝22.5－９－６＝7.5(m)

(2) **【解き方】影は右図のようにできる。**

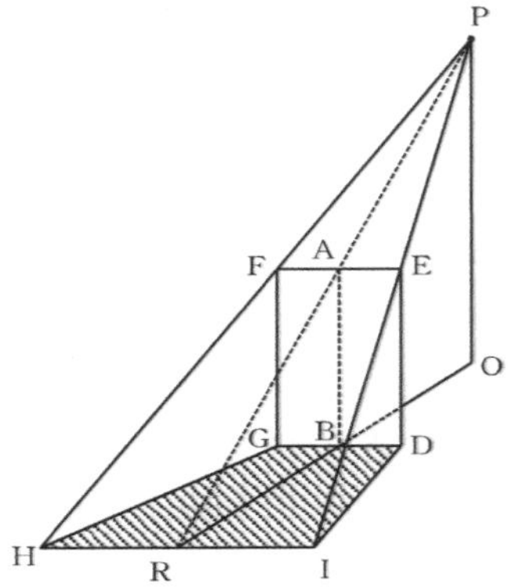

三角形ＰＯＲと三角形ＡＢＲは同じ形の三角形であり，

ＲＯ：ＲＢ＝ＰＯ：ＡＢ＝15：６＝５：２になる。

ＯＢ：ＲＢ＝(５－２)：２＝３：２で，ＯＢ＝６ｍだから，

ＲＢ＝ＯＢ$\times\frac{2}{3}=6\times\frac{2}{3}=4$(m)

(3) **【解き方】(2)をふまえる。**

右図でＩＨとＥＦは平行だから，三角形ＰＩＨと三角形ＰＥＦは同じ形の三角形である。(2)より，ＰＲ：ＡＲ＝ＰＯ：ＡＢ＝５：２だから，

ＰＨ：ＦＨも５：２になるので，ＰＨ：ＰＦ＝５：(５－２)＝５：３

よって，ＩＨ：ＥＦ＝５：３で，ＥＦ＝４ｍだから，ＩＨ＝ＥＦ$\times\frac{5}{3}=4\times\frac{5}{3}=\frac{20}{3}$(m)

したがって，台形ＧＨＩＤの面積は，$(4+\frac{20}{3})\times4\div2=\frac{64}{3}=21\frac{1}{3}$(m²)

帝塚山学院泉ヶ丘中学校

《国　語》

一 (一)エ　(二)1．イ　2．ア　3．ウ　(三)「ブンちゃん」の賛成を得ることができて安心した　(四)Ⅰ．ヒーロー　Ⅱ．多数決　Ⅲ．かなう子は誰もいない　Ⅳ．負けるはずがない　(五)ア　(六)ウ　(七)(1)「信号を渡る」という日本語のまちがいが正されている点。　(2)一年生や二年生にもわかりやすい言葉を使っている点。　(八)ア　(九)Ⅰ．ウ　Ⅱ．イ

二 (一)ウ　(二)エ　(三)楽しい会話をしたいけれど話せる人がいないので、楽しい話をしている人を見るとうらやましくなって　(四)B　(五)ア　(六)イ　(七)1．ウ　2．エ　3．イ　(八)Ⅰ．悪口を言って気持ちがいい　Ⅱ．言いたい悪口をグッと我慢する　Ⅲ．自分がとてもいやな人間のように思えて　Ⅳ．爽快感　(九)イ　(十)ウ

三 (1)検察　(2)欠航　(3)警笛　(4)条約　(5)包帯　(6)※学校当局により問題削除　(7)幹　(8)散　(9)厚　(10)浅

四 ［誤／正／記号］ (1)［行／光／ウ］　(2)［才／災／ア］　(3)［詩／止／オ］　(4)［実／日／イ］　(5)［法／方／エ］

五 (1)イ　(2)オ　(3)エ　(4)ウ　(5)ア

《算　数》

1 (1)116　(2)0.42　(3)$\frac{2}{3}$　(4)$\frac{5}{9}$

2 (1)117　(2)1400　(3)100円玉…12　500円玉…2　(4)42　(5)A．72　B．80　C．73　D．81　(6)105　(7)30.84　(8)1．A　2．B　3．B　4．A　5．B　6．A　7．B　8．B

3 (1)10　(2)6

4 (1)18　(2)19　(3)4

5 (1)5：1　(2)18　(3)69：14

《理　科》

1 A．(1)E，F　(2)D，F　(3)空気　(4)F　(5)b　(6)ウ　B．(1)毛細血管　(2)物質X…二酸化炭素　器官C…肺　(3)呼吸　(4)b　(5)イ

2 A．(1)酸素…B　温度…A，D　(2)①ウ，エ　②エ　③ア　④燃えるときにビーカー内の酸素を用いて，発生した二酸化炭素は石灰水に溶けた　B．(3)ア，イ　(4)352　(5)X．240　Y．198　(6)56

3 A．(1)C　(2)エ　(3)F，G　(4)G　B．(1)ア．60　イ．120　(2)場所…オ　重さ…30　(3)右図　(4)30g…エ　つるさない…オ　(5)e

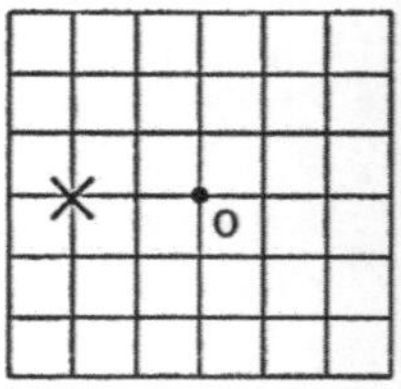

4 (1)イ　(2)○　(3)○　(4)日食　(5)クレーター　(6)しん食

《社　会》

1 問1．①エ　②石狩川　③新潟県　④イ　⑤ア　　問2．①近郊〔別解〕園芸　②ウ　③ウ　④促成
問3．①ウ　②ア　　問4．①太平洋ベルト　②Ⅰ．エ　Ⅱ．イ　Ⅲ．ウ　Ⅳ．ア　③エ　④成田…エ
名古屋…ア　⑤衣類…中国〔別解〕中華人民共和国　石油…サウジアラビア　⑥B．ウ　D．エ

2 問1．卑弥呼　　問2．イ　　問3．ア　　問4．前方後円　　問5．①埴輪〔別解〕はにわ　②埼玉県
問6．長安　　問7．①ア　②エ　③木簡　　問8．国風　　問9．イ　　問10．藤原頼通
問11．D．チンギス・ハン　E．北条時宗　　問12．イ　　問13．奉公　　問14．金閣　　問15．エ
問16．ウ　　問17．①イ　②イ　　問18．絵踏〔別解〕踏み絵

3 問1．エ　　問2．①三権分立　②C．立法　D．行政　E．司法　　問3．①戦争放棄　②沖縄県　③原子爆弾
問4．ウ　　問5．ア　　問6．イ　　問7．①エ　②エ　　問8．イ　　問9．1946，11，3

【算数の解説】

1 (1)　与式$=2\times376\times\frac{1}{8}+1738\div79=94+22=116$

(2)　与式$=0.138+(0.421-0.28)\div0.5=0.138+0.141\div0.5=0.138+0.282=0.42$

(3)　与式$=\frac{11}{30}\div\{(\frac{5}{6}-\frac{2}{6})\times\frac{5}{2}-\frac{1}{3}\}\times\frac{5}{3}=\frac{11}{30}\div(\frac{3}{6}\times\frac{5}{2}-\frac{1}{3})\times\frac{5}{3}=\frac{11}{30}\div(\frac{15}{12}-\frac{4}{12})\times\frac{5}{3}=\frac{11}{30}\times\frac{12}{11}\times\frac{5}{3}=\frac{2}{3}$

(4)　与式$=(2\frac{1}{8}+\frac{1}{12})\div(6\frac{13}{20}-4\frac{1}{4})-\frac{7}{12}\times\frac{5}{8}=(2\frac{3}{24}+\frac{2}{24})\div(6\frac{13}{20}-4\frac{5}{20})-\frac{35}{96}=2\frac{5}{24}\div2\frac{2}{5}-\frac{35}{96}=\frac{53}{24}\times\frac{5}{12}-\frac{35}{96}=$
$\frac{265}{288}-\frac{105}{288}=\frac{160}{288}=\frac{5}{9}$

2 (1)　**【解き方】部員全員が11球ずつ運ぶと，10球ずつ運ぶ場合より，(11－7)＋7＝11(球)多く運べることから，部員の人数を求められる。**

1人あたり運ぶボールが11－10＝1(球)増えると，運べるボールが11球増えるから，部員の人数は，11÷1＝11(人)である。よって，ボールの数は，10×11＋7＝117(球)

(2)　**【解き方】売り値が仕入れ値の何倍かを考える。**

定価は仕入れ値の$1+\frac{3}{10}=\frac{13}{10}$(倍)だから，売り値は仕入れ値の$\frac{13}{10}\times(1-\frac{25}{100})=\frac{39}{40}$(倍)となる。

よって，仕入れ値の$1-\frac{39}{40}=\frac{1}{40}$(倍)が35円にあたるから，仕入れ値は，$35\div\frac{1}{40}=1400$(円)

(3)　**【解き方】総額の十の位から10円玉の枚数がわかる。100円玉と500円玉についてはつるかめ算を利用する。**

総額の十の位が8だから，10円玉は8枚か18枚だが，18枚だと残りがすべて500円玉でも2280円に届かない。したがって10円玉は8枚だから，100円玉と500円玉は，枚数の合計が22－8＝14(枚)，金額の合計が2280－80＝2200(円)である。500円玉14枚だと500×14＝7000(円)になり，2200円より7000－2200＝4800(円)高くなる。500円玉1枚を100玉1枚に置きかえると，金額が500－100＝400(円)低くなるから，100円玉の枚数は，4800÷400＝12(枚)，500円玉の枚数は，14－12＝2(枚)である。

(4)　**【解き方】午前8時8分の便から午前9時12分の便までに乗った人数の合計を考える。**

午前8時のバスが1便目で，午前9時12分は72分後だから，午前9時12分のバスは1＋72÷8＝10(便目)である。午前8時8分の2便目から10便目までのバスに乗った人数は，90＋4×72＝378(人)である。

よって，1便あたりの乗車の人数は，378÷(10－1)＝42(人)

⑸　**【解き方】平均点から合計点を出し，１人ずつの点数を求めていく。**

ＡとＢとＣとＤの合計点は76.5×４＝306(点)，ＡとＢとＣの合計点は75×３＝225(点)，ＢとＣとＤの合計点は78×３＝234(点)だから，Ａの得点は306－234＝72(点)，Ｄの得点は306－225＝81(点)である。ＢとＣの合計点は，225－72＝153(点)で，Ｂの得点はＣの得点より７点高いから，Ｂの得点は(153＋７)÷２＝80(点)，Ｃの得点は80－７＝73(点)である。

⑹　**【解き方】ＡＢ＝ＢＣ，ＢＥ＝ＢＣより，三角形ＢＡＥはＡＢ＝ＢＥの二等辺三角形であることを利用する。**

三角形ＢＡＥは二等辺三角形で，角ＡＢＥ＝90°－60°＝30°だから，角ＢＡＥ＝(180°－30°)÷２＝75°

ＡＢとＤＣが平行だから，錯角は等しく，角ＤＦＡ＝角ＢＡＥ＝75°　　よって，角㋐＝180°－75°＝105°

⑺　**【解き方】中心が通ってできる線は右図の太線で表わされる線である。**

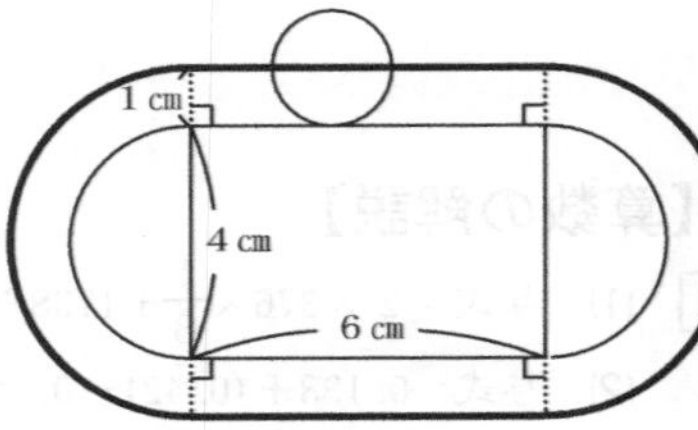

太線のうち直線部分の長さの和は，６＋６＝12(cm)

太線の曲線部分２つを合わせると，直径が１×２＋４＝６(cm)の円の円周になる。よって，求める長さは，12＋６×3.14＝30.84(cm)

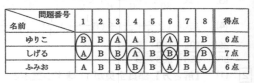

⑻　**【解き方】しげるさんは１問まちがえたのだから，しげるさんがまちがえた問題がどれかを考える。**

名前＼問題番号	1	2	3	4	5	6	7	8	得点
ゆりこ	B	B	A	A	B	A	B	B	6点
しげる	A	B	B	A	B	B	B	B	7点
ふみお	A	B	B	B	B	A	B	A	6点

右図は，ゆりこさんとしげるさん，しげるさんとふみおさんの解答がちがうところに印をつけたものである。

しげるさんがまちがえたのが印がついていない問題だとすると，ゆりこさんとふみおさんの得点が合わない。

しげるさんがまちがえたのが１番，３番，４番，８番のいずれかだとすると，ゆりこさんかふみおさんの得点が合わない。

よって，しげるさんがまちがえたのは６番だけだから，正しい答えは１番から順に，ＡＢＢＡＢＡＢＢである。

3　⑴　**【解き方】ＡとＣの高さが同じなので，水面の高さがＡの高さをこえたということはない。したがって，水の体積を，(Ｃの底面積)－(Ａの底面積)で割ればよい。**

水の体積は，８×10×４＝320(cm³)　　Ａを入れたことで，水が入っている部分の底面積は，８×10－６×８＝32(cm²)になった。よって，水面の高さは，320÷32＝10(cm)になった。

⑵　**【解き方】まず，Ｂの沈んでいる部分の体積を求める。沈んでいる部分を底面積が異なる２つの直方体に分ける(高さが㋐以下の部分と，㋐より上の部分)と，２つの直方体の高さの合計と体積の合計がわかるので，つるかめ算を使って解くことができる。**

⑴のときよりも水面が上がらないのだから，水面は㋐よりも高いとわかる。

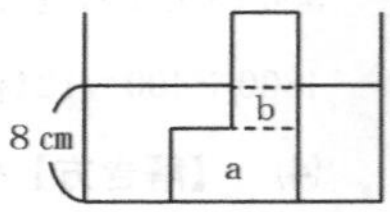

Ｃの底から８cmの高さまでの，水と立体の体積の合計は，８×10×８＝640(cm³)で，水の体積が320 cm³だから，立体の体積は640－320＝320(cm³)である。

Ｂの沈んでいる部分について，底面積が６×８＝48(cm²)の部分をａ，底面積が４×４＝16(cm²)の部分をｂとする。

ａとｂの体積の合計は320 cm³で，高さの合計は８cmである。ｂの高さ８cm分の体積は，16×８＝128(cm³)で，320 cm³より320－128＝192(cm³)小さい。ｂの高さ１cm分の体積をａの高さ１cm分の体積に置きかえると，体積は48×１－16×１＝32(cm³)大きくなるから，ａの高さ，つまり㋐の長さは，192÷32＝６(cm)である。

4 (1) **【解き方】A以外の７つの点のうち２点の組み合わせを考える。**

辺ＡＤを３等分する点をＧ，Ｈ，辺ＢＣを３等分する点をＩ，Ｊとする。Ａ以外の２つの点の選び方は，右図より，６＋５＋４＋３＋２＋１＝21(通り)で，×印のときは三角形はできないから，できる三角形の個数は，21－３＝18(個)

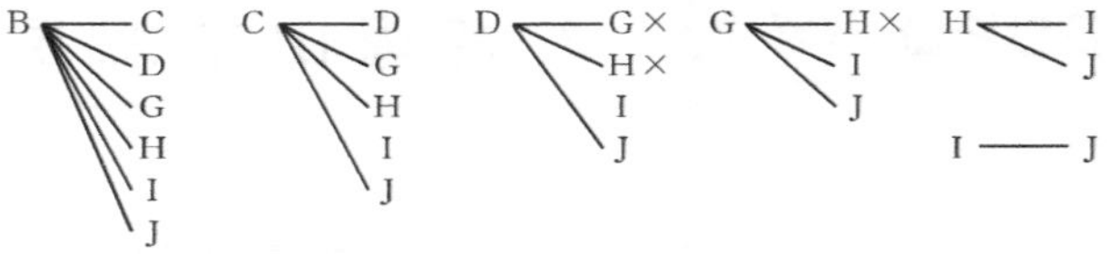

(2) (1)と同じように考えると，Ａ以外の２つの点の選び方は 21 通りある。そのうち三角形ができないのは，ＥとＢを選んだときと，ＥＦの真ん中の点とＣを選んだときだから，できる三角形の個数は，21－２＝19(個)

(3) **【解き方】底辺が６cmで高さが 12 cm，または，底辺が 12 cmで高さが６cmになる三角形を探せばよい。**

面積が 36 cm²の三角形は，三角形ＡＥＦ，三角形ＡＥＣ，三角形ＡＣＦ，および，ＥＦの真ん中の点とＡとＢを結んでできる三角形だから，全部で４個できる。

5 (1) **【解き方】兄と弟それぞれが，家からピザ屋までにかかる時間を求める。速さの比は，同じ道のりを進むのにかかる時間の比の逆比と等しくなる。**

家からピザ屋まで，兄は３分，弟は３＋12＝15(分)かかる。この比は３：15＝１：５だから，兄と弟の速さの比はこの逆比の５：１である。

(2) **【解き方】兄が弟に追いついた地点をＰとする。速さの比を利用して，ピザ屋からＰまでの道のりを進むのに，兄と弟がそれぞれ何分かかったかを考える。**

兄がピザ屋を出発したとき，兄と弟の速さの比は，$(5\times\frac{4}{5})$：１＝４：１だから，同じ道のりを進むのにかかる時間の比はこの逆比の１：４である。兄はピザ屋からＰまで２分かかったのだから，弟は$2\times\frac{4}{1}=8$(分)かかったことになる。よって，弟がピザ屋を通過したのは兄がピザ屋を出発する８－２＝６(分前)であり，兄がピザ屋に着いた 12 分後でもあるから，兄がピザを買うのにかかった時間は，12＋６＝18(分)である。

(3) **【解き方】(2)をふまえる。一定の速さで進むとき，道のりの比はかかった時間の比と等しくなる。すべての道のりを同じ速さで歩いた弟が，家からＰまでと，Ｐから祖父の家まででそれぞれ何分かかったかを考えればよい。**

弟が家からＰまでにかかった時間は，15＋８＝23(分)

Ｐから祖父の家までに兄と弟がかかった時間の比は１：４であり，この比の数の４－１＝３が３分 30 秒＝$3\frac{1}{2}$分＝$\frac{7}{2}$分にあたる。したがって，弟がＰから祖父の家までにかかった時間は，$\frac{7}{2}\times\frac{4}{3}=\frac{14}{3}$(分)である。

よって，家からＰまでと，Ｐから祖父の家までの道のりの比は，$23:\frac{14}{3}=69:14$

2020 解答例 令和2年度　帝塚山学院泉ヶ丘中学校

《国　語》

一　(一)1．ウ　2．イ　3．ア　(二)エ　(三)母親が大量に睡眠導入剤をのんで、意識がなくなったということ。
(四)Ⅰ．こわばっていた　Ⅱ．立ち尽くして　Ⅲ．子どもは宝だ　Ⅳ．少しずつ力がぬけていった　(五)ウ　(六)ア　(七)イ
(八)自分が見た稲妻も母の言葉も自分の感情もいつかは言葉に変換でき、その言葉の力は自分を支えてくれる　(九)エ

二　(一)ウ　(二)1．ウ　2．エ　3．イ　4．オ　(三)ウ　(四)B　(五)エ　(六)その作品でなければ伝えられない思いや価値観があると考えて生み出した、世界でたった一つの大事な作品。　(七)Ⅰ．データ　Ⅱ．思いや価値観　Ⅲ．メッセージ　Ⅳ．態度を取ること　(八)ア

三　(1)操　(2)有益　(3)損　(4)経済　(5)納　(6)調停　(7)浴　(8)孝行　(9)借　(10)資質

四　(1)ア　(2)エ　(3)ウ　(4)イ　(5)ウ

五　(1)エ　(2)ア　(3)イ　(4)ウ　(5)ウ

《算　数》

1　(1)1315　(2)9.8　(3)$\frac{5}{8}$　(4)$1\frac{1}{4}$

2　(1)90　(2)3　(3)520　(4)2.4　(5)30　(6)43　(7)9　(8)105

3　(1)17　(2)30　(3)8，15

4　(1)6　(2)8，15　(3)3，20

5　(1)右図　(2)右図

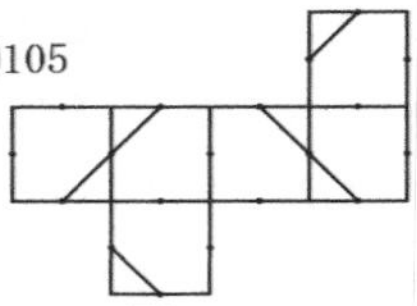

5(1)の図

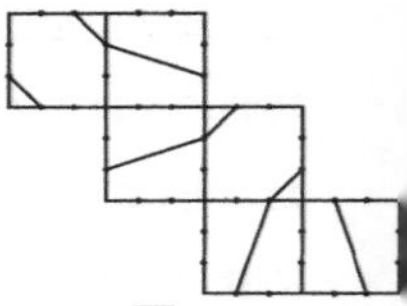

5(2)の図

《理　科》

1　(1)①ウ　②あ，い，お　(2)メダカ…イ，ウ　か…ア　(3)イ　(4)①二酸化炭素　②でんぷん　(5)カ　(6)イ　(7)イ　(8)ア　(9)光合成をおこなうには緑色の光は必要ないが，赤色と青色の光が必要である。

2　(1)エ　(2)A．い　B．え　(3)ウ　(4)F，J，K　(5)イ　(6)ウ　(7)①320　②25　(8)③240　④25　(9)ウ

3　(1)3　(2)60　(3)9　(4)C　(5)80　(6)L　(7)オ　(8)あ．L　い．H　(9)ア

4　(1)1　(2)○　(3)冬　(4)○　(5)高潮　(6)○

《社　会》

1　問1．エ　問2．ウ　問3．①ウ　②白神山地　③イ　問4．a．洪水　b．温暖化
問5．ハザードマップ　問6．エ　問7．県名…秋田県　祭り…ウ　問8．エ　問9．①ウ　②イ
問10．①X．オ　Y．イ　②北海道　③抑制栽培〔別解〕高冷地農業　問11．a．カ　b．ア　問12．ウ
問13．①加工貿易　②エ　問14．①太平洋ベルト　②イ　問15．イ　問16．ウ　問17．①成田…千葉県　名古屋…愛知県　②a．ウ　b．ク

2　問1．①渡来人　②ウ　問2．前方後円墳　問3．イ　問4．①租　②聖武天皇　問5．①寝殿造　②エ
問6．エ　問7．①エ　②イ　問8．ウ　問9．足利義政　問10．①今川義元　②ザビエル
問11．①イ　②歌川広重　問12．①ウ　②小村寿太郎　問13．ア　問14．①X．朝鮮　Y．台湾　②イ
問15．満州事変　問16．イ　問17．A．征夷大将軍　B．北条時宗　C．徳川慶喜

←解答例は前のページにありますので，そちらをご覧ください。

1 (1)　与式＝1360－９×(６＋37－２－６×６)＝1360－９×(41－36)＝1360－９×５＝1360－45＝1315

(2)　与式＝(0.49×２×９－0.98×0.1)÷$(1.09-\frac{1}{40}\div\frac{1}{8})$＝(0.98×９－0.98×0.1)÷$(1.09-\frac{1}{5})$＝
0.98×(９－0.1)÷(1.09－0.2)＝0.98×8.9÷0.89＝0.98×10×0.89÷0.89＝9.8

(3)　与式＝$2\frac{1}{12}-(\frac{44}{4}-\frac{39}{4})\times\frac{7}{6}=2\frac{1}{12}-\frac{5}{4}\times\frac{7}{6}=2\frac{2}{24}-\frac{35}{24}=1\frac{26}{24}-1\frac{11}{24}=\frac{15}{24}=\frac{5}{8}$

(4)　与式より，$(2\frac{1}{3}-□\div\frac{3}{2})\times7+11.5=22$　$(2\frac{1}{3}-□\div\frac{3}{2})\times7=22-11.5$　$2\frac{1}{3}-□\div\frac{3}{2}=10.5\div7$
$□\div\frac{3}{2}=2\frac{1}{3}-1.5$　$□\div\frac{3}{2}=\frac{5}{6}$　$□=\frac{5}{6}\times\frac{3}{2}=\frac{5}{4}=1\frac{1}{4}$

2 (1)　仕事全体の量を，15と18の最小公倍数の90とする。A，B，Cの３人が１日でする仕事の量は90÷15＝６，B，Cの２人が１日でする仕事の量は90÷18＝５だから，Aが１日でする仕事の量は６－５＝１である。
よって，Aだけでこの仕事をすると，90÷１＝90(日)かかる。

(2)　右のような表をかいて，㋐に入る数を求める。
㋑＝35－18＝17，㋒＝17－９＝８だから，㋐＝11－８＝３
よって，求める人数は３人である。

		算数		合計
		合格	不合格	
国語	合格	㋐	㋒	11
	不合格		9	
合計		18	㋑	35

(3)　１枚16円の画用紙を予定していた枚数だけ買ったとすると，代金は16×６＝96(円)低くなり，余ったお金は96＋８＝104(円)となる。この状態で16円の画用紙を20円の画用紙におきかえると，１枚ごとに代金は20－16＝４(円)高くなるから，104÷４＝26(枚)をおきかえることができる。
よって，予定していた枚数は26枚だから，持っていったお金は，20×26＝520(円)

(4)　25分＝$\frac{25}{60}$時間＝$\frac{5}{12}$時間だから，下りの速さは，時速$(7\div\frac{5}{12})$km＝時速$\frac{84}{5}$kmである。速さの比は，同じ道のりを進むのにかかる時間の比の逆比に等しいから，上りと下りの速さの比は７：５の逆比の${}_{ア}$<u>５：７</u>である。
(川の流れる速さ)＝{(下りの速さ)－(上りの速さ)}÷２で求められるから，下線部アの比の数の(７－５)÷２＝１が川の流れる速さにあたる。よって，川の流れる速さは，時速$(\frac{84}{5}\times\frac{1}{7})$km＝時速$\frac{12}{5}$km＝時速2.4km

(5)　右のように作図する。OB＝ODであり，折り返すと重なるからOB＝DBなので，三角形OBDは正三角形である。また，直線BCは正三角形OBDの対称の軸だから，角あ＝60÷２＝30(度)

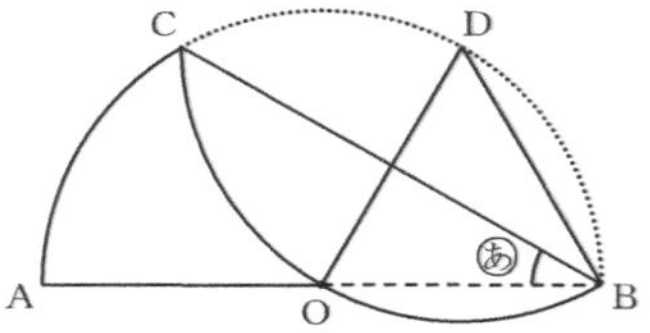

(6)　この正方形の対角線の長さは，５×２＋５×２＝20(cm)である。
正方形の面積はひし形と同様に(対角線)×(対角線)÷２で求められるから，正方形の面積は，20×20÷２＝200(cm²)
円と４つのおうぎ形の面積の合計は，５×５×3.14＋５×５×3.14÷４×４＝(25＋25)×3.14＝50×3.14＝157(cm²)
よって，斜線部分の面積の和は，200－157＝43(cm²)

(7)　１のカードを２の箱に入れる入れ方は，右表の３通りある。１のカードを３の箱に入れる入れ方，１のカードを４の箱に入れる入れ方もそれぞれ３通りあるから，カードの入れ方は全部で，３×３＝９(通り)

箱	1	2	3	4
カード	2	1	4	3
	4	1	2	3
	3	1	4	2

(8)　Aさんが取り出したボールを１＋◇1(個)，Bさんが取り出したボールを３＋□1(個)とする。これらが等しいので，◇1＝□1＋２(個)である。Aさんが取り出したあと残っていたのは◇7＝(□1＋２)×７＝□7＋14(個)だから，Bさんが取り出したあとの残りは□7＋14－３－□1＝□6＋11(個)である。□6＋11(個)は□1個の７倍だから，□7＝□6＋11より，□1＝11個である。よって，最後に残ったボールは11×６＋11＝77(個)，Bさんが取り出した

ボールは３＋11＝14(個)だから，はじめにあったボールの個数は，77＋14×２＝105(個)

3 (1) 右図のように(あ)と(い)の頂点に記号をおく。(あ)と(い)が重なり始めるのは図Ⅰのあとに B と P が重なったときであり，(あ)と(い)が重ならなくなるのは図Ⅱのときである。図Ⅰの 3.5 秒後に B と P が重なるので，図Ⅰにおいて B P＝２×3.5＝７(㎝)である。図Ⅰから図Ⅱまでに A は２×18＝36(㎝)動いているので，図Ⅰにおいて，A B＋B P＋P Q＝36(㎝)より，P Q＝36－12－７＝17(㎝)

よって，(い)の横の長さは 17 ㎝である。

図Ⅰ：０秒後

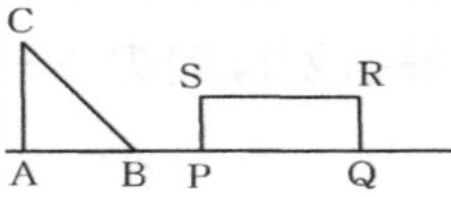

図Ⅱ：18 秒後

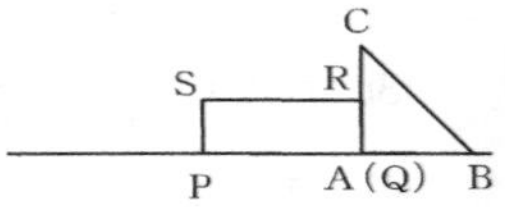

図Ⅲ：7.5 秒後

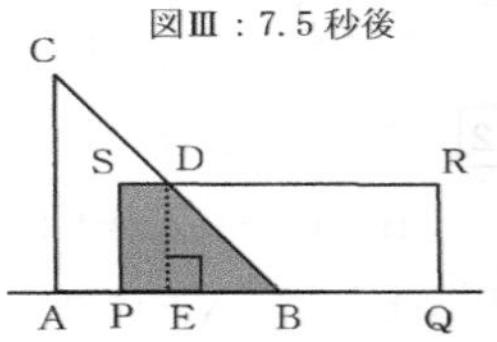

(2) (1)の解説をふまえる。7.5 秒後までに(あ)は２×7.5＝15(㎝)動くから，右図Ⅲのようになり，P B＝15－７＝８(㎝)である。三角形 E B D は(あ)と同様に直角二等辺三角形だから，E B＝E D＝６㎝なので，S D＝P E＝８－６＝２(㎝)である。

よって，重なった部分(台形)の面積は，(２＋８)×６÷２＝30(㎠)

(3) ここまでの解説をふまえると，7.5 秒後までに重なった部分の面積が 36 ㎠になることはないとわかる。図Ⅲのあと B が Q に重なるまでは，重なった部分の面積は図Ⅲのように長方形と直角二等辺三角形に分けられる。直角二等辺三角形部分の面積は，６×６÷２＝18(㎠)だから，長方形部分の面積が 36－18＝18(㎠)になるときを求めればよい。それは長方形部分の横の長さが 18÷６＝３(㎝)になるときだから，図Ⅲの(３－２)÷２＝0.5(秒後)，つまり図Ⅰの 7.5＋0.5＝８(秒後)である。

B が Q に重なったときは図Ⅳのようになり，A G＝A B－G B＝12－６＝６(㎝)だから，重なった部分のうち長方形部分の面積は６×６＝36(㎠)なので，重なった部分全体の面積は 36 ㎠より大きい。このあと(あ)がさらに動いて図Ⅴの位置に来たとき，重なった部分の面積は 36 ㎠になる。

図Ⅳ

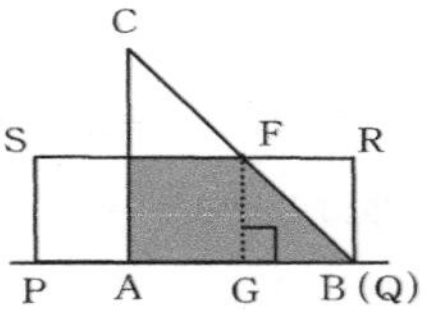

図Ⅴ

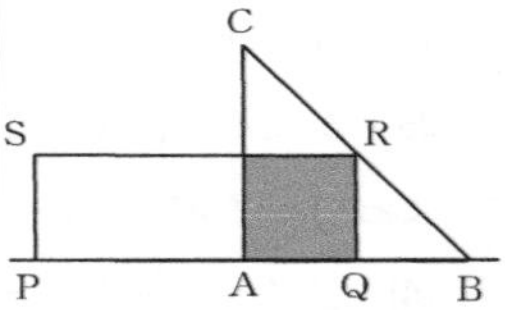

図Ⅰから図Ⅴまでに B は７＋17＋６＝30(㎝)動いているから，このときの時間は，30÷２＝15(秒後)である。

4 以下の解説では，計算しやすくするために時刻を 24 時制で表記する。例えば，午後３時＝15 時とする。答えを書くときは問題の指示通り午前または午後の時刻を書く点に注意すること。

(1) (ア)と(エ)より，A が 22 時－７時＝15 時間を刻む間に，B は 23 時 30 分－７時０分＝16 時間 30 分＝16.5 時間を刻むから，A が１時間を刻む間に，B は 16.5÷15＝1.1(時間)を刻む。0.1 時間＝(0.1×60)分＝６分だから，B は A より，１時間あたり６分多く進む。

(2) (1)と(ア)と(イ)より，A が 12－７＝５(時間)を刻む間に，B は６×５＝30(分)多く進むから，正午に B は 12 時 30 分を指している。C も 12 時 30 分を指している。このあと(ウ)までの 16－12＝４(時間)の間に，B は６×４＝24(分)多く進むから，C は実際の時間より 60－24＝36(分)少なく進む。したがって，A が１時間を刻む間に，C は 36÷４＝９(分)少なく進む。正午の時点にもどると，A は 12 時０分，C は 12 時 30 分を指していて，さらに時間を５時間巻きもどして７時０分にすると，C は５時間よりも９×５＝45(分)少ない４時間 15 分もどるので，12 時 30 分－４時間 15 分＝８時 15 分を指す。

(3) (2)の解説より，12 時０分の時点で C は A より 30 分進んでいる。C は A より１時間あたり９分少なく進むから，30÷９＝$\frac{10}{3}$＝３$\frac{1}{3}$(時間後)に A と C は同じ時刻を指す。３$\frac{1}{3}$時間＝３時間($\frac{1}{3}$×60)分＝３時間 20 分だから，求める時刻は，12 時 0 分＋ 3 時間 20 分＝15 時 20 分，つまり，午後 3 時 20 分である。

5 (1) 立方体の頂点に右図Ｉのように記号をおく。展開図ですでに線がかかれている面を面ＡＢＣＤとすると，展開図において頂点の記号は図Ⅱのようになる。面ＡＥＦＢにおいては，辺ＡＥの真ん中の点と辺ＥＦの真ん中の点を結ぶように線をひく。残りの面も同様に線を引くと，解答例のようになる。

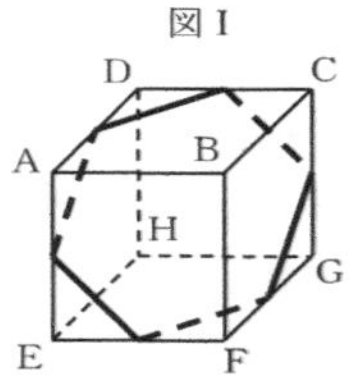

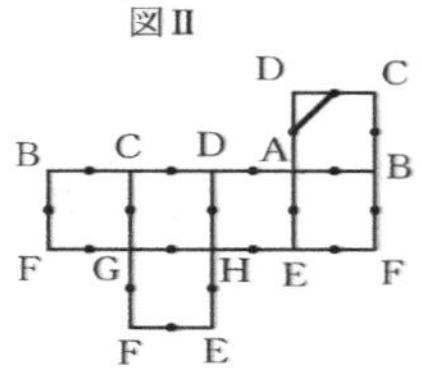

(2) (1)の解説と同様に記号をかくと，右図のようになる。面ＤＣＧＨにおいては，辺ＤＣ上のＤに近い方の点と，辺ＧＨ上のＧに近い方の点を結ぶように線を引く。残りの面も同様に線を引くと，解答例のようになる。

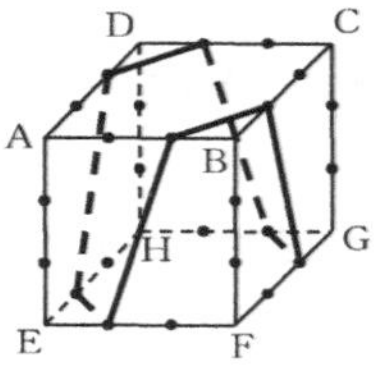

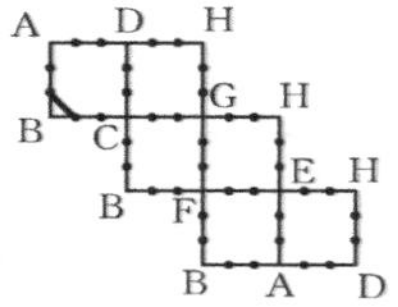

■ ご使用にあたってのお願い・ご注意

（1）問題文等の非掲載

著作権上の都合により，問題文や図表などの一部を掲載できない場合があります。
誠に申し訳ございませんが，ご了承くださいますようお願いいたします。

（2）過去問における時事性

過去問題集は，学習指導要領の改訂や社会状況の変化，新たな発見などにより，現在とは異なる表記や解説になっている場合があります。過去問の特性上，出題当時のままで出版していますので，あらかじめご了承ください。

（3）配点

学校等から配点が公表されている場合は，記載しています。公表されていない場合は，記載していません。
独自の予想配点は，出題者の意図と異なる場合があり，お客様が学習するうえで誤った判断をしてしまう恐れがあるため記載していません。

（4）無断複製等の禁止

購入された個人のお客様が，ご家庭でご自身またはご家族の学習のためにコピーをすることは可能ですが，それ以外の目的でコピー，スキャン，転載（ブログ，ＳＮＳなどでの公開を含みます）などをすることは法律により禁止されています。学校や学習塾などで，児童生徒のためにコピーをして使用することも法律により禁止されています。
ご不明な点や，違法な疑いのある行為を確認された場合は，弊社までご連絡ください。

（5）けがに注意

この問題集は針を外して使用します。針を外すときは，けがをしないように注意してください。また，表紙カバーや問題用紙の端で手指を傷つけないように十分注意してください。

（6）正誤

制作には万全を期しておりますが，万が一誤りなどがございましたら，弊社までご連絡ください。
なお，誤りが判明した場合は，弊社ウェブサイトの「ご購入者様のページ」に掲載しておりますので，そちらもご確認ください。

■ お問い合わせ

解答例，解説，印刷，製本など，問題集発行におけるすべての責任は弊社にあります。

ご不明な点がございましたら，弊社ウェブサイトの「お問い合わせ」フォームよりご連絡ください。迅速に対応いたしますが，営業日の都合で回答に数日を要する場合があります。

ご入力いただいたメールアドレス宛に自動返信メールをお送りしています。自動返信メールが届かない場合は，「よくある質問」の「メールの問い合わせに対し返信がありません。」の項目をご確認ください。

また弊社営業日（平日）は，午前９時から午後５時まで，電話でのお問い合わせも受け付けています。

2025 春

株式会社教英出版
〒422-8054　静岡県静岡市駿河区南安倍３丁目 12-28
TEL　054-288-2131　　FAX　054-288-2133
URL　https://kyoei-syuppan.net/
MAIL siteform@kyoei-syuppan.net

教英出版　2025年春受験用　中学入試問題集

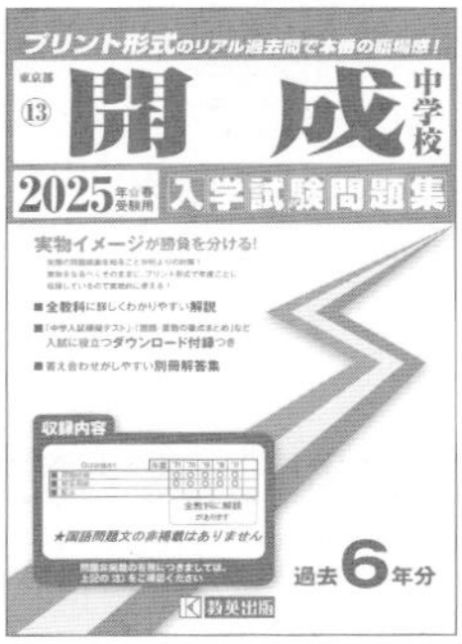

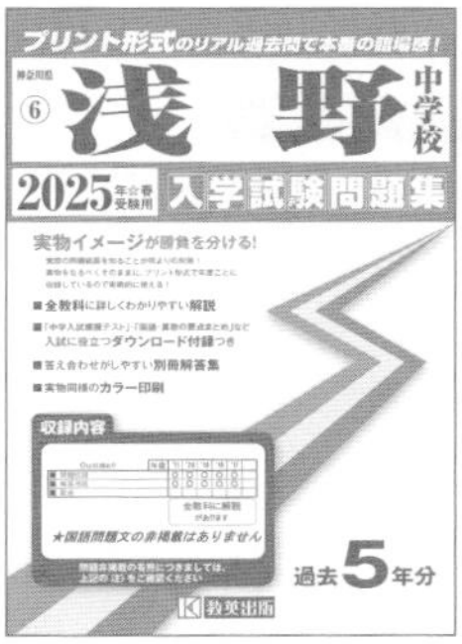

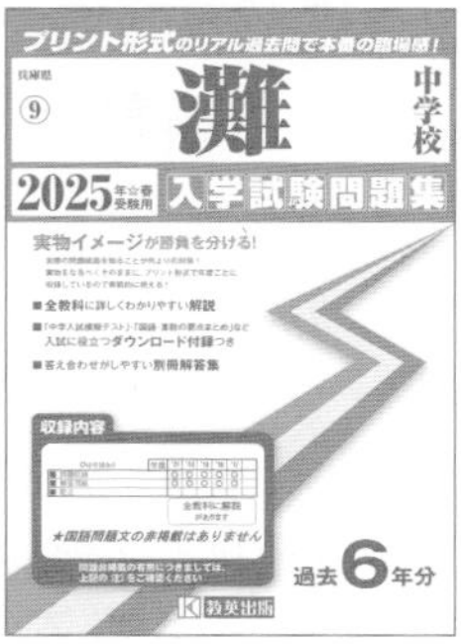

学校別問題集

✿はカラー問題対応

北海道

①[市立]札幌開成中等教育学校
②藤女子中学校
③北嶺中学校
④北星学園女子中学校
⑤札幌大谷中学校
⑥札幌光星中学校
⑦立命館慶祥中学校
⑧函館ラ・サール中学校

青森県

①[県立]三本木高等学校附属中学校

岩手県

①[県立]一関第一高等学校附属中学校

宮城県

①[県立]宮城県古川黎明中学校
②[県立]宮城県仙台二華中学校
③[市立]仙台青陵中等教育学校
④東北学院中学校
⑤仙台白百合学園中学校
⑥聖ウルスラ学院英智中学校
⑦宮城学院中学校
⑧秀光中学校
⑨古川学園中学校

秋田県

①[県立]
- 大館国際情報学院中学校
- 秋田南高等学校中等部
- 横手清陵学院中学校

山形県

①[県立]
- 東桜学館中学校
- 致道館中学校

福島県

①[県立]
- 会津学鳳中学校
- ふたば未来学園中学校

茨城県

①[県立]
- 日立第一高等学校附属中学校
- 太田第一高等学校附属中学校
- 水戸第一高等学校附属中学校
- 鉾田第一高等学校附属中学校
- 鹿島高等学校附属中学校
- 土浦第一高等学校附属中学校
- 竜ヶ崎第一高等学校附属中学校
- 下館第一高等学校附属中学校
- 下妻第一高等学校附属中学校
- 水海道第一高等学校附属中学校
- 勝田中等教育学校
- 並木中等教育学校
- 古河中等教育学校

栃木県

①[県立]
- 宇都宮東高等学校附属中学校
- 佐野高等学校附属中学校
- 矢板東高等学校附属中学校

群馬県

①
- [県立]中央中等教育学校
- [市立]四ツ葉学園中等教育学校
- [市立]太田中学校

埼玉県

①[県立]伊奈学園中学校
②[市立]浦和中学校
③[市立]大宮国際中等教育学校
④[市立]川口市立高等学校附属中学校

千葉県

①[県立]
- 千葉中学校
- 東葛飾中学校

②[市立]稲毛国際中等教育学校

東京都

①[国立]筑波大学附属駒場中学校
②[都立]白鷗高等学校附属中学校
③[都立]桜修館中等教育学校
④[都立]小石川中等教育学校
⑤[都立]両国高等学校附属中学校
⑥[都立]立川国際中等教育学校
⑦[都立]武蔵高等学校附属中学校
⑧[都立]大泉高等学校附属中学校
⑨[都立]富士高等学校附属中学校
⑩[都立]三鷹中等教育学校
⑪[都立]南多摩中等教育学校
⑫[区立]九段中等教育学校
⑬開成中学校
⑭麻布中学校
⑮桜蔭中学校
⑯女子学院中学校
✿⑰豊島岡女子学園中学校
⑱東京都市大学等々力中学校
⑲世田谷学園中学校
✿⑳広尾学園中学校(第2回)
✿㉑広尾学園中学校(医進・サイエンス回)
㉒渋谷教育学園渋谷中学校(第1回)
㉓渋谷教育学園渋谷中学校(第2回)
㉔東京農業大学第一高等学校中等部(2月1日 午後)
㉕東京農業大学第一高等学校中等部(2月2日 午後)

神奈川県

①[県立] 相模原中等教育学校 / 平塚中等教育学校
②[市立]南高等学校附属中学校
③[市立]横浜サイエンスフロンティア高等学校附属中学校
④[市立]川崎高等学校附属中学校
✿⑤聖光学院中学校
✿⑥浅野中学校
⑦洗足学園中学校
⑧法政大学第二中学校
⑨逗子開成中学校(1次)
⑩逗子開成中学校(2·3次)
⑪神奈川大学附属中学校(第1回)
⑫神奈川大学附属中学校(第2·3回)
⑬栄光学園中学校
⑭フェリス女学院中学校

新潟県

①[県立] 村上中等教育学校 / 柏崎翔洋中等教育学校 / 燕中等教育学校 / 津南中等教育学校 / 直江津中等教育学校 / 佐渡中等教育学校
②[市立]高志中等教育学校
③新潟第一中学校
④新潟明訓中学校

石川県

①[県立]金沢錦丘中学校
②星稜中学校

福井県

①[県立]高志中学校

山梨県

①山梨英和中学校
②山梨学院中学校
③駿台甲府中学校

長野県

①[県立] 屋代高等学校附属中学校 / 諏訪清陵高等学校附属中学校
②[市立]長野中学校

岐阜県

①岐阜東中学校
②鶯谷中学校
③岐阜聖徳学園大学附属中学校

静岡県

①[国立]静岡大学教育学部附属中学校(静岡·島田·浜松)
② [県立]清水南高等学校中等部 / [県立]浜松西高等学校中等部 / [市立]沼津高等学校中等部
③不二聖心女子学院中学校
④日本大学三島中学校
⑤加藤学園暁秀中学校
⑥星陵中学校
⑦東海大学付属静岡翔洋高等学校中等部
⑧静岡サレジオ中学校
⑨静岡英和女学院中学校
⑩静岡雙葉中学校
⑪静岡聖光学院中学校
⑫静岡学園中学校
⑬静岡大成中学校
⑭城南静岡中学校
⑮静岡北中学校
⑯ 常葉大学附属常葉中学校 / 常葉大学附属橘中学校 / 常葉大学附属菊川中学校
⑰藤枝明誠中学校
⑱浜松開誠館中学校
⑲静岡県西遠女子学園中学校
⑳浜松日体中学校
㉑浜松学芸中学校

愛知県

①[国立]愛知教育大学附属名古屋中学校
②愛知淑徳中学校
③ 名古屋経済大学市邨中学校 / 名古屋経済大学高蔵中学校
④金城学院中学校
⑤椙山女学園中学校
⑥東海中学校
⑦南山中学校男子部
⑧南山中学校女子部
⑨聖霊中学校
⑩滝中学校
⑪名古屋中学校
⑫大成中学校
⑬愛知中学校
⑭星城中学校
⑮名古屋葵大学中学校(名古屋女子大学中学校)
⑯愛知工業大学名電中学校
⑰海陽中等教育学校(特別給費生)
⑱海陽中等教育学校(I·II)
⑲中部大学春日丘中学校
新刊⑳名古屋国際中学校

三重県

①[国立]三重大学教育学部附属中学校
②暁中学校
③海星中学校
④四日市メリノール学院中学校
⑤高田中学校
⑥セントヨゼフ女子学園中学校
⑦三重中学校
⑧皇學館中学校
⑨鈴鹿中等教育学校
⑩津田学園中学校

滋賀県

①[国立]滋賀大学教育学部附属中学校
②[県立] 河瀬中学校 / 守山中学校 / 水口東中学校

京都府

①[国立]京都教育大学附属桃山中学校
②[府立]洛北高等学校附属中学校
③[府立]園部高等学校附属中学校
④[府立]福知山高等学校附属中学校
⑤[府立]南陽高等学校附属中学校
⑥[市立]西京高等学校附属中学校
⑦同志社中学校
⑧洛星中学校
⑨洛南高等学校附属中学校
⑩立命館中学校
⑪同志社国際中学校
⑫同志社女子中学校(前期日程)
⑬同志社女子中学校(後期日程)

大阪府

①[国立]大阪教育大学附属天王寺中学校
②[国立]大阪教育大学附属平野中学校
③[国立]大阪教育大学附属池田中学校

④[府立]富田林中学校
⑤[府立]咲くやこの花中学校
⑥[府立]水都国際中学校
⑦清風中学校
⑧高槻中学校（Ａ日程）
⑨高槻中学校（Ｂ日程）
⑩明星中学校
⑪大阪女学院中学校
⑫大谷中学校
⑬四天王寺中学校
⑭帝塚山学院中学校
⑮大阪国際中学校
⑯大阪桐蔭中学校
⑰開明中学校
⑱関西大学第一中学校
⑲近畿大学附属中学校
⑳金蘭千里中学校
㉑金光八尾中学校
㉒清風南海中学校
㉓帝塚山学院泉ヶ丘中学校
㉔同志社香里中学校
㉕初芝立命館中学校
㉖関西大学中等部
㉗大阪星光学院中学校

兵庫県

①[国立]神戸大学附属中等教育学校
②[県立]兵庫県立大学附属中学校
③雲雀丘学園中学校
④関西学院中学部
⑤神戸女学院中学部
⑥甲陽学院中学校
⑦甲南中学校
⑧甲南女子中学校
⑨灘中学校
⑩親和中学校
⑪神戸海星女子学院中学校
⑫滝川中学校
⑬啓明学院中学校
⑭三田学園中学校
⑮淳心学院中学校
⑯仁川学院中学校
⑰六甲学院中学校
⑱須磨学園中学校(第1回入試)
⑲須磨学園中学校(第2回入試)
⑳須磨学園中学校(第3回入試)
㉑白陵中学校
㉒夙川中学校

奈良県

①[国立]奈良女子大学附属中等教育学校
②[国立]奈良教育大学附属中学校
③[県立]国際中学校
　　　　青翔中学校
④[市立]一条高等学校附属中学校
⑤帝塚山中学校
⑥東大寺学園中学校
⑦奈良学園中学校
⑧西大和学園中学校

和歌山県

①[県立]古佐田丘中学校
　　　　向陽中学校
　　　　桐蔭中学校
　　　　日高高等学校附属中学校
　　　　田辺中学校
②智辯学園和歌山中学校
③近畿大学附属和歌山中学校
④開智中学校

岡山県

①[県立]岡山操山中学校
②[県立]倉敷天城中学校
③[県立]岡山大安寺中等教育学校
④[県立]津山中学校
⑤岡山中学校
⑥清心中学校
⑦岡山白陵中学校
⑧金光学園中学校
⑨就実中学校
⑩岡山理科大学附属中学校
⑪山陽学園中学校

広島県

①[国立]広島大学附属中学校
②[国立]広島大学附属福山中学校
③[県立]広島中学校
④[県立]三次中学校
⑤[県立]広島叡智学園中学校
⑥[市立]広島中等教育学校
⑦[市立]福山中学校
⑧広島学院中学校
⑨広島女学院中学校
⑩修道中学校
⑪崇徳中学校
⑫比治山女子中学校
⑬福山暁の星女子中学校
⑭安田女子中学校
⑮広島なぎさ中学校
⑯広島城北中学校
⑰近畿大学附属広島中学校福山校
⑱盈進中学校
⑲如水館中学校
⑳ノートルダム清心中学校
㉑銀河学院中学校
㉒近畿大学附属広島中学校東広島校
㉓ＡＩＣＪ中学校
㉔広島国際学院中学校
㉕広島修道大学ひろしま協創中学校

山口県

①[県立]下関中等教育学校
　　　　高森みどり中学校
②野田学園中学校

徳島県

①[県立]富岡東中学校
　　　　川島中学校
　　　　城ノ内中等教育学校
②徳島文理中学校

香川県

①大手前丸亀中学校
②香川誠陵中学校

愛媛県

①[県立]今治東中等教育学校
　　　　松山西中等教育学校
②愛光中学校
③済美平成中等教育学校
④新田青雲中等教育学校

高知県

①[県立]安芸中学校
　　　　高知国際中学校
　　　　中村中学校

福岡県

①[国立]福岡教育大学附属中学校（福岡・小倉・久留米）
②[県立]育徳館中学校
門司学園中学校
宗像中学校
嘉穂高等学校附属中学校
輝翔館中等教育学校
③西南学院中学校
④上智福岡中学校
⑤福岡女学院中学校
⑥福岡雙葉中学校
⑦照曜館中学校
⑧筑紫女学園中学校
⑨敬愛中学校
⑩久留米大学附設中学校
⑪飯塚日新館中学校
⑫明治学園中学校
⑬小倉日新館中学校
⑭久留米信愛中学校
⑮中村学園女子中学校
⑯福岡大学附属大濠中学校
⑰筑陽学園中学校
⑱九州国際大学付属中学校
⑲博多女子中学校
⑳東福岡自彊館中学校
㉑八女学院中学校

佐賀県

①[県立]香楠中学校
致遠館中学校
唐津東中学校
武雄青陵中学校
②弘学館中学校
③東明館中学校
④佐賀清和中学校
⑤成穎中学校
⑥早稲田佐賀中学校

長崎県

①[県立]長崎東中学校
佐世保北中学校
諫早高等学校附属中学校
②青雲中学校
③長崎南山中学校
④長崎日本大学中学校
⑤海星中学校

熊本県

①[県立]玉名高等学校附属中学校
宇土中学校
八代中学校
②真和中学校
③九州学院中学校
④ルーテル学院中学校
⑤熊本信愛女学院中学校
⑥熊本マリスト学園中学校
⑦熊本学園大学付属中学校

大分県

①[県立]大分豊府中学校
②岩田中学校

宮崎県

①[県立]五ヶ瀬中等教育学校
②[県立]宮崎西高等学校附属中学校
都城泉ヶ丘高等学校附属中学校
③宮崎日本大学中学校
④日向学院中学校
⑤宮崎第一中学校

鹿児島県

①[県立]楠隼中学校
②[市立]鹿児島玉龍中学校
③鹿児島修学館中学校
④ラ・サール中学校
⑤志學館中等部

沖縄県

①[県立]与勝緑が丘中学校
開邦中学校
球陽中学校
名護高等学校附属桜中学校

もっと過去問シリーズ

北海道

北嶺中学校
7年分（算数・理科・社会）

静岡県

静岡大学教育学部附属中学校
（静岡・島田・浜松）
10年分（算数）

愛知県

愛知淑徳中学校
7年分（算数・理科・社会）
東海中学校
7年分（算数・理科・社会）
南山中学校男子部
7年分（算数・理科・社会）
南山中学校女子部
7年分（算数・理科・社会）
滝中学校
7年分（算数・理科・社会）
名古屋中学校
7年分（算数・理科・社会）

岡山県

岡山白陵中学校
7年分（算数・理科）

広島県

広島大学附属中学校
7年分（算数・理科・社会）
広島大学附属福山中学校
7年分（算数・理科・社会）
広島学院中学校
7年分（算数・理科・社会）
広島女学院中学校
7年分（算数・理科・社会）
修道中学校
7年分（算数・理科・社会）
ノートルダム清心中学校
7年分（算数・理科・社会）

愛媛県

愛光中学校
7年分（算数・理科・社会）

福岡県

福岡教育大学附属中学校
（福岡・小倉・久留米）
7年分（算数・理科・社会）
西南学院中学校
7年分（算数・理科・社会）
久留米大学附設中学校
7年分（算数・理科・社会）
福岡大学附属大濠中学校
7年分（算数・理科・社会）

佐賀県

早稲田佐賀中学校
7年分（算数・理科・社会）

長崎県

青雲中学校
7年分（算数・理科・社会）

鹿児島県

ラ・サール中学校
7年分（算数・理科・社会）

※もっと過去問シリーズは
国語の収録はありません。

教英出版
〒422-8054
静岡県静岡市駿河区南安倍3丁目12−28
TEL 054-288-2131
FAX 054-288-2133
詳しくは教英出版で検索
教英出版 検索
URL https://kyoei-syuppan.net/

令和６年度

帝塚山学院泉ヶ丘中学校
入学者選抜試験問題

１次Ａ入試

国語

（試験時間 60 分）

受験番号	

2024(R6) 帝塚山学院泉ヶ丘中
教英出版

一　小学生の「銀花」は、父「尚孝」が実家の醤油蔵の㊟1当主を継ぐことになったため、母「美乃里」と三人で住んでいた大阪から、「多鶴子（銀花の祖母）」のいる奈良へ引っ越すことになった。次の文章を読んで後の問いに答えなさい。

父は㊟2大原に付いて蔵の仕事を学びはじめた。慣れない仕事が辛いらしく愚痴をこぼしにくる。

「㊟3櫂棒で㊟4諸味をかき混ぜるんやけどな、ただ混ぜているようで、意外と難しいんや。深い桶の底にまんべんなく空気を送り込まなあかんのや。混ぜるんやない。突く感じや、結構力がいる」

「大変やね。でも、お父さんは子供の頃、お手伝いせえへんかったん？」

父は決して母に愚痴をこぼさない。相手はいつも銀花だ。理由は簡単。「美乃里さんを心配させたくない」からだ。

「蔵の仕事がいやで逃げ回って、ずっと絵を描いてたなあ」腕を大げさにさすりながら父が顔をしかめた。「まだ腕が痺れてる気がする。なんたって、お父さん、絵筆より重い物、持ったことないんや」

半分冗談半分本気という感じだ。①本気で返すのが怖いので冗談で返すことにした。

「それやったら、いっそ絵筆にお醤油つけて絵を描いたら？」

すると、父が声を立てて笑った。いつもどおりの明るい父でほっとした。

「それ、ええなあ。醤油絵か。売れるかもしれん」父はそこで声をひそめた。「実はな、お父さん、この前、雑誌社に絵を送ったんや。自信作や」

「ほんと？　すごい。早く返事が来たらええね」

「ああ。②醤油造りはそれまでの辛抱や」

父の毎日は忙しい。蔵で醤油を造るだけが仕事ではない。注文を取ったり、㊟5得意先を回ったり、県内の同業者の集まりに出たり、と毎日あちこち飛び回っている。たまに家にいるときでも、蔵の横にある事務所にこもりっきりで多鶴子に㊟6帳簿の付け方を習っていた。絵なんか描く暇がない。父の気持ちを思うとかわいそうで③胸が痛くなった。

――実は、お父さんは醤油造る気なんか全然ないんや。

あの夜の父の言葉が胸の奥にわだかまっている。父には絵を描いて欲しい。でも、当主としての責任もある。このままだとどちらも上手く行かなくなるような気がする。父はどれだけ傷つくだろう。多鶴子はどれだけ怒るだろう。不安でたまらなくなると銀花は柿の木の前でお祈りをした。
「㊟7座敷童の神様。お父さんを守って下さい。うまく醤油が造れますように。お父さんの絵が売れますように。私は一生柿は食べませんから」
心配の種はもう一つある。母のことだ。④母と多鶴子はまるで違っていた。その差が一番現れたのは台所仕事だ。
多鶴子は長年、蔵の仕事をしながら家族と㊟8蔵人の食事の用意をしてきたそうだ。毎朝大量の米を炊き、手早く魚を焼き、煮物、汁物を作らなければならなかった。もちろん味は悪くはなく決して手抜きでもなかったが、働く人の腹を手っ取り早く満たすという実用性が最優先された。蔵人がいなくなった今でもその考え方は変わらない。食事を楽しもうという考えはかけらもなかった。
一方、母の頭には実用などというものは存在しなかった。母が料理で大切にするのは「美味しくて素敵で父が喜ぶかどうか」だ。時間も材料費もまるで気にしない。大阪にいた頃はしょっちゅう一日がかりで手の込んだ料理を作っていた。
蔵に来た当初、多鶴子は母に台所を任せた。すると、母は朝食にトーストと紅茶を用意した。そして、夕食にも洋食を作った。ローストポークにリンゴと生姜のソースがかかったもの、オニオンスープ、白身魚と野菜のマリネ。全部父の好物だ。デザートには桃の風味のババロアもあった。母は午後いっぱい使って料理を作った。とても美味しくて父も銀花も大喜びした。㊟9桜子などはこう言ったほどだ。
「お母さんの料理よりよっぽど美味しい」
次の日の朝もパンだった。夕食はぷりぷりの海老の入った濃厚なクリームグラタン、卵の黄身が鮮やかなミモザサラダ、トマトのスープ、それにプリンだった。みんな苦しくなるまで食べて満足したが多鶴子は一人㊟10仏頂面だった。
「美乃里さん。明日の夜は和食にして。歳取ると脂っこい料理は胃にもたれるんよ」
多鶴子が言うと、翌日母は㊟11懐石料理のようなものをこしらえた。海老の真丈、ぐじの塩焼き、鱧の落とし、夏野菜の炊き合わせ、手作りの胡麻豆腐、などなどだ。デザートの竹に流した水ようかんは絶品だった。
どれも美味しくてみなお代わりをして平らげた。そんな食事が一週間ほど続いたある朝とうとう多鶴子の堪忍袋の緒が切れた。
「⑤醤油蔵がパンなんか食べてどうするんやよ。朝は炊きたての御飯に決まってる。蔵で働く人間がこんなペラペラのパン一枚では無理や。かと思たら夜は毎晩ご馳走続き。美乃里さんに任せたらお金も時間もいくらあっても足りへんわ」

母が（　１　）としてうつむく。慌てて父が取りなした。

「お母さん、美乃里さんの料理は美味しいやろ。なんでそんなこと言うんや」

「お金と時間掛けたら美味しい物ができるのは当たり前。でも、うちは醤油蔵や。そんな贅沢してられへん。もういい。明日からは私が作るから、美乃里さんは手伝いだけで結構」

その言葉通り次の日から多鶴子が台所を仕切るようになった。母は多鶴子の手伝いをすることになったが、そうなるとすこしも料理ができなくなった。厳しい多鶴子が怖くて臆してしまったからだ。

「すみません、すみません」

そればかりを繰り返し母は手伝いもせず逃げ回るようになった。代わりに銀花が手伝うのだが、日に日に多鶴子の苛立ちが増していくのがわかった。

そして、とうとう事件が起こった。多鶴子と銀花が朝食の支度でてんてこ舞いしていたのに、母はなにもせず（　２　）していた。堪忍袋の緒が切れた多鶴子が家中に響くほどの声で母を叱りつけた。

「美乃里さん、あんた、いい加減にして。ちょっとは手伝おうと思えへんの？」

母が（　３　）と泣きだした。食卓に着いたばかりの銀花は慌てて立ち上がった。

「私がやりますから」

「銀花。あんたに言うてるんやない」

（　４　）と言われ、思わず身がすくんだ。中途半端な姿勢のまま動けなくなる。すると、父が助けてくれた。

「なあ、お母さん。お母さんにはお母さんの流儀があるように、美乃里さんには美乃里さんの流儀があるんや。押しつけたらあかん」

「尚孝。あんたは美乃里さんを甘やかしすぎや」

「お母さんは自分が正しいと思てるんかもしれへんけど、他の人かて他の人なりの正しさがあるんや」⑥父が精一杯穏やかに言い返した。

「そうか。あんたらが正しいなら、あんたらで好きにし」

多鶴子は言い捨てると食堂を出て行った。母はまだしくしく泣いている。父は大きなため息をついて食卓を見下ろした。多鶴子が用意した御飯、味噌汁、漬物、海苔が並んでいる。

「僕はやっぱりパンが食べたいなあ。美味しい紅茶を淹れてな」

「そうやよねえ。だって、尚孝さんはパンと紅茶が大好きやのに」

途端に母が顔を上げ⑦嬉しそうな表情をした。

⑧銀花は黙っていた。父と母の言うことはわかる。だが、多鶴子の気持ちもわかる。本当は心の底で思っている。正しいのは多鶴子だ。でも、口には出せない。

「もうええよ。さっさと食べよ」

桜子がうんざりした顔で不味そうに食べはじめた。

（遠田潤子『銀花の蔵』新潮文庫刊）

(注)1　当主……一家をまとめる主人。
(注)2　大原……醤油蔵で長年働いている職人。
(注)3　櫂棒……醤油をつくるとき、諸味などをかき混ぜるのに用いる長い棒。
(注)4　諸味……醤油をつくる途中で、原材料を混ぜ合わせて発酵させたもの。
(注)5　得意先……日ごろからつきあいの深い取引先。
(注)6　帳簿……商売で起こる取引の内容を記録する書類。
(注)7　座敷童の神様……銀花は父から、奈良の実家の柿の木に座敷童が現れるという言い伝えを聞いていた。
(注)8　蔵人……蔵で働く人。
(注)9　桜子……多鶴子の娘で銀花の叔母に当たるが、年齢は銀花の一歳上の小学生である。
(注)10　仏頂面……不機嫌そうな顔。
(注)11　懐石料理……日本料理店で出されるような上品な料理。

㈠ ──①「本気で返すのが怖い」とあるが、このときの銀花の考えを説明したものとして最も適当なものを次から選び、記号を○で囲みなさい。

ア　銀花が父の冗談を面白がって話を合わせていくうちに、父が醤油造りをやめて本気で絵描きになると言い出してしまうのではないかと考えている。

イ　銀花が父の本心を聞き出していくことで、醤油造りの仕事に身をささげることを決意した父の覚悟が再びゆらいでしまうのではないかと考えている。

ウ　銀花が考えの甘さを指摘してしまえば、泣き言を言いながらも醤油造りの仕事に取り組んでいる父の努力を否定することになるのではないかと考えている。

エ　銀花が愚痴を言う父に対して真剣に受け答えすると、醤油造りの仕事をやめたいという父の本音に向き合うことになってしまうのではないかと考えている。

㈡ ──②「醤油造り」とあるが、醤油造りをする父の様子を見た銀花の考えを説明した次の文章中の［Ⅰ］～［Ⅲ］に入る適当なことばを、指定された字数に従って、それぞれ本文中から抜き出して答えなさい。

父の働く様子を見ていると［Ⅰ（九字）］ようにも見えるが、それでも愚痴をこぼさないで醤油造りに励んでいるのは、醤油蔵の家に生まれた父に［Ⅱ（八字）］があることや、美乃里に対して［Ⅲ（八字）］という思いがあるためだと考えている。

㈢ ──③「胸が痛くなった」とあるが、銀花がそう感じるのはなぜか。三十字以内で答えなさい。（句読点は一字と数える）

㈣ ──④「母と多鶴子はまるで違っていた」とあるが、二人の違いの説明として最も適当なものを次から選び、記号を○で囲みなさい。

ア　母は美味しいことが第一だと思って、長い時間をかけて高価な食材を使って料理を作るのに対して、多鶴子は食べた人の腹を満たすことを第一に考えて、味のことなど考えず大量の料理を短時間で作ってきた。

イ　母は目新しいことが第一だと思って、時間と手間をかけてみんなが今まで食べたことのないような料理を作るのに対して、多鶴子は伝統を第一に考えて、醤油蔵で長い間作られてきた味を受け継いで料理を作ってきた。

ウ　母は家族のことを第一に思って、材料の値段などまったく気にせずに毎日長い時間をかけて美味しい料理を作るのに対して、多鶴子は蔵人のことを第一に考えて、蔵人が美味しいと思うような料理を作ってきた。

エ　母は父のことを第一に思って、時間も費用もまったく意識することなく父が喜ぶような料理を作るのに対して、多鶴子は蔵のことを第一に考えて、働く人を短い時間で満足させるような料理を作ってきた。

㈤　――⑤「醤油蔵がパンなんか食べてどうするんやよ」とあるが、このときの多鶴子の説明として最も適当なものを次から選び、記号を〇で囲みなさい。

ア　自分の食生活に合わない料理を平然と出し続ける美乃里の無神経さに腹が立ち、自分が軽んじられていると感じて怒りを覚えている。

イ　それとなく注意はしたものの、醤油蔵の生活に馴染まない料理を作り続ける美乃里に対して我慢の限界が来て、怒りをあらわにしている。

ウ　美乃里の料理は栄養面に問題があり、醤油蔵で働く人間に対する敬意が足りないと怒りを感じ、美乃里を叱らねばならないと考えている。

エ　しばらくのあいだは美乃里に家の料理を任せていたが、美乃里の料理ばかりをほめる家族に怒りを覚え、まわりに当たり散らしている。

㈥（　１　）～（　４　）に入ることばとして最も適当なものを次から選び、それぞれ記号を〇で囲みなさい。（同じ記号を二度以上選ばないこと）

ア　いらいら　　イ　しゅん　　ウ　ぴしり　　エ　ふらふら　　オ　めそめそ

㈦　――⑥「父が精一杯穏やかに言い返した」とあるが、このときの父の説明として最も適当なものを次から選び、記号を○で囲みなさい。

ア　多鶴子の言葉に対して反論したいという気持ちはあるのだが、多鶴子には反論しても聞き入れられないということはすでにわかっているので、多鶴子の怒りをこれ以上あおらないためには無視するのがよいと考えている。

イ　自分の正しさを確信して美乃里に対して感情的に怒りをぶつける多鶴子を前にして、泣くことしかできない美乃里を守るため、事態がこれ以上ひどくならないように気をつかいつつ、自分の意見も伝えようと考えている。

ウ　古くから家を切り盛りしてきた多鶴子と嫁入り（よめい）してきたばかりの美乃里の間には対話など成り立つはずがないと考えているので、美乃里のかわりに自分が前に出て多鶴子に反論するのがよいだろうと考えている。

エ　立場上、美乃里のやり方が正しいと言いたいところではあるが、美乃里のやり方が醤油蔵にあわないことは明らかだとも思うので多鶴子に対して強く出ることができず、両者を立てるような言い方しかできないと考えている。

㈧　――⑦「嬉しそうな表情をした」とあるが、このときの美乃里の説明として最も適当なものを次から選び、記号を○で囲みなさい。

ア　多鶴子に理不尽（りふじん）に怒鳴（どな）られ、どうするべきかわからず絶望していたが、尚孝が間に入ってくれたことが助けとなり、ささやかな希望を見いだしている。

イ　多鶴子の考えは理解しながらも、頑固（がんこ）な言い方に反発を覚えて素直（すなお）に認められずにいるが、とにかく他の家族の前では明るくふるまおうとしている。

ウ　多鶴子に激しく責め立てられて、どうすることもできずにいたが、自分の味方をしてくれる尚孝の言葉を聞き、一転して気をとり直している。

エ　多鶴子に厳しく叱られたことで、これまでの自分の身勝手さを反省して落ち込んでいたが、それでも優（やさ）しく接してくれる家族に感謝している。

(九) ――⑧「銀花は黙っていた」とあるが、このときの銀花の考えを説明した次の一文の Ⅰ ・ Ⅱ に入る適当なことばを、指定された字数に従って、それぞれ本文中から抜き出して答えなさい。

怒る多鶴子に対して Ⅰ（九字） に目を向けるべきだという父の考えは理解できるが、母の様子を見ていると、母を Ⅱ（六字） であるという多鶴子の意見の方が的を射ていると感じている。

（試験問題は次に続く）

2024(R6) 帝塚山学院泉ヶ丘中
教英出版

二　次の文章を読んで後の問いに答えなさい。

皆さんは、雑草を育てたことがありますか？　雑草なら庭にいくらでも生えている……と思うかもしれませんが、そうではありません。実際に、種を播いて、水をやって、育てるのです。雑草は勝手に生えてくるものであって、雑草を育てるなんておかしいですよね。

私は雑草の研究をしています。そのため、研究材料として雑草を育てることがあります。

雑草は放っておけば育つから、雑草を育てるのは簡単だ、と思うかもしれません。（　1　）、それは大間違いです。①雑草を育てるのは、じつはなかなか難しいのです。

雑草を育てることが難しい理由は、私たちの思うようにいかないからです。何しろ、種を播いても芽が出てきません。野菜や花の種であれば、種を播いて水をやり、何日か待っていれば芽が出てきます。ところが、雑草は違います。種を播いて水をやっても、いくら待っても芽が出てこないことがあるのです。

野菜や花の種は、人間が発芽に適していると考えた時期をあらかじめ想定して、改良されています。（　2　）、野菜や花の種は人間のいうとおりに芽が出るのです。一方、雑草は芽を出す時期は自分で決めます。人間のいうとおりには、ならないのです。

（　3　）、野菜や花の種であれば、一斉に芽を出してきます。ところが、雑草は芽が出たとしても時期がバラバラです。早く芽を出すものがあるかと思えば、遅れて芽を出すものもいます。忘れた頃に芽を出してくるものもあれば、それでも芽を出さずに眠り続けているものもあります。やっと芽を出しても、足並みが揃っていません。

早く芽を出すせっかちもいれば、なかなか芽を出さないのんびり屋もいます。このバラバラな性格は、人間の世界では「個性」と呼ばれるものかもしれません。

雑草はとても「個性」が豊かです。そういえば、聞こえはいいですが、結局バラバラで扱いにくい存在です。むしろ、個性ある雑草たちは育てにくい存在でもあるのです。

それにしても、②どうして、雑草は芽を出す時期がバラバラなのでしょうか。植物にとっては、早く芽を出したほうが成長するためには有利な気もするのに、どうして雑草には、ゆっくりと芽を出すような性格のものがあるのでしょうか？

5　ある水族館には下の図のように高さが 30 m で円柱の形をした大きな水そうがあり，その水そうに沿って，P 地点から地上にある Q 地点まで一定の割合で下っていく 520 m の通路があります。また，通路は下の図のように水そうを 2 周半しています。

かなさんは P から毎分 26 m の速さで通路を下りながら見学します。そうたさんは，かなさんより 2 分遅（おく）れて Q から毎分 13 m の速さで通路を上りながら見学します。このとき，次の各問いに答えなさい。

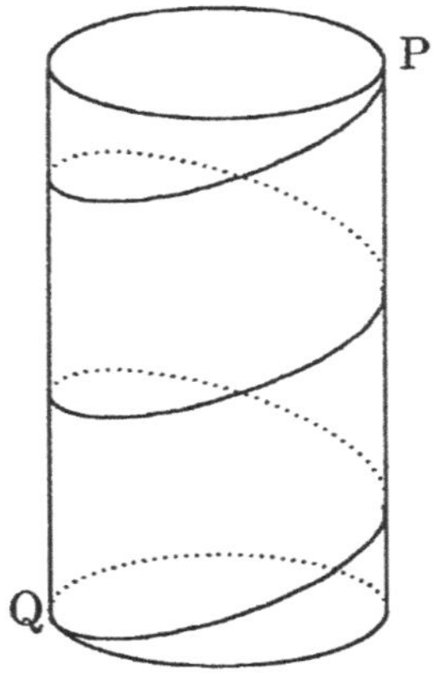

(1)　かなさんのいる場所の地上からの高さは，1 分あたり何 m 減りますか。

(2)　2 人が出会う場所の地上からの高さは何 m ですか。

(3)　かなさんが Q に着くまでに，2 人がお互（たが）いに真上と真下になるときが 3 回あります。それらはかなさんが出発してから何分何秒後ですか。すべて答えなさい。

(このページは計算に用いてよい)

4 　図１のような直方体の空の水そうに，底面と垂直になるように長方形のしきりを入れて，底面を２つの長方形に分け，蛇口(じゃぐち)に近い方から A, B とします。この水そうに，初めは毎秒 250 cm^3 の割合で水を入れていき，９分以降は入れる水の量を変え，一定の割合で水を入れ続けました。水を入れ始めてからの時間と，A の部分の水面の高さとの関係は図２のグラフのようになりました。ただし，しきりと容器の厚さは考えないものとします。このとき，次の各問いに答えなさい。

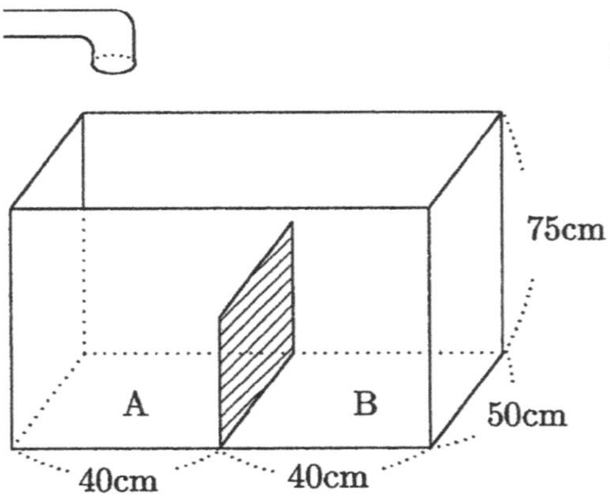

図１

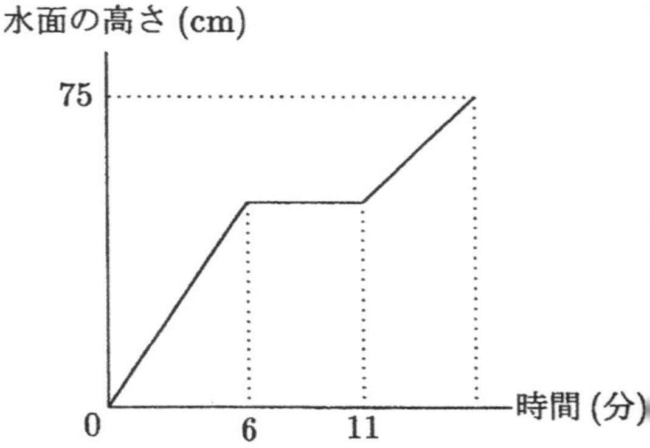

図２

(1)　しきりの高さは何 cm ですか。

(2)　９分以降の入れる水の量は毎秒何 cm^3 ですか。

(3)　この水そうが満水になるのは，水を入れ始めてから何分何秒後ですか。

2024(R6) 帝塚山学院泉ヶ丘中
教英出版

(このページは計算に用いてよい)

3 記号 $\langle N\rangle$ は，整数 N の一の位から連続して並ぶ 0 の個数を表すこととします。例えば，$\langle 180\rangle = 1$, $\langle 1005\rangle = 0$, $\langle 206000\rangle = 3$ です。このとき，次の各問いに答えなさい。

(1) $\langle 140 \times 25\rangle$, $\langle 162 \times 25\rangle$ の値をそれぞれ答えなさい。

(2) A は 2 桁(けた)の整数で，6 で割った余りは 2，$\langle A\rangle = 1$ です。このような整数 A のうち，最も大きいものは何ですか。

(3) B は 4 桁の整数で，8 で割った余りは 4，$\langle B\rangle = 2$ です。このような整数 B は全部でいくつありますか。

2024(R6) 帝塚山学院泉ヶ丘中
K 教英出版

(このページは計算に用いてよい)

7 次の文中の下線部が正しければ○と答え，間違っている場合は正しく書き直しなさい。

（1）地震（しん）のゆれの大きさの程度を表す<u>マグニチュード</u>は，0～7 の 10 段階で表される。

（2）西に高気圧，東に低気圧がある「西高東低」の気圧配置は，日本では<u>冬</u>によく見られる。

（3）川の「上流」，「中流」，「下流」のうち，角ばった大きな石が見られるのは，<u>下流</u>である。

（4）帝塚山学院泉ヶ丘中学校のグラウンドに立てた棒の影（かげ）の長さを観察する。「春分」，「夏至」，「秋分」，「冬至」のうち，太陽が南中したとき，影の長さがもっとも長くなるのは，<u>夏至</u>の日である。

（5）<u>二酸化炭素</u>は，オゾン層の破壊（かい）の最も大きな要因となる気体である。

（3）「回路あ」の豆電球Bと同じ明るさになるものをすべて選び，解答らんの記号を○で囲みなさい。

ア．「回路い」のE　　イ．「回路え」のB　　ウ．「回路え」のC

エ．「回路お」のC　　オ．「回路か」のF

（4）「回路い」の豆電球Eと同じ明るさになるものをすべて選び，解答らんの記号を○で囲みなさい。

ア．「回路い」のB　　イ．「回路え」のB　　ウ．「回路え」のC

エ．「回路お」のB　　オ．「回路お」のE　　カ．「回路か」のB

（5）「回路か」の豆電球Eをもっと明るくしたい。そのために追加で行う実験操作としてもっとも適当なものを1つ選び，解答らんの記号を○で囲みなさい。

ア．スイッチdを閉じる。

イ．豆電球Bをソケットから取り外す。

ウ．かん電池をもうひとつ，「回路か」の電池とプラス極・マイナス極の向きをそろえて並列につなぐ。

エ．かん電池をもうひとつ，「回路か」の電池とプラス極・マイナス極の向きをそろえて直列につなぐ。

6　図1のような豆電球とソケットを使って図2のような回路を作り，表1のようにスイッチを切り替(か)えた。表1の○はスイッチを閉じ，×はスイッチを開くことを表している。また，図2のかん電池と豆電球はそれぞれ同じものを複数使っている。下の各問いに答えなさい。

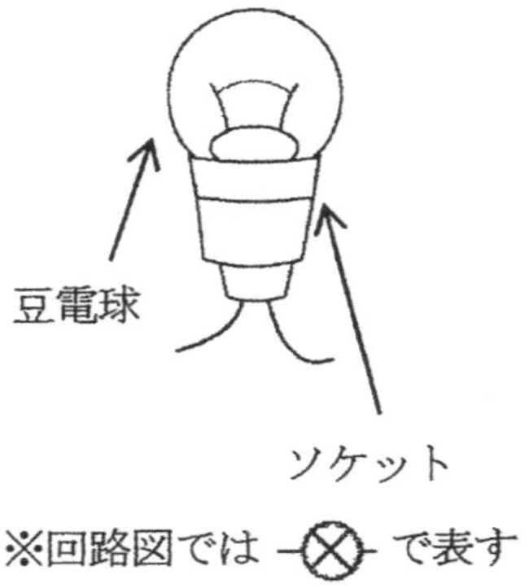

図1

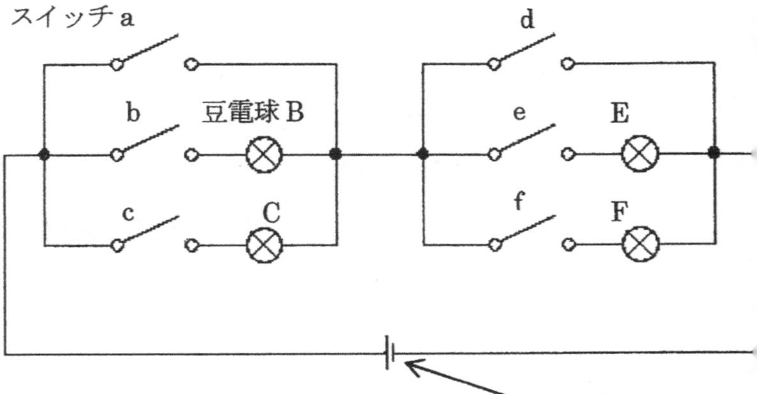

図2

表1

		スイッチ					
		a	b	c	d	e	f
回路	あ	×	○	×	○	×	×
	い	×	○	×	×	○	×
	う	○	×	×	○	×	×
	え	×	○	○	○	×	×
	お	×	○	○	×	○	○
	か	×	○	×	×	○	○

（1）表1の中には，実際に電流を流すと熱くなって危険な回路が含まれている。その回路を1つ選び，解答らんの記号を○で囲みなさい。

（2）「回路あ」の豆電球Bの明るさを1としたとき，「回路い」の豆電球Bの明るさはどうなるか。もっとも適当なものを1つ選び，解答らんの記号を○で囲みなさい。

ア．明るくなる　　イ．暗くなる　　ウ．変わらない

2024(R6) 帝塚山学院泉ヶ丘中
教英出版

（4）図４のとき棒は水平につりあい，ばねばかりは 120 g を指していた。▲1 個の重さを 40 g とすると，「？」につるされているものとしてもっとも適当なものを１つ選び，解答らんの記号を○で囲みなさい。

ア．●　　イ．▲　　ウ．■　　エ．棒

（5）図５のように，台はかりの上に乗せた水そうに水を入れ，図４の「？」だけがすべて水につかるようにしたところ，「？」がおしのけた水の重さだけ上向きの力（浮力（ふりょく））がかかって，棒は水平につりあった。このときばねばかりは何 g を指しますか。ただし，「？」1 個の体積は 40 cm^3 であり，水 1 cm^3 の重さを 1 g とする。

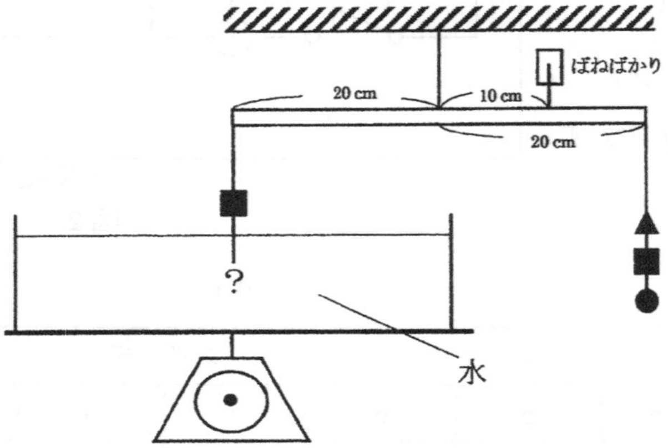

図５

（6）図５のようにおもりを水につける前と後で，台はかりの目盛りが示す値の変化としてもっとも適当なものを１つ選び，解答らんの記号を○で囲みなさい。

ア．目盛りは軽くなった値を示す。

イ．目盛りは重くなった値を示す。

ウ．目盛りは変わらない。

5 長さが40 cmで太さが一様な棒，重さの無視できる細い糸，それぞれ重さのちがうおもり●，▲，■を使って，図1から図4のように棒を水平につるす実験を行った。下の各問いに答えなさい。ただし，実験で用いた棒はすべて同じものであり，図4の「？」には●，▲，■，棒のいずれか1個がつるされている。

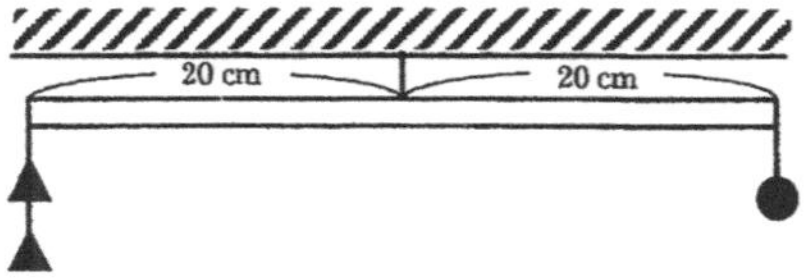

図1

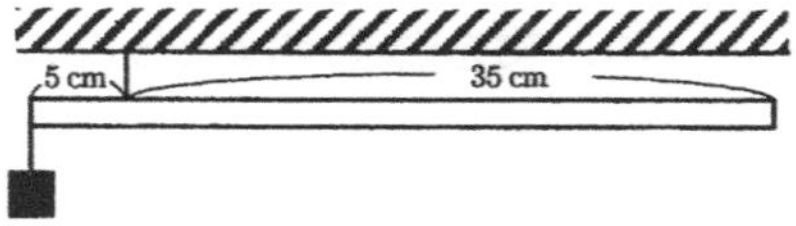

図2

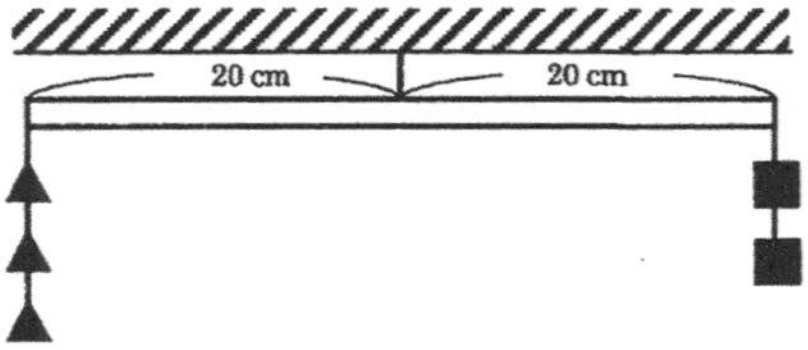

図3

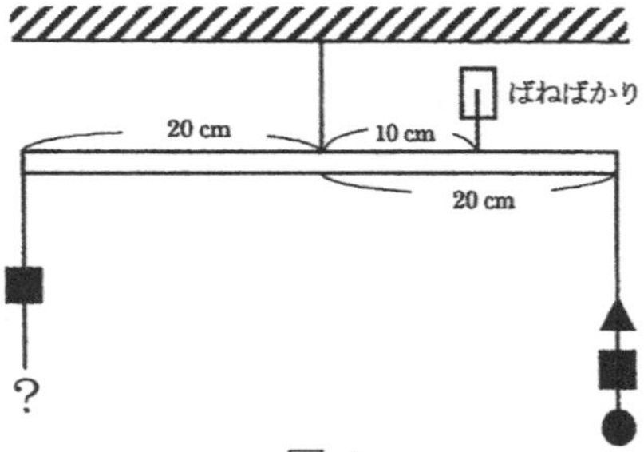

図4

（1）図1のとき棒は水平になってつりあった。●の重さは▲の何倍か。もっとも適当なものを1つ選び，解答らんの記号を○で囲みなさい。

ア．$\frac{1}{4}$　　イ．$\frac{1}{3}$　　ウ．$\frac{1}{2}$　　エ．2　　オ．3　　カ．4

（2）図2のとき棒は水平になってつりあった。棒の重さは■の何倍か。もっとも適当なものを1つ選び，解答らんの記号を○で囲みなさい。

ア．$\frac{1}{4}$　　イ．$\frac{1}{3}$　　ウ．$\frac{1}{2}$　　エ．2　　オ．3　　カ．4

（3）図3のとき棒は水平になってつりあった。図2，図3より棒の重さは▲の何倍か。もっとも適当なものを1つ選び，解答らんの記号を○で囲みなさい。

ア．$\frac{1}{3}$　　イ．$\frac{1}{2}$　　ウ．$\frac{2}{3}$　　エ．$\frac{3}{2}$　　オ．2　　カ．3

（1）【実験 1】の②で発生した気体の性質を説明したものとしてもっとも適当なものを1つ選び，解答らんの記号を○で囲みなさい。

ア．空気の約80%をしめる。

イ．水に少し溶け，その水溶液はアルカリ性を示す。

ウ．空気よりも軽い。

エ．物を燃やすはたらきがある。

オ．無色である。

（2）【実験 1】の①で残った白い粉は何gか。小数第2位を四捨五入して小数第1位まで答えなさい。

（3）【実験 3】で，100 cm^3のうすい塩酸と完全に反応する重曹は何gか。小数第2位を四捨五入して小数第1位まで答えなさい。

（4）この実験で用いた発泡入浴剤に含まれる重曹の割合は何%か。小数第1位を四捨五入して整数で答えなさい。

（5）この実験から，発泡入浴剤には，重曹以外にも気体を発生させるために必要な物質を含むことがわかった。実験からわかる，その物質を水に溶かしたときの様子を説明したものとしてもっとも適当なものを1つ選び，解答らんの記号を○で囲みなさい。

ア．水がにごった。

イ．水の色が変化した。

ウ．溶液が酸性を示した。

エ．においが発生した。

4 次の文章を読み，下の各問いに答えなさい。

帝塚さんと泉さんは，学校の文化祭で発泡入浴剤を作った。水に入れると気体が発生する発泡入浴剤の仕組みに興味をもち，次の実験を行った。ただし，実験や問いで用いた塩酸はすべて同じ濃さである。

【実験 1】

① ビーカーに水を 100 cm^3 入れ，発泡入浴剤を 1.0 g 入れたところ，100 cm^3 の気体が発生し，ビーカーの底には白い粉が残った。

② ①で発生した気体を石灰水に通すと，白くにごった。

③ ①で残った白い粉を別のビーカーに集めて水を加えたが，変化はなかった。

④ ③にうすい塩酸を少量加えると，10 cm^3 の気体が発生し，白い粉はなくなった。

【実験 2】

ビーカーにうすい塩酸を 100 cm^3 入れ，発泡入浴剤を 1.0 g 入れたところ，110 cm^3 の気体が発生した。

帝塚さんと泉さんは，【実験 1】の①で残った白い粉について，先生に質問をした。

帝塚さん「先生，この白い粉は何ですか？」
先　　生「これは，炭酸水素ナトリウムというものだよ。家でも使っているんじゃないかな？」
泉 さ ん「もしかして掃除に使う重曹(そう)のことですか？」
先　　生「そうだよ，よく知っているね。パンを作るときに使うベーキングパウダーにも入っているよ。」
帝塚さん「重曹を使って実験をしたら，発泡入浴剤について何かわかるかもしれないね。」
泉 さ ん「そうだね，やってみよう。」

【実験 3】

⑤ ビーカーに水を 100 cm^3 入れ，重曹を入れたが，気体は発生しなかった。

⑥ 5個のビーカーに，うすい塩酸を 100 cm^3 ずつ入れ，重曹を入れた。入れた重曹の重さと，発生した気体の体積をまとめると下の表 1 のようになった。

表 1

重曹〔g〕	1.0	2.0	3.0	4.0	5.0
発生した気体〔cm^3〕	267	534	801	850	850

(2) 緑色のBTB溶液を加えたとき，溶液が青色に変化するものはどれか。すべて選び，解答らんの記号を○で囲みなさい。

ア．うすい塩酸　　イ．水酸化ナトリウム水溶液　　ウ．過酸化水素水

エ．石灰水

(3) 水溶液Bはどれか。1つ選び，解答らんの記号を○で囲みなさい。

ア．うすい塩酸　　イ．水酸化ナトリウム水溶液　　ウ．過酸化水素水

エ．石灰水

(4) 固体Eはどれか。1つ選び，解答らんの記号を○で囲みなさい。

ア．アルミニウム　　イ．銅　　ウ．石灰石　　エ．二酸化マンガン

(5) 気体①～④について説明したものとして適当なものをすべて選び，解答らんの記号を○で囲みなさい。

ア．気体①～④はすべて異なる気体である。

イ．気体①，②は同じ気体である。

ウ．気体③，④は同じ気体である。

エ．気体①に火を近づけると，ポンと音を立てて燃える。

オ．気体②に石灰水を通じると，白くにごる。

カ．気体③はにおいのする気体である。

キ．気体④は水に溶けにくく空気より軽いため，水上置換(ちかん)法で集めるのが適当である。

F　第6章は司法（裁判所）について書かれています。

(n)裁判所は国会で作成された法律に問題がないかどうか、法律に反した政治が行われていないかどうかを判断します。また、社会での争いごとや、(o)犯罪が起きたときに法律にもとづいて解決したり、罪の有無や罪の重さを判断するなど、国民の権利を守る仕事も行っています。

問13　下線部(n)について説明した文章のうち、**誤っているもの**を次から1つ選び、解答欄の記号を○で囲みなさい。

ア：すべての裁判所で、国の政治や国会の定めた法律が憲法に違反していないかについて判断することができる。

イ：国会では、裁判官をやめさせるかどうかの裁判が行われる。

ウ：国民はすべての裁判官について、やめさせたほうがよいと思う裁判官を選ぶ投票ができる。

エ：裁判の判決に不服があるときは、さらに上級の裁判所に訴えることができ、同じ事件について3回まで裁判を受けることができる。

問14　下線部(o)について、現在に裁判に国民が参加する制度があります。この制度を何と言いますか。**漢字**で答えなさい。

問題はここまでです。

E　第５章は内閣のことについて書かれています。

内閣は、国会で作成された法律や予算にもとづいて実際の政治を行っています。(l)内閣は国会で選ばれた内閣総理大臣および国務大臣で構成されています。内閣のもとには専門的な仕事を受け持つ(m)さまざまな府・省・庁があり、多くの国務大臣が各省庁の大臣を務め、指示を出しています。

問11　下線部(l)について説明した文章として**誤っているもの**を次から１つ選び、解答欄の記号を○で囲みなさい。

ア：内閣総理大臣は、多くの場合、国会で多数の議席をしめる政党の代表が選ばれる。

イ：内閣総理大臣と国務大臣が政治の進め方を相談する閣議が開かれ、決定するときは多数決で行う。

ウ：国務大臣の多くは担当する省の大臣や庁の長官として、専門的な仕事を分担している。

エ：内閣は、国会の召集（しょうしゅう）や衆議院の解散の決定を行う。

問12　下線部(m)について、昨年４月、子供に関係する政策を一本化するために発足した行政機関を何といいますか。正式な名称を答えなさい。

問10　下線部(k)について、下の図は、予算が成立するまでの流れを示しています。①～③にあてはまる語句の組合せとして正しいものをあとから１つ選び、解答欄の記号を○で囲みなさい。

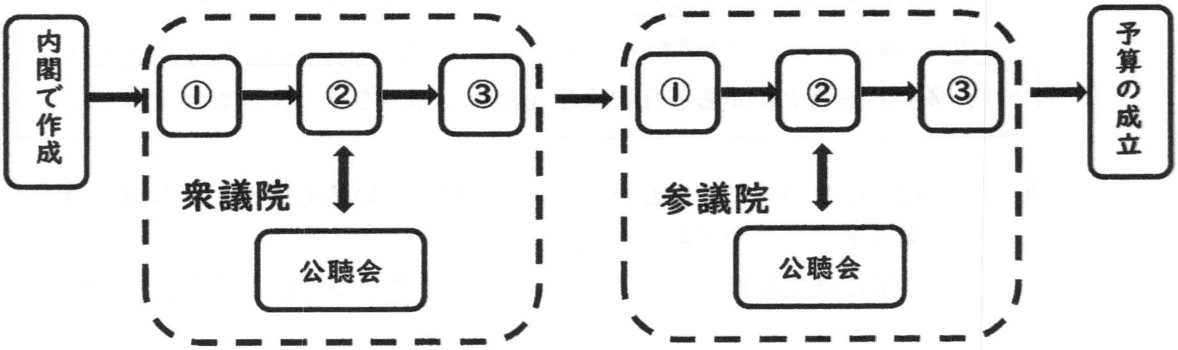

	①	②	③
ア	本会議	委員会	議長
イ	本会議	議　長	委員会
ウ	委員会	本会議	議　長
エ	委員会	議　長	本会議
オ	議　長	本会議	委員会
カ	議　長	委員会	本会議

問７　下線部(h)について、昨年６月に世界経済フォーラムが発表した「ジェンダー・ギャップ・レポート」の男女平等ランキングでは、以下の４項目について男性に対する女性の割合が示されました。この中で日本において最も女性の比率が低い項目として正しいものを次から１つ選び、解答欄の記号を○で囲みなさい。

ア：健康…健康寿命(じゅみょう)の男女比など

イ：教育…初等～高等教育を受ける男女比など

ウ：経済参画…同じ労働において男女の給料の格差など

エ：政治参画…国会議員や国務大臣の男女比など

※参画：単に参加するだけでなく、事業や計画に加わること。

問８　下線部(i)について、憲法で国民の権利であると同時に義務であると定められているものとして正しいものを次から１つ選び、解答欄の記号を○で囲みなさい。

ア：教育を受ける	イ：選挙で投票に行く
ウ：仕事について働く	エ：税金を納める

D　第４章は国会のことについて書かれています。

国会は国の政治の方向を決める重要な機関です。(j)衆議院と参議院とで構成され、法律、(k)国の予算、条約の承認などについて話し合いを行い、多数決で決定します。

問９　下線部(j)について、

⑴国会での話し合いは、この二つの議院で行われます。このようなしくみをとっている理由を簡単に述べなさい。

⑵参議院議員の被選挙権の年齢条件と同じものを次から１つ選び、解答欄の記号を○で囲みなさい。

ア：都道府県知事	イ：市(区)町村長
ウ：都道府県議会議員	エ：市(区)町村議会議員

B　第2章は戦争放棄について書かれています。

第二次世界大戦中、日本では空襲(くうしゅう)、沖縄戦、(d)<u>広島</u>と長崎への原子爆弾(ばくだん)の投下などで多くの命が犠牲(ぎせい)になりました。憲法の前文には、平和への誓(ちか)いと決意が示され、(e)<u>憲法第9条</u>には外国との争いを絶対に戦争という手段で解決をしないということを具体的に記しています。また、唯一の被爆(ひばく)国として非核三原則を宣言するとともに、核(かく)兵器廃絶(はいぜつ)を求め1955年以降、毎年（　f　）を開催しています。

問3　下線部(d)の都市で、昨年の5月19日から21日まで、日本を議長国として国際会議「G7（　　　）」が開催(かいさい)されました。（　　　）にあてはまる語句を**カタカナ**で答えなさい。

問4　下線部(e)について、次の憲法第9条の二項の条文の空欄にあてはまる語句を**漢字**で答えなさい。

「前項の目的を達するため、陸海空軍その他の戦力は、これを保持しない。国の（　　）は、これを認めない。」

問5　文章中の空欄（　f　）にあてはまる語句を**漢字9字**で答えなさい。

C　第3章は国民の権利及び義務について書かれています。

憲法の原則の一つに基本的人権の尊重があります。その中で、(g)<u>自由権</u>や(h)<u>平等権</u>などについての国民の権利を保障するだけでなく(i)<u>国民が果たさなければならない義務</u>についても定めています。権利は行使するだけでなく、互いの権利を尊重し合うことも大切です。

問6　下線部(g)について説明した次の文章として正しいものを次から1つ選び、解答欄の記号を○で囲みなさい。

ア：労働者が、自分たちの労働条件をより良くするために団結する。

イ：作家が、取材した内容をもとにして小説を書く。

ウ：市議会議員に立候補して、みずから政治に参加する。

エ：知り合いとのお金の貸し借りのトラブルの解決のために裁判をおこす。

3 1946年11月3日、日本国憲法が公布され、翌1947年5月3日に施行(しこう)されました。日本国憲法は前文とそれに続く第1章から11章、合計103条から構成されています。いくつかの章の内容について、A～Fにまとめてみました。これらついて、あとの問いに答えなさい。

> A 第1章は天皇について書かれています。
>
> 大日本帝国憲法のもとでの天皇に比べ、その立場は大きく変わりました。大日本帝国憲法では、天皇は国を治める主権を持っていましたが、日本国憲法では国の（ a ）とされ、内閣の助言と（ b ）にもとづいて憲法に定められている(c)国事行為(こうい)を行うことになっています。

問1 文章中の空欄（ a ）・（ b ）にあてはまる語句をそれぞれ**漢字2字**で答えなさい。

問2 下線部(c)の内容として**誤っているもの**を次から1つ選び、解答欄の記号を○で囲みなさい。

ア：国会議員の総選挙の施行を国民に知らせる。

イ：内閣総理大臣およびその他の大臣を任命する。

ウ：外交の文書を認める。

エ：憲法改正、法律、条約を公布する。

2024(R6) 帝塚山学院泉ヶ丘中
K 教英出版

問21　カードA～Iの世界遺産の場所に**含まれない**都道府県を次から**すべて**選び、解答欄の記号を○で囲みなさい。

ア：広島県	イ：茨城県	ウ：鳥取県
エ：山口県	オ：群馬県	カ：栃木県

問17　カードＨについて、京都を舞台に戦った応仁の乱の影響として正しいものを次から１つ選び、解答欄の記号を○で囲みなさい。

ア：室町幕府は応仁の乱によって滅亡した。

イ：将軍の足利義政は、乱をしずめるために守護大名をなくし、幕府の力が強まっていった。

ウ：この乱以降、身分の低い者が強いものを倒す下剋上（げこくじょう）の風潮が広まった。

エ：戦乱中も京都の町では祇園祭（ぎおんまつり）が開催されていた。

Ｉ　日光の社寺 日光の社寺の中心的存在である日光東照宮は、江戸幕府の初代将軍である徳川家康をまつっている神社です。３代将軍徳川家光は、日光東照宮を大規模に建て直し、全国の大名を引き連れて参拝をくり返すことで、大名たちに幕府の力を見せつけていきました。

問18　カードＩについて、徳川家康が発行した、日本船の渡航を認める許可状を使用した貿易を何といいますか。

問19　カードＩについて、江戸幕府のしくみとして正しいものを次から１つ選び、解答欄の記号を○で囲みなさい。

ア：朝廷を監視（かんし）するために、京都に六波羅探題（ろくはらたんだい）を置いた。

イ：臨時の最高職として、譜代（ふだい）大名のなかから大老が任命された。

ウ：大名を監視するために、諸国に守護を置いた。

エ：将軍を補佐する役職として、親藩（しんぱん）の大名のなかから管領（かんれい）が任命された。

問20　カードＩについて、徳川家光の政治を述べた文として**誤っているもの**を次から１つ選び、解答欄の記号を○で囲みなさい。

ア：外様（とざま）大名でも有能であれば積極的に幕府の重要な役職につけた。

イ：大名に１年ごとに江戸と領地を往復させる参勤交代の制度を整えた。

ウ：日本人が海外にわたることや、海外から日本に帰ってくることを禁止した。

エ：九州の島原や天草でキリスト教信者が一揆（いっき）をおこすと、大軍を送って一揆をおさえた。

問13　カードFについて、平清盛が1167年に武士として初めてついた役職を何といいますか。**漢字**で答えなさい。

G　富士山

富士山は、昔から何回も噴火(ふんか)をしています。富士山が最後に噴火したのは、今から約300年前の江戸時代です。当時の年号を「宝永(ほうえい)」といいましたので、この噴火を「宝永噴火」といいます。宝永噴火では、富士山から約100km離れた江戸の町にも、火山灰が降り積もりました。

問14　カードGについて、風景画の浮世絵「富嶽(ふがく)三十六景」を描いた人物を答えなさい。

問15　カードGについて、この時代に活躍した人物に徳川吉宗がいます。吉宗が人々の意見を聞くために設置したものを何と言いますか。**漢字3字**で答えなさい。

H　古都京都の文化財

794年に行われた平安京遷都(せんと)以来、京都は日本の都として1000年もの歴史を刻んだ都市です。そのため、現在国宝に指定されている建造物や特別名勝となっている庭園など多くの文化財が残されており、古都の華やかな雰囲気を今に伝えています。

問16　カードHについて、足利義満に**関係しないもの**を次から1つ選び、解答欄の記号を○で囲みなさい。

ア：2つにわかれていた朝廷を1つにまとめた。

イ：京都の室町に花の御所をつくり、政治を行った。

ウ：京都の北山に金閣とよばれる別荘を建てた。

エ：武士の慣習などをもとに51か条からなる御成敗式目を制定した。

問10　カードＥについて、奈良時代に編さんされた歴史書や和歌集について述べた文として**誤っているもの**を次から１つ選び、解答欄の記号を○で囲みなさい。

ア：国ごとに、自然、産物、伝説などをまとめた『風土記』がつくられた。

イ：日本最初の和歌集で、天皇がよんだ歌だけが集められた『万葉集』がつくられた。

ウ：中国の歴史書にならって編さんされ、神話の時代から持統天皇の時代までをまとめた『日本書紀』がつくられた。

エ：神話の時代から推古天皇までをまとめた『古事記』がつくられた。

Ｆ　厳島(いつくしま)神社

日本三景のひとつ、安芸(あき)の宮島を代表する建築物が厳島神社です。現在見られる厳島神社の造営をおこなったのは、12世紀、平家の栄華を築いた平清盛です。そこには平安時代の貴族の住居である［ａ］の様式がとり入れられており、度重なる再建にもかかわらず平安時代の面影をいまに伝えています。

問11　カードＦの空欄［ａ］には、このころの貴族の邸宅（住居）の建築様式をあらわすことばが入ります。あてはまることばを、**漢字３字**で答えなさい。

問12　カードＦついて、平清盛によって行われた日宋貿易の貿易港があった大輪田泊(おおわだのとまり)の場所を、右から１つ選び、解答欄の記号を○で囲みなさい。

D　法隆寺地域の仏教建造物

法隆寺は607年、聖徳太子によって建立されました。7000㎡もの敷地には125棟もの建物が並び、38件の国宝、151件の重要文化財があります。日本美術の宝庫であると同時に、諸外国の文化の影響をみることができます。

問7　カードDについて、なぜ法隆寺は世界文化遺産に登録されているのですか。簡単に説明しなさい。

問8　カードDについて、次の資料は、聖徳太子が定めた十七条の憲法の部分要約です。資料中の空欄［ a ］にあてはまる語句を**漢字2字**で答えなさい。

十七条の憲法（一部）
一、人の和を第一にしなければなりません。
二、［ a ］をあつく信仰しなさい。
三、天皇の命令は、必ず守りなさい。

E　古都奈良の文化財

710年～784年までの74年間、平城京が置かれたのが奈良県奈良市です。平城京は唐の都長安をモデルとし、碁盤(ごばん)の目状に走る道路で整然と区画されました。ここを舞台に、唐の影響を受けた国際色豊かな天平文化が栄えました。世界遺産に登録されているのは、平城京跡や東大寺、春日大社など8件です。

問9　カードEについて、日本からも多くの人々が唐に渡りましたが、その中でも16才の時に留学生として唐にわたり、次の歌をよんだ人物を次から1つ選び、解答欄の記号を○で囲みなさい。

「天の原ふりさけ見れば春日なる　三笠の山に出でし月かも」

ア：阿倍仲麻呂　　イ：菅原道真　　ウ：鑑真　　エ：藤原道長

(四)
ア イ ウ エ
(五)
ア イ ウ エ
(六)
I II III IV
(七)
ア イ ウ エ

三

(1)	(2)	(3)	(4)	(5)

(6)	(7)	(8)	(9)	(10)

1点×10

四

	(1)	(2)	(3)	(4)	(5)
語句	アイウエオカ	アイウエオカ	アイウエオカ	アイウエオカ	アイウエオカ
意味	123456	123456	123456	123456	123456

1点×10

五

(1) ア イ ウ エ オ
(2) ア イ ウ エ オ
(3) ア イ ウ エ オ
(4) ア イ ウ エ オ
(5) ア イ ウ エ オ

2点×5

令和6年度	帝塚山学院泉ヶ丘中学校 入学者選抜試験	算数(解答用紙)	受験番号		A

6点×20(2(4)，3(1)はそれぞれ3点×2，5(3)は2点×3)

1

(1)	
(2)	
(3)	
(4)	

2

(1)	円
(2)	

4

(1)	cm
(2)	毎秒 cm^3
(3)	分 秒後

5

(1)	m
(2)	m
	分 秒後

【解答

令和６年度	帝塚山学院泉ヶ丘中学校 入学者選抜試験	理科(解答用紙)	受験番号		A

③(5)，④(4)…３点×２　他…２点×37　※80点満点

1

(1)	ア　イ　ウ　エ			
(2)	A	ア　イ	B	ウ　エ
(3)	ア　イ　ウ			
(4)				
(5)				

(5)

		追いかけ回すメダカ		
		D	E	F
追いかけ回されるメダカ	E			
	F			
	G			

2

(1)	ア　イ　ウ　エ
(2) ①	ア　イ　ウ　エ
(2) ②	ア　イ　ウ　エ
①	ア　イ　ウ　エ

5

(1)	ア　イ　ウ　エ　オ　カ
(2)	ア　イ　ウ　エ　オ　カ
(3)	ア　イ　ウ　エ　オ　カ
(4)	ア　イ　ウ　エ
(5)	g
(6)	ア　イ　ウ

6

(1)	あ　い　う　え　お　か
(2)	ア　イ　ウ
(3)	ア　イ　ウ　エ　オ
(4)	ア　イ　ウ　エ　オ　カ
(5)	ア　イ　ウ　エ

7

【解答

令和6年度	帝塚山学院泉ヶ丘中学校 入学者選抜試験	社会(解答用紙)	受験番号		A

1

問1	ア イ ウ エ
問2	ア イ ウ エ
問3	ア イ ウ エ
問4	ア イ ウ エ
問5	
問6	ア イ ウ エ
問7	ア イ ウ エ
問8	ア イ ウ エ
問9	ア イ ウ エ オ カ
問10	ア イ ウ エ
問11	
問12	ア イ ウ エ オ カ
問13	ア イ ウ エ
問14	ア イ ウ エ

2

問1	ア イ ウ エ
問2	古墳
問3	ア イ ウ エ
問4	ア イ ウ エ
問5	貿易
問6	ア イ ウ エ
問7	
問8	
問9	ア イ ウ エ
問10	ア イ ウ エ
問11	
問12	ア イ ウ エ

3

問1	a	
	b	
問2		ア イ ウ エ
問3		
問4		
問5		
問6		ア イ ウ エ
問7		ア イ ウ エ
問8		ア イ ウ エ
問9	(1)	
	(2)	ア イ ウ エ
問10		ア イ ウ エ オ カ

【解答用

問16	ア　イ　ウ　エ
問17	ア　イ　ウ　エ　オ
問18	
問19	ア　イ　ウ　エ　オ

問14	
問15	
問16	ア　イ　ウ　エ
問17	ア　イ　ウ　エ
問18	貿易
問19	ア　イ　ウ　エ
問20	ア　イ　ウ　エ
問21	ア　イ　ウ　エ　オ　カ

問12	
問13	ア　イ　ウ　エ
問14	

合計	

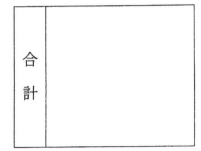

※80点満点

1
問１．１点
問２．２点
問３．２点
問４．２点
問５．１点
問６．２点
問７．２点
問８．１点
問９．２点
問10．２点
問11．１点
問12．１点
問13．２点
問14．１点
問15．２点
問16．２点
問17．１点
問18．２点
問19．１点

2
問１．１点
問２．１点
問３．２点
問４．１点
問５．１点
問６．２点
問７．２点
問８．１点
問９．１点
問10．２点
問11．１点
問12．１点
問13．１点
問14．１点
問15．１点
問16．２点
問17．２点
問18．１点
問19．２点
問20．２点
問21．２点

3
問１．１点×２
問２．１点
問３．１点
問４．１点
問５．１点
問６．２点
問７．２点
問８．１点
問９．⑴２点
⑵１点
問10．２点
問11．１点
問12．１点
問13．１点
問14．１点

(4)	
(5)	ア　イ　ウ　エ　オ　カ
(6)	ア　イ　ウ　エ　オ　カ

3

(1)	ア　イ　ウ　エ
(2)	ア　イ　ウ　エ
(3)	ア　イ　ウ　エ
(4)	ア　イ　ウ　エ
(5)	ア　イ　ウ　エ　オ　カ　キ

4

(1)	ア　イ　ウ　エ　オ
(2)	g
(3)	g
(4)	%
(5)	ア　イ　ウ　エ

(3)	
(4)	
(5)	

(4)	ア	イ
(5)	人	
(6)	度	
(7)	cm^2	

分　　秒後

3

(1)	⟨140 × 25⟩ =
	⟨162 × 25⟩ =
(2)	
(3)	個

合計	

※120点満点

令和六年度

帝塚山学院泉ヶ丘中学校
入学者選抜試験

国語（解答用紙）

受験番号

A

※120点満点

一

㈠ アイウエ

㈡ Ⅰ Ⅱ Ⅲ

㈢

㈣ アイウエ

㈤ アイウエ

㈥ 1 アイウエオ　2 アイウエオ　3 アイウエオ　4 アイウエオ

㈦ アイウエ

㈧ アイウエ

㈨ Ⅰ Ⅱ

㈠４点
㈡２点×３
㈢７点
㈣４点
㈤４点
㈥２点×４
㈦４点
㈧４点
㈨２点×２

二

㈠ 1 アイウエ　2 アイウエ　3 アイウエ　4 アイウエ

㈡ アイウエ

)２点×４
)５点
)９点
)７点
)５点
)５点
)６

問４　カードＢについて、明治時代の1870年代に実施されたことがらについて述べた文として**誤っているもの**を次から１つ選び、解答欄の記号を○で囲みなさい。

ア：日本で最初の鉄道が新橋・横浜間で開通した。

イ：近代的な郵便制度が前島密によって整えられた。

ウ：学校制度をつくり、一定の年齢のすべての子どもに教育を受けさせようとした。

エ：造船や機械などの重工業も発達し、北九州に八幡(やはた)製鉄所がつくられた。

C　石見(いわみ)銀山遺跡とその文化的景観

石見銀山は16～17世紀には、世界第２位の銀の産出量を誇り、良質の銀としてポルトガルやスペインなどヨーロッパへ輸出していました。また、その当時活躍した豊臣秀吉は、戦いでうばった多くの領地をもったほか、貿易で栄えた堺・博多・長崎などの都市や、石見銀山などの鉱山を直接支配して、大きな利益を手に入れました。

問５　カードＣについて、銀などを輸出したポルトガル人やスペイン人との貿易を何といいますか。**漢字**で答えなさい。

問６　カードＣについて、豊臣秀吉の政策として**誤っているもの**を次から１つ選び、解答欄の記号を○で囲みなさい。

ア：武士と町人は城下町、百姓(ひゃくしょう)は村など住む場所がわけられた。

イ：反乱を防止するため、武士から刀や鉄砲(てっぽう)などを取り上げた。

ウ：日本国内におけるキリスト教布教に対する危機を覚え、宣教師を追放する法令を出した。

エ：全国に役人を派遣(はけん)して、村ごとに検地をおこない、田畑の面積を測った。

2024(R6) 帝塚山学院泉ヶ丘中
教英出版

2　晴子さんは、日本の世界遺産について調べ、A～Iのカードにまとめました。これらのカードについて、あとの問いに答えなさい。

A　百舌鳥古市古墳群 大仙古墳(だいせんこふん)は、ほりの内側の部分の全長が約［ａ］m、はばが約［ｂ］mもある日本最大のものであり、その形は前方後円墳と呼ばれ、大和（奈良県）や河内（大阪府）にも数多くみられます。これは、この地域の豪族(ごうぞく)たちが、強い勢力をもっていたためだと考えられています。この豪族たちは、後に連合して大和朝廷(ちょうてい)を組織し、九州から関東までの豪族を従えるようになりました。

問１　文中の［ａ］・［ｂ］にあてはまる数字の組み合わせとして正しいものを、次から１つ選び、解答欄の記号を○で囲みなさい。

ア：a－240　b－300
イ：a－240　b－600
ウ：a－480　b－300
エ：a－480　b－600

問２　カードAについて、ワカタケルの名を記した鉄剣が出土した埼玉県にある古墳の名前を答えなさい。

B　富岡製糸場と絹産業遺産群 明治時代、政府は質の良い生糸をたくさんつくろうと考え、絹(きぬ)産業の近代化をめざしました。富岡製糸場は全国の器械製糸のお手本となるよう、外国の技術を取り入れ、日本に合わせた工夫を加えて 1872 年に建てられました。質の良い生糸をたくさんつくる技術を開発したこと、その技術を世界に広めたことを今に伝えるのが「富岡製糸場と絹産業遺産群」です。

問３　カードBについて、明治政府が行った政策の順として正しいものを次から１つ選び、解答欄の記号を○で囲みなさい。

ア：廃藩置県(はいはんちけん) → 版籍奉還(はんせきほうかん) → 大日本帝国(ていこく)憲法の発布 → 領事裁判権の撤廃(てっぱい)
イ：廃藩置県 → 版籍奉還 → 領事裁判権の撤廃 → 大日本帝国憲法の発布
ウ：版籍奉還 → 廃藩置県 → 大日本帝国憲法の発布 → 領事裁判権の撤廃
エ：版籍奉還 → 廃藩置県 → 領事裁判権の撤廃 → 大日本帝国憲法の発布

問18　右の図は前ページの地図中**P**の地点を拡大したものです。この地域は、工場が多いことで知られています。この地域に工場が多い理由を、「土地が安いこと」と「人が多いこと」以外の理由で説明しなさい。

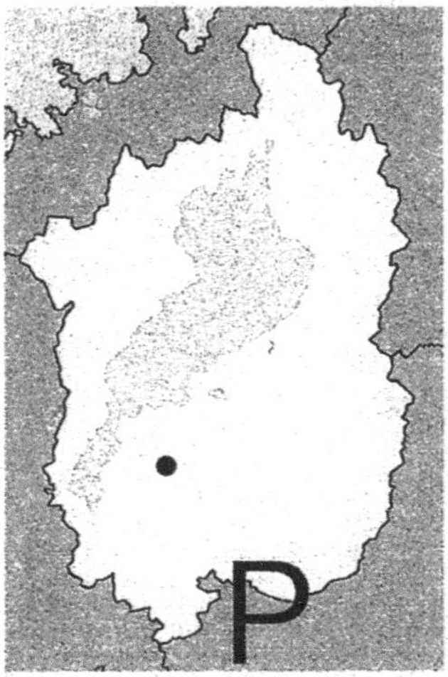

問19　次の表は、港別輸出額と上位３位までの輸出品目を示したものです。表中のア～オには、成田国際空港、名古屋港、関西国際空港、横浜港、博多港のいずれかがあてはまります。成田国際空港にあてはまるものを選び、解答欄の記号を○で囲みなさい。

	輸出額（億円）	上位３位までの輸出品目　（%）
ア	104,137	自動車（24.6）、自動車部品（16.6）、原動機（4.3）
イ	101,588	半導体等製造装置（8.4）、電子部品（7.3）、光学機器（5.5）
ウ	58,200	自動車（15.9）、原動機（5.3）、プラスチック（4.7）
エ	49,899	電子部品（28.6）、電気回路（6.2）、光学機器（6.2）
オ	28,109	自動車（28.7）、電子部品（27.9）、半導体等製造装置（3.5）

※表中の「原動機」とはエンジンを動かすためのもののことであり、「光学機器」とは、カメラなどレンズを用いた製品のことです。

統計は2020年、『地理統計2023』より作成

【日本の工業について】

地図中の**A**～**I**は、日本のおもな工業地帯、工業地域を示しています。

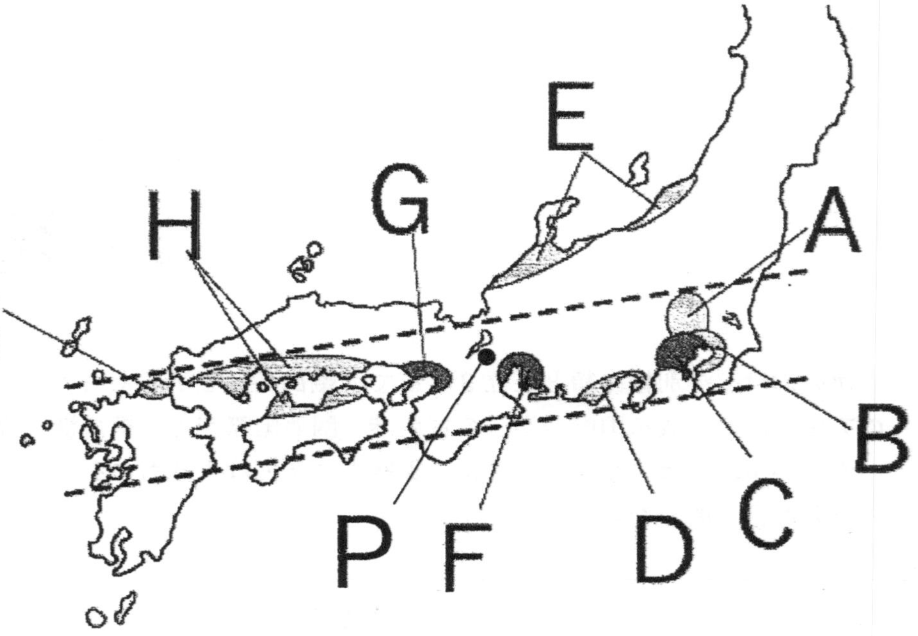

問17　右の表中のア～オは地図中の**A**～**I**の工業地帯・工業地域のいずれかのうち、工業生産額上位5位を示したものです。このうち、戦国武将の織田信長の出身地を含む工業地帯・工業地域にあてはまるものを右から1つ選び、解答欄の記号を○で囲みなさい。

	工業生産額 2019年（億円）
ア	586,400
イ	332,000
ウ	317,100
エ	310,200
オ	249,100

『データブック・オブ・ザ・ワールド2023』より

問14　下線部(l)について、日本の国土面積に占める森林の割合として最も適当なものを次から１つ選び、解答欄の記号を○で囲みなさい。

ア：約６割	イ：約７割	ウ：約８割	エ：約９割

問15　下線部(m)について、森林の役割や環境に配慮した取り組みについて述べた文として**誤っているもの**を次から１つ選び、解答欄の記号を○で囲みなさい。

ア：河川の上流の森林は、沖合の水資源の環境を守ることにつながる。

イ：森林は防砂林・防雪林などの役割があり、ほかにも土砂災害などの被害を軽減することができる。

ウ：森林には水をたくわえる機能があり、飲み水の確保につながる。

エ：森林には、空気をきれいにしたり、生態系を保護する役割がある。

問16　下線部(n)について、災害対策として**誤っているもの**を次から１つ選び、解答欄の記号を○で囲みなさい。

ア：ハザードマップで自宅の浸水予想が50㎝だった場合、高台の公民館など避難(ひなん)できる場所を探しておく。

イ：日頃の備えだけでなく、緊急地震速報など地震が起きる直前の備えを大切にする。

ウ：火山や大雪による災害は予測ができるので、前ぶれがあるときは警報などの情報に注意する。

エ：ローリングストックのために野菜や魚を常備しておく。

問12　下線部(j)について、次の文は第 21 回国連気候変動枠組み条約締約国会議（COP21）について述べたものです。空欄にあてはまる適語の組み合わせとして正しいものを次から 1 つ選び、解答欄の記号を○で囲みなさい。

> 2015 年に開かれた COP21 で採択された「[　A　] 協定」では、2020 年以降の温暖化対策として国際ルールを定め、「世界の気温上昇を [　B　] 以前と比べて 2 度より十分低く保ち、1.5 度に抑える努力をする」ことを目標に掲げた。

	A	B
ア	リオデジャネイロ	産業革命
イ	リオデジャネイロ	第二次世界大戦
ウ	パ　リ	産業革命
エ	パ　リ	第二次世界大戦
オ	京　都	産業革命
カ	京　都	第二次世界大戦

> 【防災について】
> 日本では(k)<u>さまざまな災害が起きています</u>。地震や津波、噴火など、地下深くからの大きなエネルギーとともに起こる災害と、風水害など、地表で起こる災害があります。特に地表でおこる災害において、森林が果たす役割は大きいです。日本には(l)<u>多くの森林</u>があることから、(m)<u>森林の手入れ</u>も欠かせません。日本に住むわれわれは、(n)<u>防災意識</u>をアップデートしていく必要があります。

問13　下線部(k)について、豪雨によって引き起こされる災害が起きるとき、避難の目安になる前ぶれとして**誤っているもの**を次から 1 つ選び、解答欄の記号を○で囲みなさい。

ア：がけにひび割れができる。

イ：斜面から水が湧き出す。

ウ：急に川の水がにごり流木が混ざる。

エ：海底から音が鳴り響く。

【環境問題について】

日本では、高度経済成長期に深刻な環境問題が起こりました。当時は、下水道が整備されていなかったこともあり、水質汚濁が進みました。

(h)大気汚染や温暖化は国境を越えた問題となっています。(i)持続可能な社会を実現するために、日本は先進国として(j)温室効果ガスをはじめとした削減目標を実現する責任があります。

問10　下線部(h)について、近年、温暖化や環境破壊が進み、日本でもその対策が急がれています。その対策として**誤っているもの**を次から１つ選び、解答欄の記号を○で囲みなさい。

ア：高度な技術を用いて丈夫で薄い鉄を作り、あらゆるものの軽量化をはかっている。

イ：燃料から不純物を取り除くことで、汚染物質の拡散を減らしている。

ウ：石油会社で炭素ステーションをつくるなど温室効果ガスの削減のための整備を進めている

エ：石油化学コンビナートでは、工場を近隣に作ることで輸送にかかわる排気ガスの量を減らしている。

問11　下線部(i)について、「持続可能な開発目標」のなかには、「ジェンダー平等」や「人や国の不平等をなくそう」など、多様性の実現を目標に掲げています。「多様性」「多様な人々が共存する状態」を示す言葉を**カタカナ７字**で答えなさい。

問９　下線部(g)について、高度経済成長期と現在では日本における産業別人口の割合が大きく変化しました。これについて述べた次の文の空欄にあてはまる適語の組み合わせとして最も適当なものを、下のグラフも参考にして次から１つ選び、解答欄の記号を○で囲みなさい。

> 高度経済成長期以降、現在まで日本における第三次産業の人口割合は［　A　］と大きく増加しました。一方、第一次産業は［　B　］と大幅に減りました。現在の国土面積における土地利用のうち、最も多いのは［　C　］です。

	A	B	C
ア	約30%から約60%	約10%から約5%	田
イ	約30%から約60%	約30%から約3%	工業地
ウ	約30%から約60%	約10%から約5%	宅　地
エ	約40%から約70%	約30%から約3%	田
オ	約40%から約70%	約10%から約5%	工業地
カ	約40%から約70%	約30%から約3%	宅　地

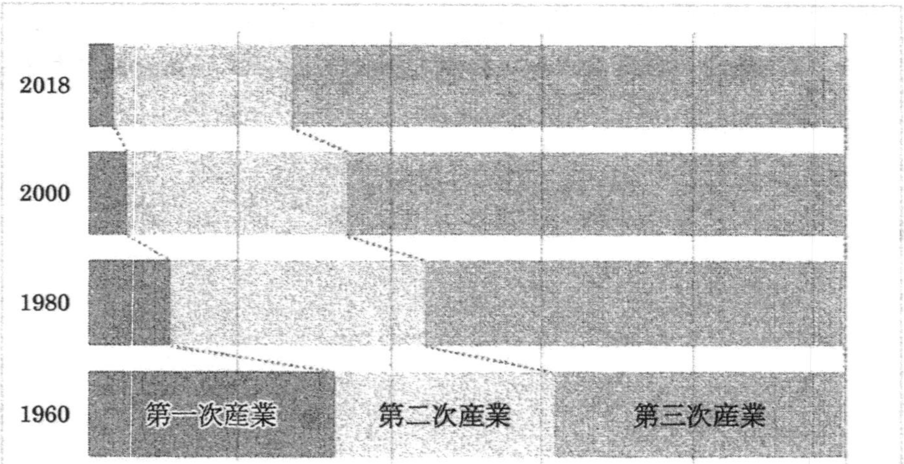

産業三部門別の就業者数の推移　総務省労働力調査などから作成

問８　下線部(g)について、日本の第一次産業では、近年ICT化が進んでいます。出荷時に生産者をひもづけることで、消費者に生産者の情報が伝わる取り組みを意味する言葉を次から１つ選び、解答欄の記号を○で囲みなさい。

ア：スマートアグリ	イ：トレーサビリティ
ウ：POSシステム	エ：カントリーエレベーター

2024(R6) 帝塚山学院泉ヶ丘中
K 教英出版

【日本の農牧業について】

ある日のスーパーマーケットの広告をながめると、大阪に出荷される野菜や果物、畜産物などの産地は全国にとどまらず、世界各地に及んでいることが分かります。(e)それぞれの食品は、産地の自然環境と大きく関わります。

わたしたちがスーパーマーケットで目にする野菜などは国産のものが多い一方、第一次産業全体に目を向けると外国産のものが多いことに気が付きます。日本の第一次産業は外国産と差別化をはかるため、(f)付加価値を高めるなどの努力をしています。しかし、(g)日本における第一次産業従事者は減少傾向にあります。

問６　下線部(e)について、農業と土や地形には大きな関係があります。これらについて述べた文として**誤っているもの**を次から１つ選び、解答欄の記号を○で囲みなさい。

ア：ワサビはきれいな水でしか生育しないため、斜面の下など、ろ過された湧き水があるところでの栽培に向いている。

イ：らっきょうは極めて水持ちの良い土壌を好むため、平野部など細かい土砂が堆積したところでの栽培に向いている。

ウ：キャベツはやせた土地でも育つため、噴火の影響を受けやすい浅間山付近で多く栽培されている。

エ：ほうれん草は比較的どの地域でも育つが、衝撃に弱いため、大都市に近いところで多く栽培されている。

問７　下線部(f)について、日本の第一次産業は今までとは違う工夫をして付加価値を高める努力をしています。その工夫について述べた文として**誤っているもの**を次から１つ選び、解答欄の記号を○で囲みなさい。

ア：農業では、生産・加工・販売までを行う第 6 次産業が注目されている。

イ：畜産では、豚においしいえさを与え質の良い肉を出荷している。

ウ：漁業では、漁に出る期間を漁師間で決め、効率的に大量の魚を獲っている。

エ：米作では、農薬を使わないことで安全なコメを出荷している。

問３　下線部(c)について、巻き網(あみ)漁業について述べた文として最も適当なものを次から１つ選び、解答欄の記号を○で囲みなさい。

ア：100km 以上に及(およ)ぶ縄に枝縄をつけて、魚を傷つけずに水揚げする方法。

イ：魚の通り道に、くいやイカリなどで網を固定し、回遊してくる魚を閉じ込める方法。

ウ：大きな袋状(ふくろじょう)の網を海底に沈めて引き網で引っ張る方法。

エ：魚群探知機などで魚の群れを探し、船団を組んで巨大な網を使って水揚げする方法。

問４　下線部(d)について、漁業に従事する人が減っていることが懸(け)念されています。日本の漁業における取り組みとして**誤っているもの**を次から１つ選び、解答欄の記号を○で囲みなさい。

ア：若い人が働きやすいように生産量を安定化させ、収入の向上をはかる。

イ：道路網(もう)を整備し、交通の便を良くする。

ウ：ICT を活用して効率の良い漁獲を目指す。

エ：高価で質の良い魚を生産する。

問５　日本国内の多くの漁港では、出荷先に輸送する際にトラックを用いることが多いです。魚介類をトラックで運ぶ理由を述べた次の文の空欄にあてはまる適語を答えなさい。

船舶(せんぱく)よりも（　　）運ぶことができるから。

2024(R6) 帝塚山学院泉ヶ丘中
K 教英出版

1　次の各文章を読み、あとの問いに答えなさい。

【日本の漁業について】

日本では(a)多くの魚料理が知られていますが、日本の漁獲（かく）量は減っています。魚介（かい）類は、天然、養殖（しょく）、輸入などのラベルが貼（は）られ、出荷されます。

日本近海は、暖流と寒流がぶつかる潮目があり、大陸棚（だな）が多いので、(b)魚の種類が豊富で良い漁場になっています。日本には(c)伝統的な漁法がたくさんある一方、(d)漁業に従事する人は減り、高齢（れい）化が問題になっています。

問１　下線部(a)について、次の表は、各国の年間漁獲量と一人あたりの魚介類の消費量を示したものであり、表中のア～エには、アメリカ、インド、中国、日本のいずれかがあてはまります。日本にあてはまるものを次から１つ選び、解答欄（らん）の記号を○で囲みなさい。

	年間漁獲量（千 t）	一人あたりの魚介類消費量（kg／年）
ア	14,170	51.1
イ	5,477	6.9
ウ	4,804	22.2
エ	3,231	47.0

2019 年『日本国勢図会 2022/23』より作成

問２　下線部(b)について、右のグラフは、都道府県別漁業生産額（川や湖での漁業生産額は除く）の割合を示したものです。グラフ中のAにあてはまる都道府県でおもに水揚（あ）げされる魚介類として**誤っているもの**を次から１つ選び、解答欄の記号を○で囲みなさい。

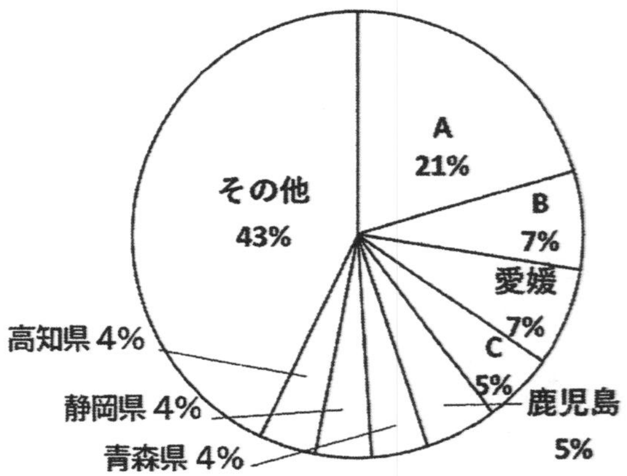

2021 年　水産庁ホームページより作成

ア：たら	イ：にしん	ウ：かれい	エ：くるまえび

令和６年度

帝塚山学院泉ヶ丘中学校
入学者選抜試験問題

１次Ａ入試

社会

（試験時間４０分）

受験番号	

3　水溶液A～Cは「うすい塩酸」,「水酸化ナトリウム水溶液」,「過酸化水素水」,「石灰水」のいずれかである。また，固体D～Fは粉末にした「アルミニウム」,「銅（どう）」,「石灰石」,「二酸化マンガン」のいずれかである。これらを区別するために次の【実験 1】～【実験 3】を行った。これについて，下の各問いに答えなさい。

【実験 1】水溶液A～Cに緑色のBTB溶液をそれぞれ加えたところ，青色になったのはAのみであった。

【実験 2】固体D～Fのうち，金属であるものを調べたところ，金属はDのみであった。

【実験 3】水溶液A～Cに，固体D～Fをそれぞれ加えると，表1のような結果になった。

表1

	固体D	固体E	固体F
水溶液A	○（気体①）	×	×
水溶液B	○（気体②）	×	○（気体④）
水溶液C	×	○（気体③）	×

○：気体がはげしく発生した。　×：気体がはげしく発生しなかった。

（1）水溶液を用いて気体を発生させる実験を行うときに気をつけることとして，適当でないものを1つ選び，解答らんの記号を○で囲みなさい。

ア．水溶液が直接目に入らないように，保護めがねをかける。

イ．発生した気体のにおいは，手であおぐようにしてかぐ。

ウ．気体が発生している間は，試験管をゴムせんで密閉しておく。

エ．水溶液が手についたときは，すぐに大量の水で洗う。

（問題は次ページに続く）

（5）それぞれの種子が主に使っている栄養分の組み合わせとしてもっとも適当なものを1つ選び，解答らんの記号を○で囲みなさい。

	トウゴマ	エンドウ	コムギ
ア	タンパク質	炭水化物	脂肪
イ	タンパク質	脂肪	炭水化物
ウ	炭水化物	タンパク質	脂肪
エ	炭水化物	脂肪	タンパク質
オ	脂肪	タンパク質	炭水化物
カ	脂肪	炭水化物	タンパク質

（6）動物は，主な食べ物によって呼吸商は異なる。ウマ・トラ・ヒトの呼吸商の大小関係を表したものとしてもっとも適当なものを1つ選び，解答らんの記号を○で囲みなさい。

ア．ウマ ＞ トラ ＞ ヒト
イ．ウマ ＞ ヒト ＞ トラ
ウ．トラ ＞ ウマ ＞ ヒト
エ．トラ ＞ ヒト ＞ ウマ
オ．ヒト ＞ ウマ ＞ トラ
カ．ヒト ＞ トラ ＞ ウマ

（1）酸素以外に種子の発芽に必要な条件を次からすべて選び，解答らんの記号を○で囲みなさい。

ア．土　　イ．水　　ウ．適当な温度　　エ．肥料

（2）次のア～エのいずれかは，ビーカーに入れる液体が①水酸化ナトリウム水溶液のときと，②水のときの気体の出入りを模式的に表したものである。もっとも適当なものを1つずつ選び，解答らんの記号をそれぞれ○で囲みなさい。ただし，図中の●は酸素を表し，▲は二酸化炭素を表す。また，液体への矢印は，気体がビーカー内に溶けたことを表す。

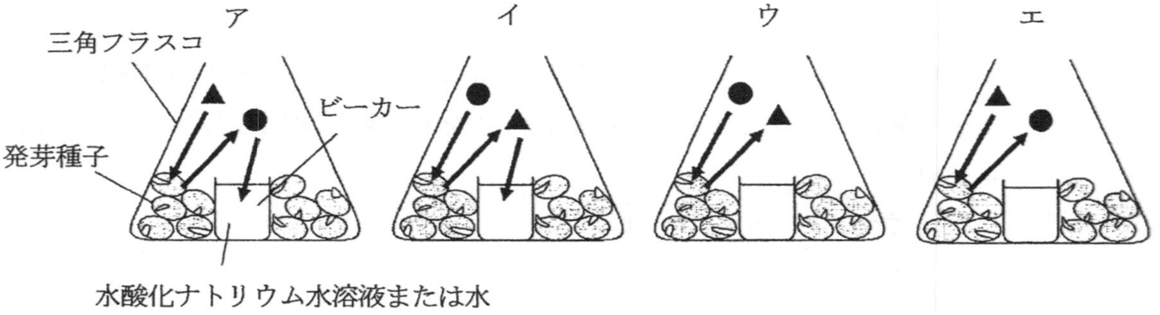

（3）①種子が放出した二酸化炭素量，②種子が吸収した酸素量は，それぞれどのように表されますか。次から1つずつ選び，解答らんの記号をそれぞれ○で囲みなさい。

ア．a　イ．b　ウ．a＋b　エ．a－b

（4）トウゴマの種子の呼吸商を答えなさい。

2　次の文章を読み，下の各問いに答えなさい。

生き物が呼吸をするときに吸収する酸素と放出する二酸化炭素の体積の割合を調べることによって，体の中で主に使っている栄養分を知ることができる。呼吸による「放出した二酸化炭素量÷吸収した酸素量」の値（呼吸商(こきゅうしょう)という）が，0.7 のときには脂肪を，0.8 のときにはタンパク質を，1.0 のときには炭水化物を，それぞれ主な栄養分として使っている。炭水化物の 1.0 という値は，放出した二酸化炭素量と吸収した酸素量が同じであることを意味する。この呼吸商について種子を用いて次の実験を行った。

【実験】図 1 のように三角フラスコ A，B に発芽した種子を入れて，種子に含まれる栄養分が何であるかを調べた。A では小さいビーカーに水酸化ナトリウム水溶液を，B には小さいビーカーに水を入れた。A, B ともに種子の数も大きさも同じにした。A, B は，断面積 1 mm^2 のガラス管をつけたゴムせんでふたをして，着色液をガラス管中に入れ，35℃に保った水そうの中に置いた。

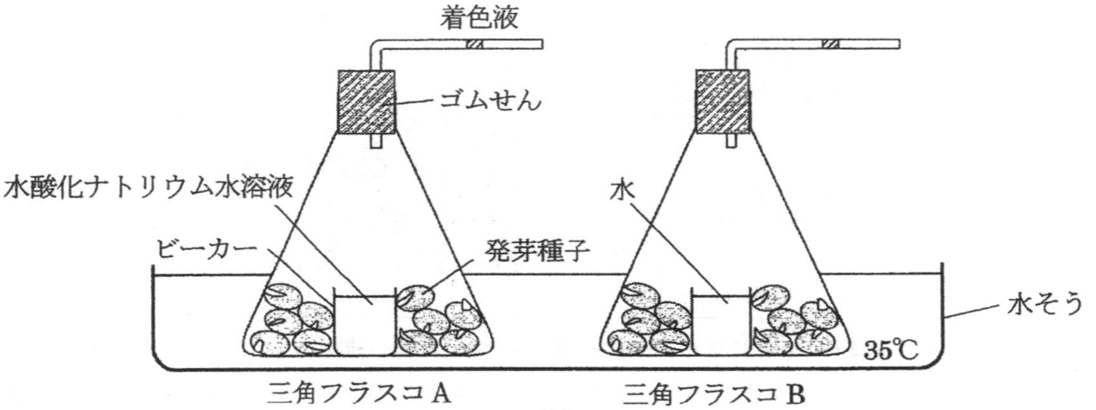

図 1

【結果】ガラス管中に入っている着色液が左に動き，着色液の移動した長さによって，三角フラスコ内の気体の体積の変化量が分かった。種子の種類（トウゴマ・エンドウ・コムギ）を変えて実験を行ったところ表 1 のようになった。ただし，表 1 の a は「三角フラスコ A での気体の体積の変化量」を表し，b は「三角フラスコ B での気体の体積の変化量」を表すものとする。例えば，コムギでは，A では着色液が左に 150 mm 移動し，体積が 150 mm^3 変化したことを表し，B では着色液が移動せず，体積が変化しなかったことを表している。

表 1

種子	a〔mm^3〕	b〔mm^3〕
トウゴマ	150	45
エンドウ	180	36
コムギ	150	0

(4) 卵からかえってすぐのメダカは，はらにふくらみがある。このふくらみの役割について簡単に答えなさい。

(5) メダカのオスを注意深く観察していると，あるメダカが他のメダカを追いかけ回している様子が観察された。しかし，この行動に対してやり返すことはないことが分かった。8匹のメダカA～Hについて，この追いかけ回すメダカと追いかけ回されるメダカの関係（追いかけ関係）を表のようにまとめた。

表1　追いかけ回し行動の観察結果

		追いかけ回すメダカ							
		A	B	C	D	E	F	G	H
追いかけ回されるメダカ	A								
	B	○							
	C	○							
	D	○	○	○					
	E	○	○	○				○	
	F	○	○	○					
	G	○	○	○					
	H	○	○	○	○	○	○	○	

表中の○印は該当する個体間で追いかけ回し行動が観察されたことを示している。

この8匹のメダカの追いかけ回し行動の観察結果をもとに，追いかけ関係を表す図を作成した。この図をもとに表1中の網掛け部分を完成させなさい。

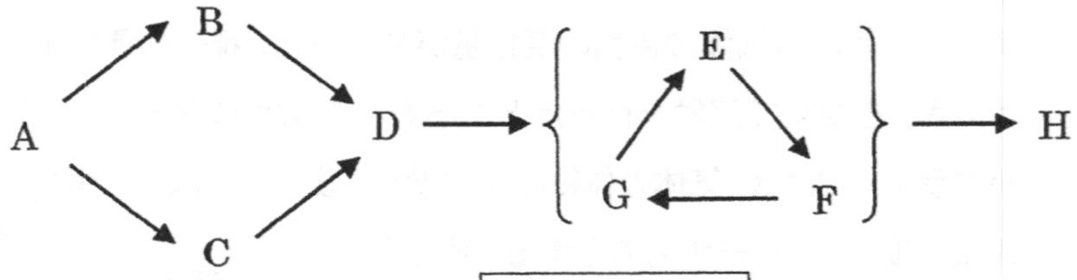

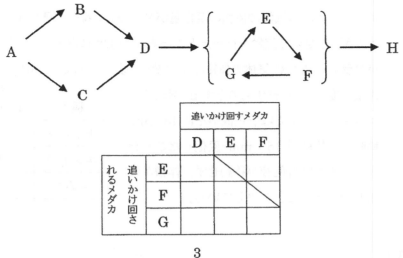

		追いかけ回すメダカ		
		D	E	F
追いかけ回されるメダカ	E			
	F			
	G			

1 メダカを飼育して，メダカの行動や産卵のようすを観察した。これについて，次の各問いに答えなさい。

（1）メダカの飼い方を説明した文章として適当でないものを1つ選び，解答らんの記号を○で囲みなさい。

ア．水そうの水温は，25℃くらいに保つ。

イ．水そうに入れる水は，1日くみ置いた水道水を使う。

ウ．水そうは，水草が育つように直射日光が当たるところに置く。

エ．水そうの水をかえるときは，一度にすべてかえず，半分ずつかえる。

（2）次の図はオスとメスのいずれかのメダカのからだを表している。メスのAの位置にある背びれは，ア，イより適当な形を選び，Bの位置にあるしりびれはウ，エより適当な形を選び，解答らんの記号を○で囲みなさい。

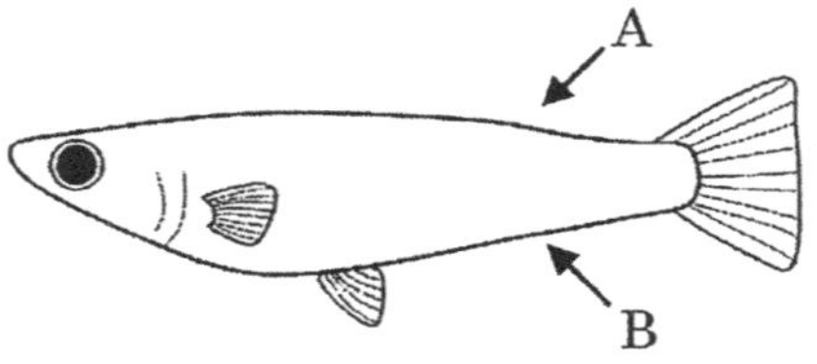

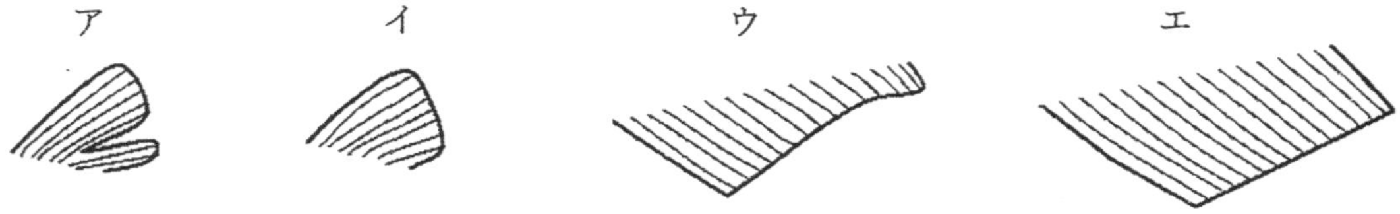

（3）水温とメダカの卵がふ化するまでにかかった日数を調べた。このとき得られたグラフとしてもっとも適当なものを1つ選び，解答らんの記号を○で囲みなさい。

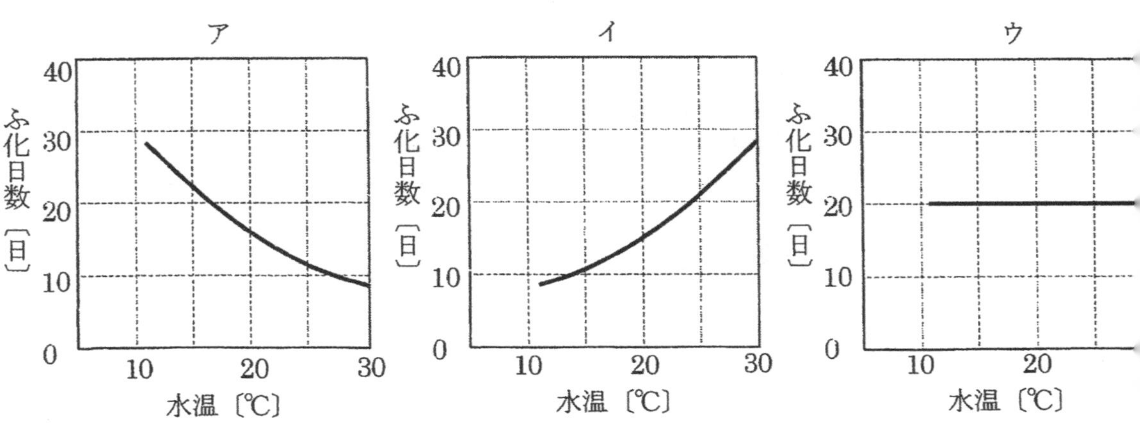

2024(R6) 帝塚山学院泉ヶ丘中
教英出版

令和６年度

帝塚山学院泉ヶ丘中学校
入学者選抜試験問題

１次Ａ入試

理科

（試験時間４０分）

＃教英出版 編集部　注
編集の都合上、白紙ページは省略しています。

受験番号	

(5)　ある遊園地のジェットコースターは午前9時に1台目が発車し，その後5分ごとに次のジェットコースターが発車します。このジェットコースターは30人乗りで，待っている人がいるときは，空席ができないように乗っていくものとします。午前8時30分には，待つ人の列ができており，さらに1分間に3人ずつの割合で人が並んでいきます。午前10時にジェットコースターが発車したとき，はじめて待つ人の列がなくなりました。午前8時30分に待っていた人数について，考えられる最も少ない人数は何人ですか。

(6)　右の図は，三角形ABEと三角形BCDを重ねたものです。ABとDCが平行であるとき，角㋐の大きさは何度ですか。

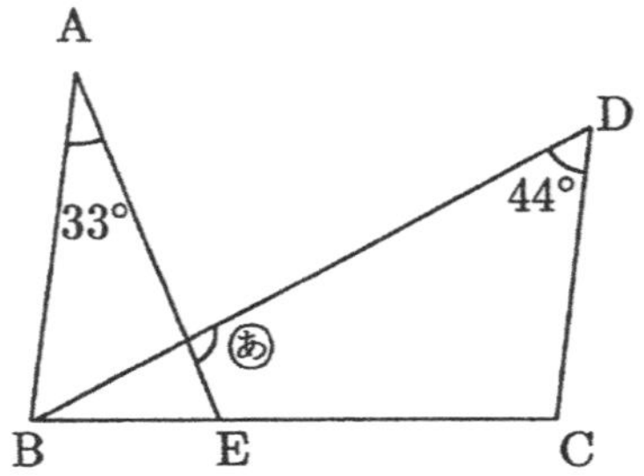

(7)　右の図のような，円と正方形を組み合わせた図形があります。大きい円の半径は4 cmです。また，点Aは大きい正方形の1辺の真ん中の点です。斜線（しゃせん）部分の面積は何 cm^2 ですか。ただし，円周率は3.14とします。

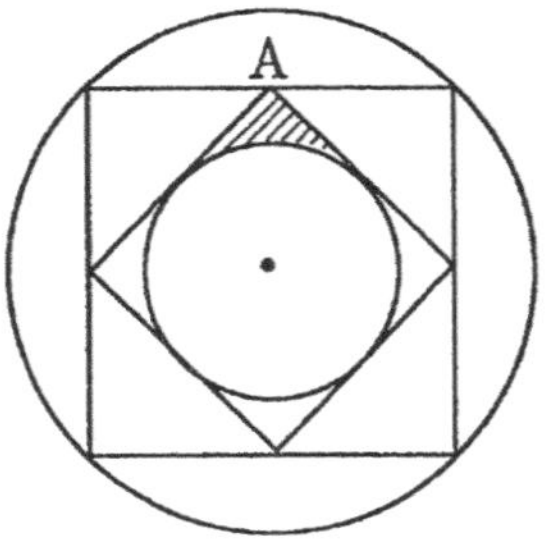

2024(R6) 帝塚山学院泉ヶ丘中

(このページは計算に用いてよい)

2 次の各問いに答えなさい。

(1) ある商品に原価の4割の利益を見込(みこ)んで定価をつけました。しかし，売れなかったので定価から400円引きで売ったところ，原価の15％の利益がありました。この商品の原価はいくらですか。

(2) 128をある整数Aで割ると16余り，196をAで割ると28余ります。このような整数Aは何ですか。

(3) A，B，Cの3人が持っているあめ玉の個数を調べたところ，AとB，BとCの持っているあめ玉の個数の合計はそれぞれ52個，34個でした。また，Aが持っているあめ玉の個数はCの3倍でした。Bは何個持っていますか。

(4) A，B，C，Dの4人が50m競走をしました。4人の順位について，次の3つのことがわかりました。

・Aは1位ではなかった。

・Bは4位ではなかった。

・CはAより遅(おそ)かった。

このとき，次の文の［　］にあてはまる数を答えなさい。

3つのことから4人の順位として考えられるものは［ア］通りあり，そのうちBが1位になるものは［イ］通りあります。ただし，同じ順位の人はいないものとします。

2024(R6) 帝塚山学院泉ヶ丘中
教英出版

1 次の計算をしなさい。(4) は□にあてはまる数を答えなさい。

(1) $(20-12\div2\times3)\times75-65\div5$

(2) $\left\{\left(2-\frac{1}{3}\right)\times4-3\right\}\div8\times\frac{9}{11}$

(3) $\left\{\left(2\frac{3}{4}+0.375\right)\div1.25+\frac{15}{32}\div\left(\frac{7}{8}-0.75\right)\right\}\times\frac{2}{15}$

(4) $\left\{2\div\square-\left(5.9-\frac{7}{2}\right)\right\}\times1\frac{3}{7}=\frac{1}{2}$

令和６年度

帝塚山学院泉ヶ丘中学校
入学者選抜試験問題

１次Ａ入試

算数

（試験時間６０分）

＃教英出版 編集部　注
編集の都合上、一部白紙ページは省略しています。

受験番号	

皆さんは、「オナモミ」という雑草を知っていますか。トゲトゲした実が服にくっつくので「くっつき虫」という別名もあります。子どもの頃に、実を投げ合って遊んだ人もいるかもしれません。オナモミの実は知っていても、この実の中を見たことのある人は少ないのではないでしょうか。オナモミの実の中には、やや長い種子とやや短い種子の二つの種子が入っています。二つの種子のうち、長い種子はすぐに芽を出すせっかち屋さんです。一方の短い種子は、なかなか芽を出さないのんびり屋さんです。オナモミの実は、性格の異なる二つの種子を持っているのです。

（　４　）、このせっかち屋の種子とのんびり屋の種子は、どちらがより優れているのでしょうか。そんなこと、わかりません。早く芽を出したほうが良いのか、遅く芽を出したほうが良いのかは、場合によって変わります。「善は急げ」というとおり、早く芽を出したほうがいい場合もあります。しかし、すぐに芽を出しても、そのときの環境がオナモミの生育に適しているとは限りません。「急いては事をし損じる」というとおり、遅く芽を出したほうがいい場合もあります。だから、オナモミは性格の異なる二つの種子を用意しているのです。

雑草の種子の中に早く芽を出すものがあったり、なかなか芽を出さないものがあったりするのも、同じ理由です。早いほうがよいのか、遅いほうがよいのか、比べることに何の意味もありません。オナモミにとっては、どちらもあることが大切なのです。

芽を出すことが早かったり遅かったりすることは、雑草にとっては、優劣ではありません。雑草にとって、それは個性なのです。

しかし、早く芽を出すものがあったり、遅く芽を出すものがあったりすると、いろいろと不都合もありそうです。芽を出す時期は揃っているほうが良いような気もします。

バラバラな個性って本当に必要なのでしょうか？　バラバラな性質のことを「遺伝的多様性」といいます。個性とは「遺伝的多様性」のことです。多様性とは「バラバラ」なことです。しかし、どうしてバラバラであることが良いのでしょうか。

③皆さんは、学校で答えのある問題を解いています。問題には正解があり、それ以外は間違いです。ところが自然界には、答えのないことのほうが多いのです。たとえば、先に紹介したオナモミに代表されるように、雑草にとっては、早く芽を出したほうがいいのか、遅く芽を出したほうがいいのか、答えはありません。早いほうがいいときがあるかもしれませんし、じっくりと芽を出したほうがいいかもしれません。環境が変われば、どちらが良いかは変わります。（　Ｉ　）どちらが良

いという答えがないのですから、「どちらもある」というのが、雑草にとっては正しい答えになります。だから、雑草はバラバラでありたがるのです。どちらが、優れているとか、どちらが劣っているという優劣はありません。むしろ、バラバラであることが強みです。そして、すべての生物は「遺伝的多様性」を持っているのです。

じつは人間の世界も、答えがあるようで、ないことのほうが多いのです。本当は何が正しくて、何が優れているかなんてわからないのです。「もっと早くやりなさい」とスピードを評価してみたかと思うと、「もっとていねいにやりなさい」とゆっくりやることを褒めだしたりします。人間の大人たちは答えを知っているようなフリをしています。そして、優劣をつけてわかったようなフリをして、「これは良い」とか、「それはダメだ」と言っています。

しかし、何が優れているかなんて、本当は知りません。いや、本当は、どれが優れているということはないのです。

（　Ⅱ　）それを知っているからオナモミは、二つの種子を持っているのです。

しかし、不思議なことがあります。先に書いたように、自然界では多様性が大切にされます。（　Ⅲ　）それなのに、タンポポの花はどれもほとんど黄色です。紫色や赤い色をしたタンポポを見かけることはありません。タンポポの花の色に個性はありません。④これはどうしてなのでしょうか。

タンポポは、主にアブの仲間を呼び寄せて花粉を運んでもらいます。アブの仲間は黄色い花に来やすい性質があります。そのため、タンポポの花の色は黄色がベストなのです。黄色が一番いいと決まっているから、タンポポはどれも黄色なのです。

しかし、タンポポの株の大きさはバラバラです。大きなタンポポもあれば、小さなタンポポもあります。葉っぱの形もさまざまです。ギザギザに深く切れ込んだ葉っぱのものもあれば、切れ込みのない葉っぱのものもあります。（　Ⅳ　）葉っぱの形も、どれが良いという正解はありません。そのため、タンポポの大きさや葉っぱの形は個性的なのです。

X

（稲垣栄洋『はずれ者が進化をつくる　生き物をめぐる個性の秘密』ちくまプリマー新書）

㈠（ 1 ）～（ 4 ）に入ることばとして最も適当なものを次から選び、それぞれ記号を○で囲みなさい。（同じ記号を二度以上選ばないこと）

ア それでは　イ また　ウ そのため　エ ところが

㈡ ――①「雑草を育てるのは、じっはなかなか難しいのです」とあるが、それはなぜか。その説明として最も適当なものを次から選び、記号を○で囲みなさい。

ア 雑草はどうしても発芽の時期や成長のペースが遅いため、想定した時期に発芽する野菜や花と比べて、人間の思い通りに育てることができないから。

イ 雑草は発芽さえすれば、その後の生育をそろえることも可能だが、発芽させること自体が難しいうえ、芽を出さないままの種も多いため、効率的に育てられないから。

ウ 雑草は野菜や花と違い、種をまいてもなかなか芽が出ないことがあるなど、発芽の時期がまちまちでそろっておらず、全体をまとめて世話していくのに適していないから。

エ 雑草は種をまいても、水をやる前から芽を出すものや水をやってもなかなか芽を出さないものがあり、どうしても成長に差が出て均一なものにならないから。

㈢ ――②「どうして、雑草は芽を出す時期がバラバラなのでしょうか」とあるが、筆者はその理由をどのように考えているか。オナモミを例にその理由を五〇字以内で説明しなさい。（句読点は一字と数える）

(四) ――③「皆さんは、学校で答えのある問題を解いています。問題には正解があり、それ以外は間違いです」とあるが、この一文は文章中でどのような働きをしているか。その説明として最も適当なものを次から選び、記号を○で囲みなさい。

ア　直前の、遺伝的に多様であることが雑草にとってどのような利点があるかという問いを受けつつ、人間が教育によって問題を解決する能力を手に入れたことを示して、後に続く段落の、雑草と人間にとっての正しさはそれぞれ異なるが、実はどちらも間違っていないという主張に説得力を持たせる働き。

イ　直前の、遺伝的に多様であることが雑草にとってどのような良いところがあるのかという問いを受けつつ、人間が問題解決のためにただ一つの正解を求めがちなことを示して、後に続く段落の、多様性による問題解決の方が多くの物事を解決でき、人間の出す正解よりも優れているという主張に説得力を持たせる働き。

ウ　直前の、遺伝的に多様であることが雑草にはどれほど意味があるのかという問いを受けつつ、人間が互いによく似た正解を求めがちなことを示して、後に続く段落の、雑草の問題解決と人間の問題解決とが、結局のところ意外なほど同じ結果をもたらすことが多いという主張に説得力を持たせる働き。

エ　直前の、遺伝的に多様であることがなぜ取り柄になるのかという問いを受けつつ、雑草とは異なり学校でただ一つの正解を学ぶという人間の解決法を示して、後に続く段落の、多様であることが雑草の場合にだけ正しいのではなく、実は人間の世界でも答えは一つとは限らないのだという主張に説得力を持たせる働き。

(五) ――④「これはどうしてなのでしょうか」とあるが、筆者の考える答えとして最も適当なものを次から選び、記号を○で囲みなさい。

ア　自然界においては黄色い花である方が様々な種類の虫を最も集めやすく、あえてタンポポが個性を表す必要がないから。

イ　タンポポは株の大きさの大小や葉の形の多様さで個性を十分に持っているので、それ以上の個性が現れてこないから。

ウ　黄色より虫に花粉を運んでもらいやすい色があったとしても、進化の過程でタンポポには見られない色だったから。

エ　タンポポが繁殖するためには黄色い花であることが最適であり、あえて花びらの色の特徴を増やす必要はないから。

(六) 次の一文は本文から抜き出したものである。この文をもどすのに最も適当な場所を〈 Ⅰ 〉〜〈 Ⅳ 〉から選び、記号を○で囲みなさい。

どんな大きさが良いかは環境によって変わります。

(七) X には全体のまとめの段落が入る。最も適当なものを次から選び、記号を○で囲みなさい。

ア 個性は当たり前のようにあるわけではありません。個性は生物が生き残るために作り出した戦略です。個性があるということ、つまりはなぜバラバラであるかといえば、そこに意味があるからなのです。

イ 個性は当たり前のようにあるわけではありません。個性は進化以前に生物にもたらされた贈(おく)り物です。人間は進化とは無関係に個性が生き物にもたらされた意味を考えて生きていく必要があるのです。

ウ 個性は当たり前のようにあるわけではありません。中には個性を獲得(かくとく)できなかった生物もいます。個性を手に入れた人間が他の生物の個性を伸(の)ばしていく手助けをすることは、意味深い行為(こうい)だといえます。

エ 個性は当たり前のようにあるわけではありません。生物の性質の中には、個性が認められない要素もあります。そこにどう個性を見いだしていくか、その点に人間が存在する意味があるといえます。

三 次の(1)～(10)の――を引いたカタカナを漢字に直しなさい。

(1) タイリンの花を咲かせる。
(2) ケイジョウ記憶合金。
(3) コウトウでお伝えします。
(4) 魚をゾンブンに食べる。
(5) 亡くなった祖母のことをカイソウする。
(6) 母のテセイのケーキで誕生日を祝う。
(7) タダちに武器を捨てて出てきなさい。
(8) 昔はワカゲのいたりで友達とよくけんかをした。
(9) これはマサに人類の勝利だ。
(10) 料理がサめてしまった。

四 次の(1)～(5)のことわざの（　）に入ることばを後の【語句】ア～カから選び、それぞれ記号を○で囲みなさい。また、そのことわざの意味を後の【意味】1～6から選び、それぞれ記号を○で囲みなさい。（同じ記号を二度以上選ばないこと）

(1) （　）のせいくらべ
(2) 類は（　）をよぶ
(3) 帯に短し（　）に長し
(4) 枯れ木も（　）のにぎわい
(5) （　）をたたいて渡る

【語句】ア　川　イ　友　ウ　たすき　エ　どんぐり　オ　石橋　カ　山

【意味】
1　中途半端（ちゅうとはんぱ）で役に立たないこと。
2　どれも同じくらいであること。
3　十分に用心すること。
4　つまらないものでも、無いよりはある方がよいこと。
5　似たものどうしが、自然と集まること。
6　その場になって、あわてて準備をすること。

五　次の(1)～(5)の各文の ―― aと 〰〰 bの関係と同じ関係のものを後のア～オから選び、それぞれ記号を○で囲みなさい。
（同じ記号を二度以上選ばないこと）

(1)　a彼（かれ）が外国に行ってみたいとb言うのを私はとなりで聞いていた。
(2)　母の誕生日には、父がa花とbケーキを用意するのが定番だ。
(3)　a有名な現代アートのb作家が来週この町に来るらしい。
(4)　どこまでも遠く、飛行機は空の向こうへとa飛んでbいく。
(5)　季節が秋から冬へとaすっかりb変わったことを肌（はだ）で感じる。

ア　弟はドッジボールでaじょうずにボールをbよけることができる。
イ　夏休みにa私のb書いた読書感想文がクラスで一番になった。
ウ　友達とa入ってbみたお店でおそろいのキーホルダーを買う。
エ　外に出るとa暖かいb日差しが私たちをつつみこんだ。
オ　お父さんが買ってくれた本はa分厚くてbつまらなそうだった。

（以下余白）

令和５年度

帝塚山学院泉ヶ丘中学校
入学者選抜試験問題

１次Ａ入試

国語

（試験時間 60 分）

受験番号	

2023(R5) 帝塚山学院泉ヶ丘中
K 教英出版

一　次の文章はいとうみくの『あしたの幸福』の一節である。中学生の「雨音」は、一緒に暮らしていた父親を夏休み中に事故で亡くし、幼い頃に家を出た実の母親と暮らすこととなった。次の文章は「雨音」が夏休み明けに初めて学校に登校する場面から始まる。よく読んで後の問いに答えなさい。

夏休みと違って、下駄箱のまわりは朝から騒がしい。いろんな声や笑い声に混じって、バコンバコンとすのこの上に上履きを落とす音が響いている。

なんでみんなこんなにテンションが高いんだろう。と思わないわけでもないけれど、久し振りのこの感じはいやではなかった。

上履きに履き替えて、職員室の横にある階段をあがった。二年の教室は三階にある。

二階まで上がったところで、上の階から去年担任だった秋川が下りてきた。

あたしを見て、あっと一瞬戸惑った顔をして足を止めた。

「おはようございます」

「おはよう」

先生はそう言ってあたしのところまでおりてきた。

「①<u>お母さんと暮らすことになったって?</u>」

うしろからあがってきた三年生の女子が、こっちをちらちら見ながら追い抜いていく。

「あ、すまん、こんなところでする話じゃなかったな」

あたりまえだよ……。

あたしは黙ってうなずいた。

どうしてこんなにデリカシーがないんだろう。

「でも先生、少し安心したよ」

安心?

「顔色もいいし、元気そうでよかった」

本当にそう見えるんだとしたら、視力か記憶(きおく)力に問題があると思う。

パパが死んであたしは四キロやせた。あの人の料理で一キロ戻(もど)ったけど、夏前に比べたら三キロもやせている。

廉太郎(れんたろう)は昨日、すぐわかったよ、あたしがやせたって。

「でも、なにか困ることがあったら相談するんだぞ。オレは去年の担任なんだから。養護の石田先生も相談にのってくれるだろうし、スクールカウンセラーの先生も水曜だったら一日いるから、一度相談に行ってみるといい」

「相談って、なにをですか？」

「なにをって、そりゃあ②いろいろ大変だろうと思うし。ほら心のケアとか」

先生は口ごもりながら、頭をかいた。

心のケア？　とか言っちゃうんだ。

③あたしはにっこり笑った。

「ありがとうございます。教室、行ってもいいですか」

「ああそうだな、みんな外崎(とざき)に会いたがってるよ」

はい、とうなずいて階段を駆(か)け上がった。

会いたがってるなんて言われて、あたしがうれしいとでも思っているんだろうか？　いや、たぶん思ってるんだ。だからつぎつぎと薄(うす)っぺらいことばが口からこぼれる。

三階の廊下(ろうか)に出ると、男子数人が上履きの下に雑巾(ぞうきん)を置いて、長い廊下をスケートのように滑(すべ)っていた。あちこちの教室から笑い声や話し声が聞こえてくる。いつもの喧騒(けんそう)だ。

「おはよ」

教室に入ると一瞬、ざわついていた空気が止まった。

と、「雨音ー」唯(ゆい)が真ん中の席で手をあげた。

「新学期そうそうギリじゃん！」

「廊下で秋川につかまっちゃって」

あたしが舌を出すと、唯はマジでーと頬(ほお)に両手を当てて、㊟1ムンクのアノ絵みたいな顔をした。前の席の渡会(わたらい)君が、森内ブスだなーとげらげら笑うと、教室の空気がふっとゆるくなった。

唯は、こんな風に④空気をかえるのがうまい。あたしが一番いやだったのは、あたしの顔を見て、妙にしんみりしたり、不憫がって同情したり、そういう過剰な反応をされることだ。それを唯は自然に抑えてくれた。

あたしは窓際のうしろから二番目の席に座った。

（　中　略　）

小さく咳払いをして窓の外に目をやると、ポロシャツ姿の先生と数人の生徒が朝礼台を動かして全校集会の準備をしているのが見えた。この炎天下、何十分もじっと立っているのは拷問に近い。校長の話なら、校内放送かなにかでやればいいのに。そんなことを思っていると、担任の猪本が教室に入ってきた。

「きりーつ」

クラス委員の前田君が号令をかけると、ガタガタとイスを動かす音が教室に響いた。

「礼」

朝の挨拶が終わると、猪本は教室をぐるっと見渡した。

「このあと全校集会があるから、体調の悪いもの以外は全員必ず校庭に出ること。それから」

と、あたしのほうに一度顔を向けた。

「みんなも心配していたと思うけど、外崎が元気な顔を見せてくれて、先生もうれしい」

頬が引きつったのが自分でもわかった。猪本と目が合ったとき、いやな予感はした。

でもそういうこと言う？　せっかく自然にスタートできたと思ったのに、どうして煽るようなことを言うんだろう。

「お父さんが亡くなって、でも頑張っている外崎は本当にすごいと思う」

ダメだ。わかってない。

「だから、これからもみんな、外崎の力になってやってもらいたい」

マジで余計なことはしないで。

「それがクラスメイトとしての」

「いりません！」

あたしが言うと、猪本は目を見張るようにしてこっちを見た。
「⑤そういうの、あたしいらないです」
「いや、でも」
動揺したように口ごもる猪本を無視して、あたしは窓の外に目をやった。
「センセー、校庭出なくていいんですかー」
教室の端のほうからの男子の声に、猪本は「あ、ああ」と㊟2くぐもった声で応えた。
「いやー、さっきの雨音の㊟3ストレートすごかったね」
昼休み、トイレから出ると唯が［1］。
ん？　と言うと、唯はひょいとはなれて㊟4ファイティングポーズをとって、右手をあたしの腕に軽く当てた。
「あたし、ボクシングなんてやったことないよ」
「もー」と唯はもう一度腕を組んできた。
「比喩だよ比喩」
「比喩？」
「そっ、雨音って案外天然だよね」
愛想がない、と言われることはあっても、そんなことを言われたことはない。
「ホームルームんときの猪本とのアレのこと」
［2］と、唯はまじまじとあたしを見た。
「でも、雨音があんなにはっきり言うとは思わなかった」
「そう？」
「そうだよ。雨音は結構㊟5辛辣に㊟6毒吐くけど、表には出さないじゃん」
［3］と、唯はふふっと肩を揺らした。
「秘密主義だからね。思ってることを簡単に口にしたりしないし、まあそこがあたし的には面白いとこでもあるんだけど、でも⑥今日みたいな雨音もいいと思うよ」

「べつにあたし、秘密主義でもないよ。今朝のは、猪本の勘違い発言にイラッとしただけだし」
「それはわかる。あたしでもイラッとしたし」
「そうなの?」
「するでしょ、そう思った子、結構いたんじゃない? どーせ、困っている人やかわいそうな人がいたら助けてあげましょうってなノリでしょ? アホくさ、あたしら小学生かよ。つーかさ、困ってるとかかわいそうとかって、上から目線なんだよ。勝手に決めつけんなっての」
だね、と返すと、唯は［ 4 ］。
「でも、男子はどうだかわかんないよ、とくに仲尾とか。頭ん中、幼児並だから」
「ひっどーい、でもたしかに」
笑いながら教室に入って行くと、廉太郎があたしの席に座って、うしろの席の前畑君としゃべっていた。

（いとうみく『あしたの幸福』）

㊟1　ムンクのアノ絵……十九世紀から二十世紀のノルウェーの画家であるムンクの作品、『叫び』のこと。両頬に手を当てて大きく口を開けている特徴的な人物が描かれている。
㊟2　くぐもった……何と言っているのかよく分からないような、はっきりしない様子。
㊟3　ストレート……ボクシングで真正面に向けて放つパンチのこと。
㊟4　ファイティングポーズ……格闘技などにおける戦うための姿勢・構えのこと。あごのあたりで拳を構えるポーズが一般的に知られている。
㊟5　辛辣……言葉や表現、言い方などが非常に手厳しいこと。
㊟6　毒吐く……毒を吐く。嫌みや悪口などを言うこと。

㈠ ――①「お母さんと暮らすことになったって？」とあるが、この発言にいたるまでの「秋川」の気持ちとして最も適当なものを次から選び、記号を○で囲みなさい。

ア　父を失った「雨音」への対応の仕方に困惑しつつも、「雨音」のこれからの家庭生活のあり方を気にかける気持ち。

イ　「雨音」が久々に学校に戻ってきてくれたことで嬉しくなり、「雨音」と久しぶりに会話を楽しみたいと思う気持ち。

ウ　父を失った「雨音」から深い悲しみを感じとり、家族の話題に触れることで「雨音」をなぐさめようと思う気持ち。

エ　「雨音」が登校したことに心の底から安心し、何気ない会話をすることで「雨音」をリラックスさせようと思う気持ち。

㈡ ――②「いろいろ大変だろうと思うし」とあるが、この時の「秋川」の様子について説明したものとして最も適当なものを次から選び、記号を○で囲みなさい。

ア　「雨音」の本当の気持ちを知ることにはまったく無関心だが、年上の人間にふさわしい気づかいだけは見せておかないといけないと思い、優しい姿を見せるように必死に演技している。

イ　「雨音」が傷ついているかどうかにはあまり興味がないが、担任の仕事には強い誇りを持っており、学校にケアの手段があることを伝えて、元担任としての責任を果たそうとしている。

ウ　「雨音」が見た目では明るく振る舞っているが辛い思いを抱えていることを正確に見抜いているので、ねぎらいの言葉をかけて、言葉の上だけでもいたわってあげたいと思っている。

エ　「雨音」が父を亡くしたことで傷ついているかもしれないことを一応は気にかけつつも、「雨音」の本当の気持ちまでは理解できておらず、表面上のやりとりにとどまっている。

(三) ――③「あたしはにっこり笑った」とあるが、このときの「雨音」の気持ちについて説明したものとして最も適当なものを次から選び、記号を○で囲みなさい。

ア 「秋川」の「雨音」に対する心配の言葉をわずらわしいと思い、そのように感じている自分の本心をあいまいな笑みで「秋川」に気付かせようとしている。

イ 「秋川」の「雨音」に対する的外れな気遣いにあきれながら、そのような不器用な方法しか取れない「秋川」に同情し、笑いかけることで励まそうとしている。

ウ 「秋川」の「雨音」に対するうわべばかりの同情の言葉に反感を抱きながらも、あえて笑顔を浮かべることで早く会話を切り上げてこの場を立ち去ろうとしている。

エ 「秋川」の「雨音」に対する心のこもらない励ましを不快に感じたため、わざとらしい笑顔を浮かべることで「秋川」に反抗の意思を示そうとしている。

(四) ――④「空気をかえるのがうまい」とあるが、このときの「唯」の説明として最も適当なものを次から選び、記号を○で囲みなさい。

ア 「雨音」の父が亡くなったことを知るクラスメイトたちによって教室は重苦しい空気となったが、何も気付かなかった「唯」のふざけた行動がそれを変えたということ。

イ 「雨音」が学校に来るとはだれも予想しておらず、とまどう気配が感じられたクラスの雰囲気を、「唯」が率先して動き出すことによって解きほぐしたということ。

ウ 「雨音」に声をかけるタイミングをうかがっていたクラスメイトたちの心情を察した「唯」が、お手本を見せることで話しかけやすい空気を作り上げたということ。

エ 「雨音」に対するクラスメイトたちの気遣いによって静まりかえってしまった教室が、「唯」がわざとおどけた振る舞いをすることでいつもの雰囲気へと戻ったということ。

(五) ――⑤「そういうの、あたしいらないです」とあるが、なぜ「雨音」は「猪本」の発言に対してこのように答えたと考えられるか。次の形式に合うように、これより後ろの本文中のことばを用いて答えなさい。

猪本の発言は、（　　　五十五字以内　　　）から。

(六) 1 ～ 4 に入ることばとして、最も適当なものを次から選び、それぞれ記号を○で囲みなさい。ただし同じ記号を二度使わないこと。

ア なにそれと苦笑（くしょう）する　イ 「あっ」と顔を向けた　ウ ああ、とうなずく　エ 腕を組んできた

(七) ――⑥「今日みたいな雨音もいいと思うよ」とあるが、「唯」は「雨音」のどのようなところをいいと思ったのか。その説明として最も適当なものを次から選び、記号を○で囲みなさい。

ア 普段（ふだん）は親しい友人にも自分の本心を見せないところがあるが、めずらしくはっきりと自分の考えを主張したところ。

イ 普段は引っ込み思案（こじあん）で自分から意見を言えないところがあるが、自分の意に反することに対してきっぱりと否定したところ。

ウ 普段は何事にも無関心で何を考えているのか分からないところがあるが、感情が高ぶったので後先考えず戦う意志を示したところ。

エ 普段は冷静で自分の感情をあまり表に出さないところがあるが、必要に迫（せま）られて自分の本当の思いをすべてさらけ出したところ。

(八) 本文の表現の説明として最も適当なものを次から選び、記号を○で囲みなさい。

ア 「バコンバコン」や「ガタガタ」といった物音を表す言葉を用いることで、「雨音」が周囲の物音に対して敏感に反応している様子が描かれている。

イ 会話文中に「いやー」や「もー」などのように、音をのばす表現を多用することで、のんびりした学校生活の雰囲気が感じられるようになっている。

ウ 主人公である「雨音」が心の中で考えていることが、文章にそのまま書かれることで、「雨音」の心情が読者に伝わりやすいようになっている。

エ 「ムンクのアノ絵」や「ファイティングポーズ」というように、登場人物の動作をイメージしやすい表現を用いることで、本文に緊張（きんちょう）感が加わっている。

二　次の文章を読んで後の問いに答えなさい。

日本では昔から、人間関係を表現するのに、「馬が合う」、「虫が好かぬ」という面白い言い方がある。「どうも、あいつは虫の好かんやつだ」と言ったりするが、これらの表現の注目すべきところは、主語は「馬」、「虫」と人間でないものになっているところである。自分が好きになろうといくら努力しても「虫」が好かないのだから、どうしようもない、という感じや、別に努力しているわけでもないが「馬」が合うのだから、うまくゆくのだ、という感じがよく出ている。

これと類似の表現が外国にあるかどうか、私は知らない。ご存知の方があれば是非教えていただきたいが、英語にはないと思う。①キリスト教文化圏では、人間の感情を表現するのに、人間以外の生物を主語にすることは、まずないだろうと思う。

カウンセリングの場面で、「虫が好かない」話を聞くことは多い。新入社員があまりにもイケ好かないので、「腹の虫がおさまらず」、会社をやめようかと思うという相談で、仕事のよくできる女性の中堅社員が来談した。ともかく「虫が好かない」ので、何でもかんでも腹が立つ、というのだが、「まあ、そう言わずに、腹が立つのはどんなことか、具体的に話をしていただけませんか」と言うと、「彼女は職場にほんとうに仕事をする気で来ていないと思う」というのにはじまって、服装からアクセサリーから、歩き方から、ことごとく嫌だ、というのである。（　ア　）

こんなときに、一番大切なことは、その話に耳を傾けて聴くことである。こちらが熱心に聴いていると、話をする方にも熱が入ってあれこれと話すのだが、そうすると話し手の方が、話しながら②新しい事実に気がつくのである。あるいは、話の内容が自然に変わってくることもある。

この場合は、新入社員の悪口ばかり言っていた人が、急に、「私も仕事、仕事、で熱心にやってきたのですが……」と言って、ふと黙ったりする。こんなときも、カウンセラーは、その話に耳を傾けて、ちゃんと受けとめて聴く。そんな会話を続けているうちに、この人は、自分は「仕事をする人は善」、「遊ぶのは悪」などとあまりにも決めつけて生きてきたのだが、やっぱり人生にはどちらも大切で、新入社員の若い子は、その辺を上手にバランスよくやっているのではないだろうか、ということを言いはじめた。

③人間の生き方は、何らかの意味でどこか一面的なところがある。そのとき、自分が無視してきた半面を生きてきた人を見

(このページは計算に用いてよい)

5　下の図のような正六角形 ABCDEF があり，2 つの点 P，Q は点 A を同時に出発します。P は反時計回りに，Q は時計回りに正六角形の周上を，次の①～④のように動きます。

① P と Q の速さはそれぞれ一定である。

② P と Q は出発後の 4 秒間で，一度も重ならない。

③ 出発してから 4 秒後，P と Q を通る直線は正六角形の面積を 2 等分する。

④ 出発してから 4 秒後，P は辺 CD 上にあり，三角形 APD の面積が正六角形の面積の $\frac{2}{9}$ 倍になる。

このとき，次の各問いに答えなさい。

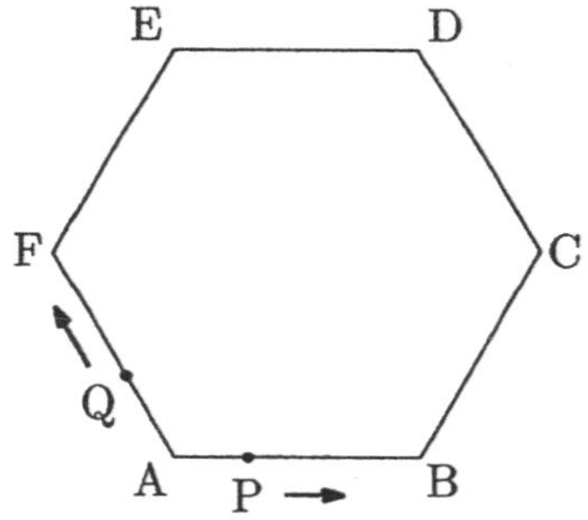

(1) P，Q が出発後に初めて重なるのは出発してから何秒後ですか。

(2) P が出発後に初めて A に重なるのは出発してから何秒後ですか。

(3) P，Q が再び A で重なるのは出発してから何秒後ですか。

(このページは計算に用いてよい)

4 60 m のロープがあります。このロープに次の①～③の順で 3 色の印をつけていきます。

① 初めにロープの長さを 120 等分する場所に白色の印をつける。

② 次にロープの長さを 150 等分する場所に赤色の印をつける。

③ 最後にロープの長さを 180 等分する場所に青色の印をつける。

同じ場所に色が重なるときは，前の色はなくなって新しくつけた色だけが残るものとします。このとき，次の各問いに答えなさい。

(1) ①の作業が終わったとき，白色の印がついている場所は何か所ですか。

(2) ②の作業が終わったとき，白色の印がついている場所は何か所ですか。

(3) ③の作業が終わったとき，白色，赤色，青色の印がついている場所はそれぞれ何か所ですか。

(このページは計算に用いてよい)

3 縮尺 $\frac{1}{25000}$ の地図上で，半径 2 cm の円の形をした公園があります。
このとき，次の各問いに答えなさい。ただし，円周率は 3.14 とします。

(1) この公園の実際の面積は何 km^2 ですか。

(2) この公園の周囲を時速 3 km の速さで歩くと，1 周するのにかかる時間は何時間何分何秒ですか。

(このページは計算に用いてよい)

7 次の文中の下線部が正しければ○と答え，間違っている場合は正しく書き直しなさい。

（1）台風のうずまきの中心は，<u>台風一過</u>とよばれ，風は弱く，雨もあまりふらない。

（2）流れる水が地面をけずるはたらきを<u>しん食</u>という。

（3）地震のゆれの大きさの程度を表す震度において，震度6強の次に大きい震度は，震度<u>7弱</u>である。

（4）大阪で観測したとき，〔 三日月，上弦の月，下弦の月 〕のうち，満月の次にみられる月は，<u>三日月</u>である。

（5）北極星付近のある星Aを観察したとき，3時間後，星Aは北極星を中心に<u>反時計回りに45度</u>動いている。

（3）【実験 2】に関する次の文章のうち，適当でないものを 1 つ選び，解答らんの記号を○で囲みなさい。

ア．2 つのはかりの値を足し合わせると 300 になる。

イ．x の値が 50 より小さい場合，棒を水平に保つことができない。

ウ．x の値が 90 より大きく，100 より小さい場合，棒を水平に保つことができない。

エ．b の値よりも a の値の方が大きくなる場合がある。

【実験 3】200 g のおもりを棒の左はしから y [cm]の位置に置き，そのときのはかり A，B の値を表 2 にまとめた。表 1 と同様にはかり A の目盛りを a [g]，はかり B の目盛りを b [g]と表している。

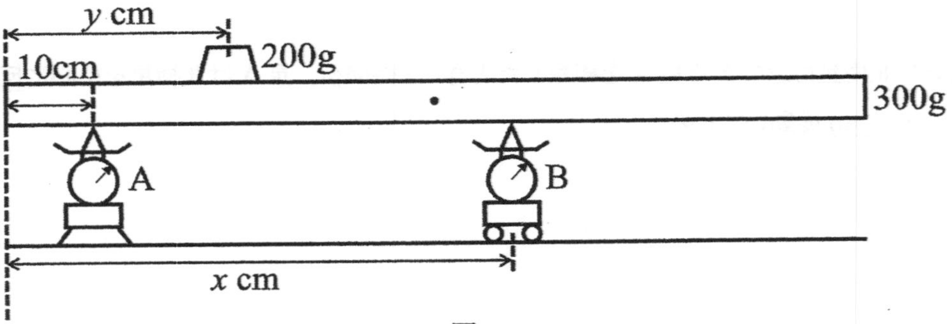

図 4

表 2

x [cm]	40	45	50	50	60	（お）
y [cm]	10	（え）	20	30	60	50
a [g]	100	100	150	100	60	250
b [g]	400	400	350	400	440	250

（4）表 2 の空らん（え），（お）にあてはまる値をそれぞれ答えなさい。

6 次の【実験 1】から【実験 3】について，下の各問いに答えなさい。

【実験 1】図 1，図 2 のように，長さ 100 cm，重さ 300 g の一様な棒と，おもり A を 1 つ，おもり B を 2 つ用いて天井からつるしたところ，棒は水平になった。

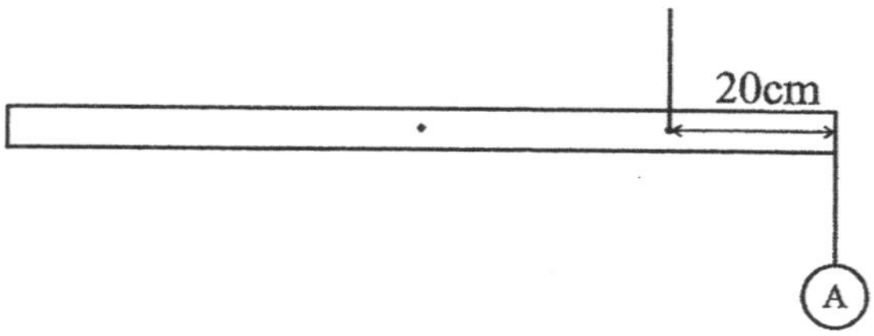

図 1

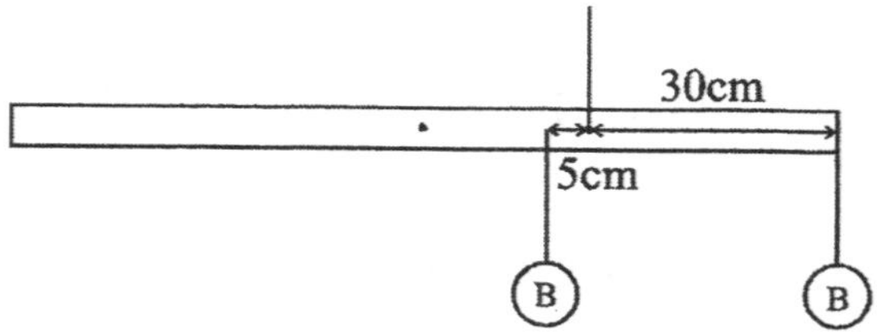

図 2

（1）おもり A，B はそれぞれ何 g ですか。

次に，【実験 1】と同じ棒，200 g のおもり，はかりを 2 つ用いて【実験 2】，【実験 3】を行った。棒の左はしから 10 cm の位置にあるはかり A と，車輪がついていて位置を自由に変えられるはかり B で棒を支える。おもりの大きさは考えないものとし，はかりの高さを調節して棒が水平になるように実験を行ったものとする。

【実験 2】はかり B の位置 x [cm]を 50 cm から少しずつ大きくしたときの結果の一部を表 1 にまとめた。はかり A の目盛りを a [g]，はかり B の目盛りを b [g]と表している。

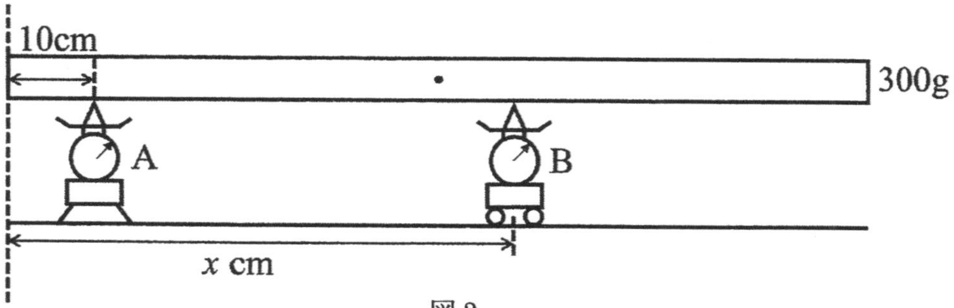

図 3

表 1

x [cm]	50	（あ）	70	90
a [g]	0	50	（い）	150
b [g]	300	250	（う）	150

（2）表 1 の空らん（あ），（い），（う）にあてはまる値をそれぞれ答えなさい。

（2）図２の回路において，導線Ｙをつないだとき，豆電球の明るさが次のようになるつなぎ方はどれか。それぞれ１つずつ選び，解答らんの記号を○で囲みなさい。

① １つも豆電球がつかない。

② ４つの豆電球が同じ明るさでつく。

ア．「A－Y－B」　イ．「A－Y－C」　ウ．「A－Y－D」

エ．「B－Y－C」　オ．「B－Y－D」　カ．「C－Y－D」

（3）図２の回路において，導線Ｚをつないだとき，豆電球が１つもつかないつなぎ方はどれか。すべて選び，解答らんの記号を○で囲みなさい。

ア．「A－Z－B」　イ．「B－Z－C」　ウ．「B－Z－D」

エ．「B－Z－A」　オ．「D－Z－A」　カ．「C－Z－B」

（4）図１の回路において，「B－Z－C」のようにつないだ。このとき，もっとも明るい豆電球を選び，解答らんの記号を○で囲みなさい。

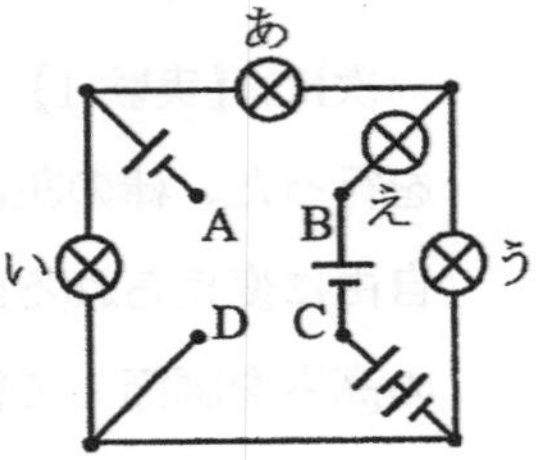

5 図1，2のように，同じ種類のかん電池と豆電球を使って回路をつくった。これについて，下の各問いに答えなさい。

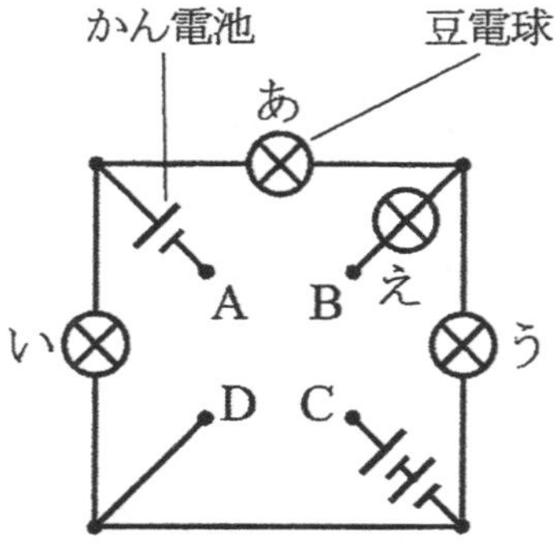

図1

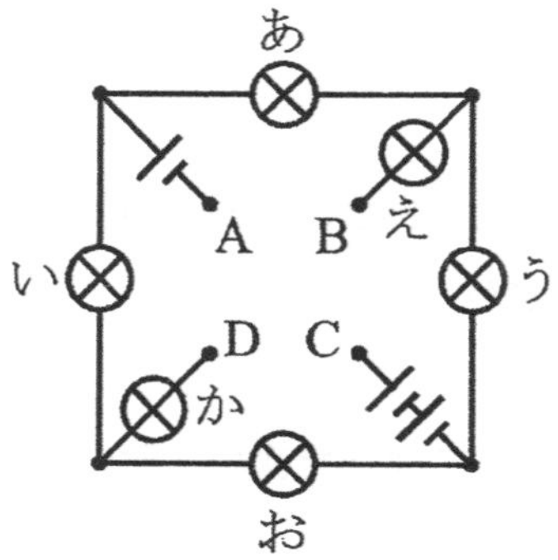

図2

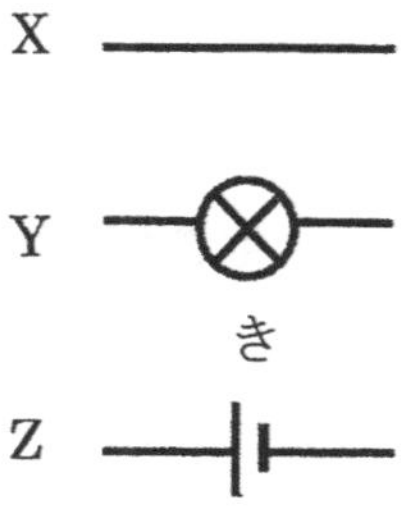

図3

図1，2のA～Dの端子に図3の導線X，Y，Zをつないで豆電球あ～きの明るさを調べた。ただし，導線のつなぎ方は「A－X－B」と表す場合，AとBを導線Xでつないだことを示し，「A－Z－C」と表す場合は導線Zの電池のプラス端子側をAにつなぎ，「C－Z－A」と表す場合は導線Zの電池のプラス端子側をCにつなぐことを示す。

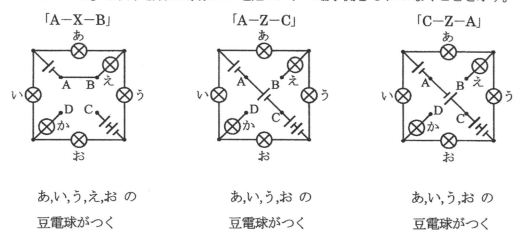

「A－X－B」

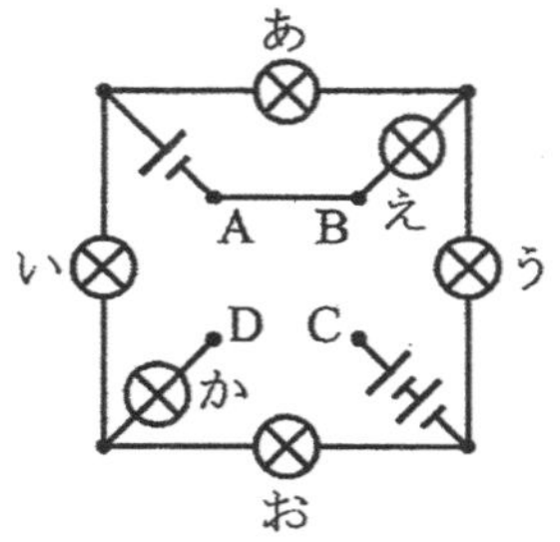

あ,い,う,え,お の
豆電球がつく

「A－Z－C」

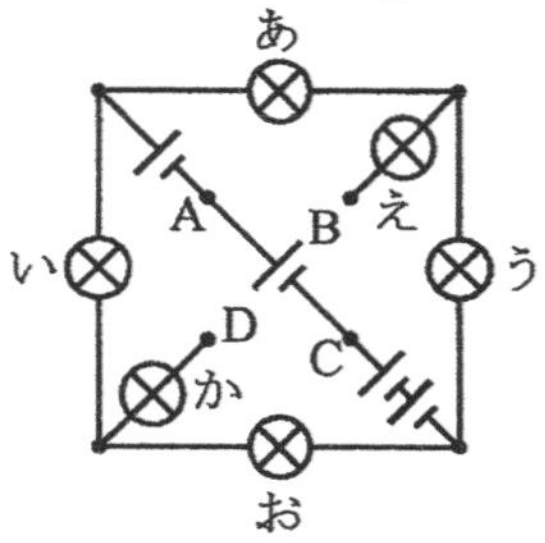

あ,い,う,お の
豆電球がつく

「C－Z－A」

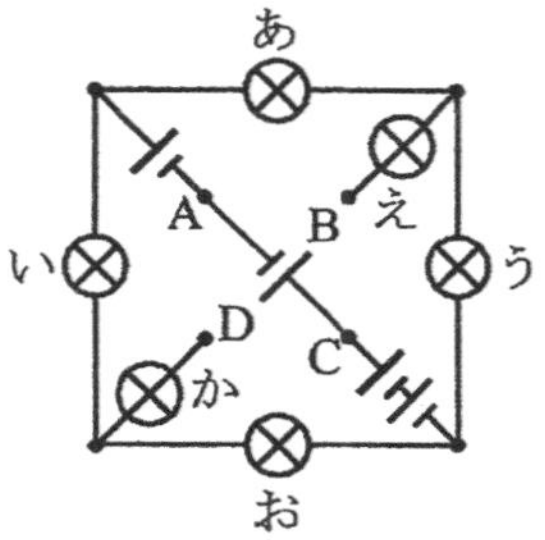

あ,い,う,お の
豆電球がつく

（1）図1の回路において，「A－X－C」のようにつないだ。

① どの豆電球がつくか。あてはまるものをすべて選び，解答らんの記号を○で囲みなさい。

② このとき，もっとも明るい豆電球はどれか。1つ選び，解答らんの記号を○で囲みなさい。

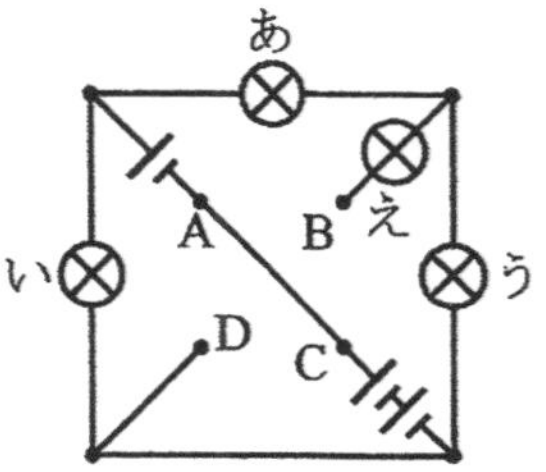

(4) ろうそくの火が消えたあと，容器内の石灰水の表面と容器の底との距離(きょり)（あ）はどのように変化したか。もっとも適当なものを1つ選び，解答らんの記号を○で囲みなさい。

ア．変化しなかった。　　イ．大きくなった。　　ウ．小さくなった。

(5) ろうそくの火が消えたあと，容器の内側が白くくもっていた。このことから何が生じたとわかりますか。

(6) ろうそくの火について述べた次の文章のうち，適当なものを2つ選び，解答らんの記号を○で囲みなさい。

ア．ろうそくの火がしんから上に向かってのびているのは，あたためられた空気が対流によって上に向かうからである。

イ．ろうそくの火はしんの近くがもっとも温度が高い。

ウ．ろうそくに火がつくのは，しんが燃えているからである。

エ．ろうそくの火を消したときにでる白いけむりにマッチの火を近づけると，しんにふれなくてもろうそくに再び火がつく。

4 同じ大きさのろうそくを用意して，ろうそくの火が消えるまでのようすについて調べた。次の各問いに答えなさい。

（1）次のア～ウのように，ろうそくのまわりを燃えない筒状の容器と片側の口が閉じている容器で囲んだ。ろうそくの火がもっともはやく消えるのはどれか。1つ選び，解答らんの記号を○で囲みなさい。

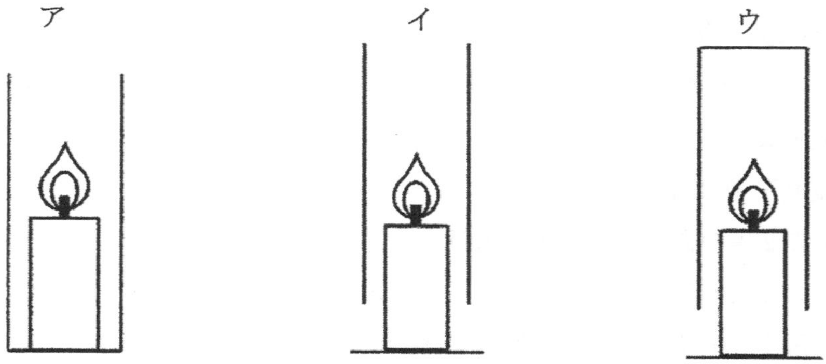

右の図1のように，筒状の容器の底部付近に穴をあけて管をつなぎ，3種類の気体A～Cを送りながらろうそくの火のようすを調べた。

気体A～Cはちっ素，二酸化炭素，酸素のいずれかであり，ろうそくの火が消えるまでにかかる時間は，長い順に気体B，気体C，気体Aとなった。

図1

（2）気体Bとして適当なものを1つ選び，解答らんの記号を○で囲みなさい。

ア．ちっ素　　イ．二酸化炭素　　ウ．酸素

次に，右の図2のように，片側の口が閉じている容器を逆さにして無色の石灰水の上に固定し，その中でろうそくを燃やした。ただし，ろうそくは液体の上で浮いているステンレスの皿の上に立っており，実験中に倒れることはないものとする。

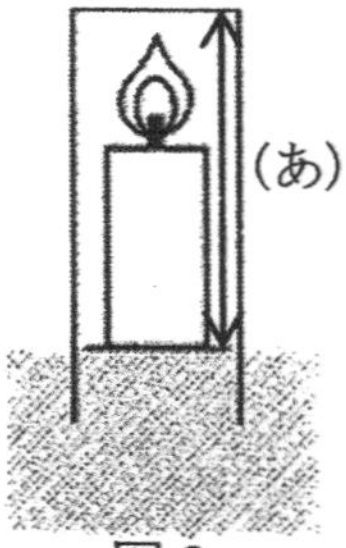

図2

（3）ろうそくの火が消えたあと，石灰水のようすはどのように変化したか。もっとも適当なものを1つ選び，解答らんの記号を○で囲みなさい。

ア．変化しなかった。　　イ．黒くにごった。　　ウ．白くにごった。

（5）次に，加える塩酸をＹの２倍の濃さの塩酸60ｇにかえて，Ｘ（50ｇ）と混ぜ，③と同じように実験した。このとき，表の③のときと比べて，固体Ｚの重さは何倍になるか。もっとも適当なものを１つ選び，解答らんの記号を○で囲みなさい。

ア．0.5倍　　イ．0.8倍　　ウ．1.1倍　　エ．1.5倍　　オ．2.2倍

（6）Ｘ（50ｇ）にＹの２倍の濃さの塩酸60ｇを混ぜた。この水溶液をちょうど中和するには，どの操作をすればよいか。もっとも適当なものを１つ選び，解答らんの記号を○で囲みなさい。

ア．塩酸Ｙを30ｇ加える。

イ．Ｙの２倍の濃さの塩酸を15ｇ加える。

ウ．Ｙの２倍の濃さの塩酸を30ｇ加える。

エ．水酸化ナトリウム水溶液Ｘを17ｇ加える。

オ．水酸化ナトリウム水溶液Ｘを30ｇ加える。

問５　下線部(e)について、以下の問いに答えなさい。

①　本校は大阪府堺市に立地しています。大阪府または堺市に関して述べた文として正しいものを１つ選び、解答欄の記号を○で囲みなさい。

ア：2025年、大阪府堺市を会場に「大阪・関西万博」が開催されることになっている。

イ：現在の大阪府知事は吉村洋文(ひろふみ)である。

ウ：大阪府では、「大阪市中央公会堂」と「百舌鳥・古市古墳群」の２つが世界文化遺産に登録されている。

エ：堺市は、大阪府唯一の政令指定都市である。

②　堺の政治は、堺市議会で話し合われます。市議会の働きについて述べた文として**誤っているもの**を次から１つ選び、解答欄の記号を○で囲みなさい。

ア：市議会議員は、その市に住む住民から選挙で選ばれる。

イ：条例を制定・改正・廃止することができる。

ウ：市は独自の税金を徴収(ちょうしゅう)することができる。

エ：市長は、市議会議員の中から議会の議決によって選ばれる。

問３　下線部(c)について、以下の問いに答えなさい。

①　日本国憲法第１条を読み、空欄【P】・【Q】に当てはまる語句をそれぞれ**漢字**で答えなさい。

第１条　天皇は、日本国の【　P　】であり日本国民統合の【　P　】であって、この地位は、【　Q　】の存する日本国民の総意に基（もと）づく。

②　以下のA～Eは古い出来事から順に並んでいます。日本国憲法が施行された年は、A～Eのどの間に入りますか。正しいものを１つ選び、解答欄の記号を○で囲みなさい。

A：広島に原子爆弾が投下された。

B：日本で初めて女性の国会議員が誕生した。

C：朝鮮戦争が勃発（ぼっぱつ）した。

D：サンフランシスコ平和条約に調印した。

E：アメリカ合衆国の水素爆弾実験により第五福竜丸が被ばくした。

ア：AとBの間	イ：BとCの間
ウ：CとDの間	エ：DとEの間

問４　下線部(d)について、以下の表は2022年末時点の両議院の議員定数及び被選挙権年齢を示したものです。表の空欄に当てはまる数字の合計として、**誤っているもの**を１つ選び、解答欄の記号を○で囲みなさい。

	衆議院	参議院
議員定数	Ⅰ 人	Ⅱ 人
被選挙権	Ⅲ 歳以上	Ⅳ 歳以上

ア：Ⅰ＋Ⅲ＝490	イ：Ⅰ＋Ⅳ＝495
ウ：Ⅱ＋Ⅲ＝273	エ：Ⅱ＋Ⅳ＝272

問２　下線部(b)について、以下の問いに答えなさい。

①　国の政治は国会・内閣・裁判所がそれぞれの仕事を分担しています。このような仕組みを何といいますか。**漢字４字**で答えなさい。

②　国会の種類について、以下の文の空欄【W】～【Z】に当てはまる語句の組み合わせとして最も適当なものを１つ選び、解答欄の記号を○で囲みなさい。

国会には様々な種類があり、内閣などの要求で召集される【　W　】国会、主に予算について話し合う【　X　】国会、内閣総理大臣の指名をおこなう【　Y　】国会、衆議院の解散中に召集される【　Z　】集会があります。

	【W】	【X】	【Y】	【Z】
ア	通常	緊急	特別	臨時
イ	通常	特別	臨時	緊急
ウ	臨時	特別	緊急	通常
エ	臨時	通常	特別	緊急
オ	特別	通常	緊急	臨時
カ	特別	通常	臨時	緊急

③　内閣総理大臣について述べた文として正しいものを１つ選び、解答欄の記号を○で囲みなさい。

ア：最高裁判所長官の任命をおこなう。

イ：大臣たちと閣議を開いて、多数決によって物事を決める。

ウ：天皇の国事行為に対して助言と承認を与える。

エ：国会議員の中から国会の議決によって指名される。

④　2023年１月以降の裁判員制度について述べた文として正しいものを１つ選び、解答欄の記号を○で囲みなさい。

ア：刑罰が軽い犯罪の裁判に参加する。

イ：裁判員は、選挙権をもつ18歳以上の人から選ばれる。

ウ：事件について、裁判官とともに有罪か無罪かだけを決める。

エ：裁判員裁判で出された判決に対して、不服を申したてることはできない。

グラフＢ

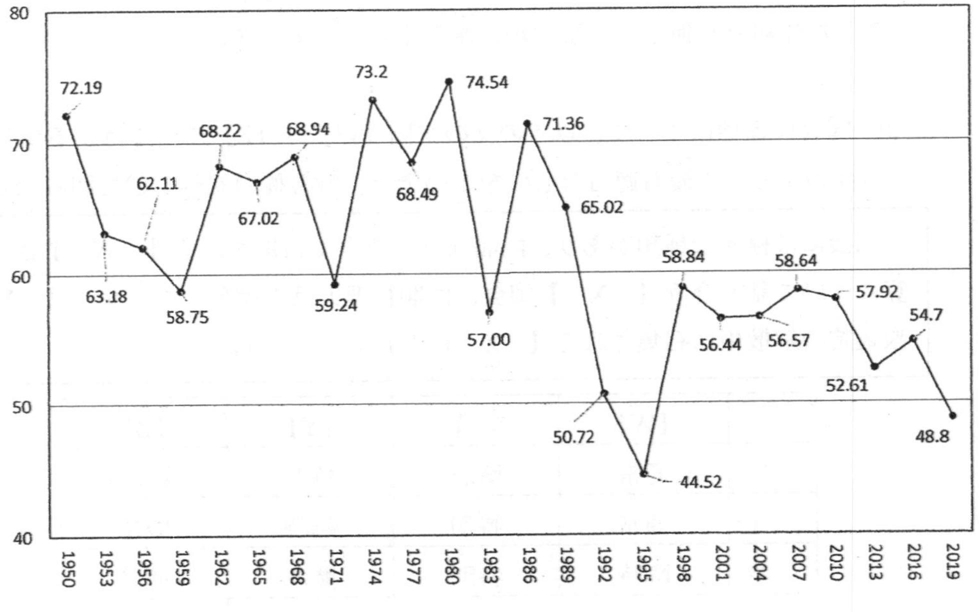

総務省ホームページを参考に作成

① グラフＡとグラフＢについて、どちらのグラフが参議院議員選挙の投票率の推移をあらわしていますか。解答欄の記号を○で囲みなさい。

② ①で、選択した解答がなぜ参議院議員選挙であると判断しましたか。その根拠を簡潔に答えなさい。

③ 2003年の法律改正によって、投票日当日に仕事や用事で行けない場合でも事前に投票できる制度が始まりました。このような投票の制度を何といいますか。**漢字５字**で答えなさい。

3 次の文を読んで、あとの問いに答えなさい。

2022年7月10日に(a)参議院議員選挙が実施されました。選挙によって国民の代表者である国会議員を選びます。選ばれた国会議員は、(b)国会で(c)日本国憲法にもとづいて、国民の暮らしにかかわる法律や予算などについて話し合います。話し合いは、(d)衆議院と参議院という二つの議院でおこない、多数決で決められます。(e)都道府県や市区町村の政治は、国会で決められた法律にもとづいておこなわれます。

問1 下線部(a)について、グラフA・Bは衆議院議員選挙または参議院議員選挙の投票率の推移を示しています。グラフを見て、次の問いに答えなさい。ただし、縦軸は投票率(%)で、横軸は選挙実施年を表しています。

グラフA

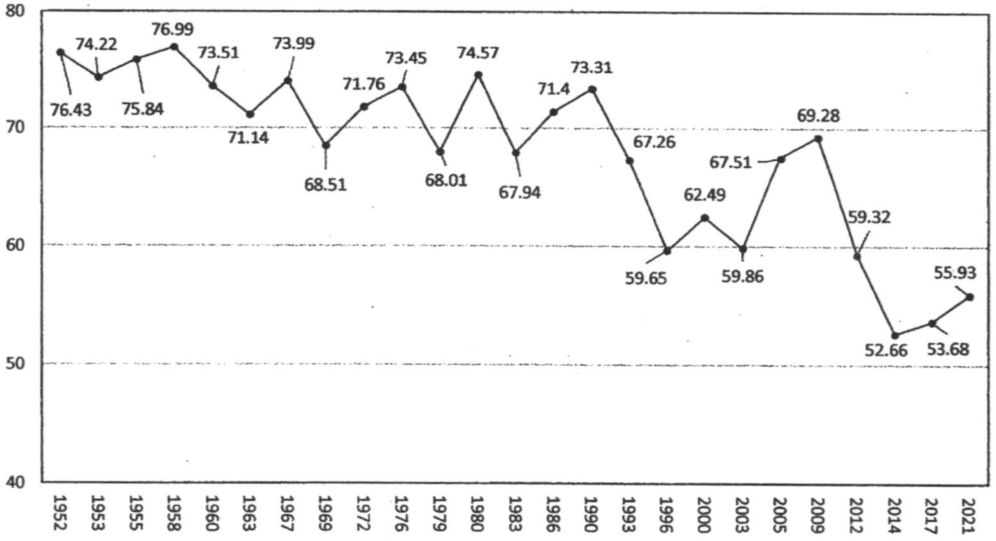

中入試
2023(R5) 帝塚山学院泉ヶ丘中
K 教英出版

このページは空白です。
問題は次のページに続きます。

問24　第二次世界大戦後の日本で、女性に関わる法律の改正について述べた次のⅠ・Ⅱの文の正誤の組み合わせとして正しいものを下から１つ選び、解答欄の記号を○で囲みなさい。

Ⅰ：1945年に選挙法が改正され、18歳以上のすべての男女に選挙権が保障された。

Ⅱ：1947年に民法が改正され、結婚できる年齢が男女とも20歳に引き上げられた。

ア：Ⅰ－正　Ⅱ－正	イ：Ⅰ－正　Ⅱ－誤
ウ：Ⅰ－誤　Ⅱ－正	エ：Ⅰ－誤　Ⅱ－誤

問22　問21の条約の結果、日本が手に入れた領土を下の地図中のア～エから１つ選び、解答欄の記号を○で囲みなさい。

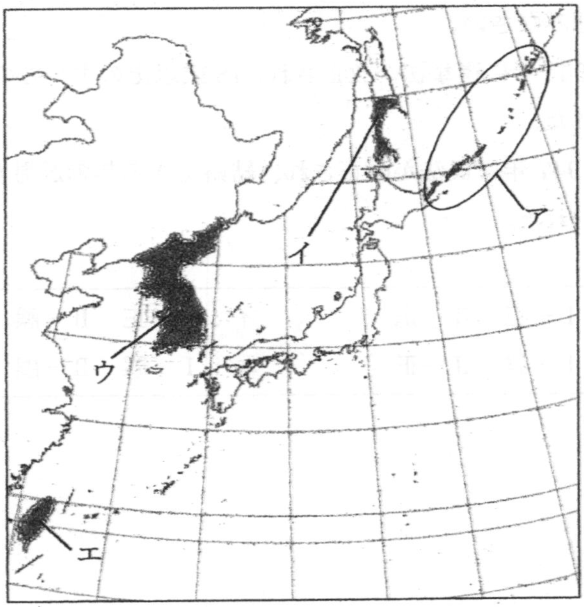

> **カードM　平塚らいてう**（1886～1971）
>
> 日本で初めて女性のための文芸雑誌『青鞜（せいとう）』を発行。仲間とともに、これまで男性よりも低くみられていた女性の地位向上を目指す運動を続けた。

問23　平塚らいてうが活躍した大正時代の様子として述べた次の文の中で**誤っているもの**を次から１つ選び、解答欄の記号を○で囲みなさい。

ア：女性たちはさまざまな職場で活躍するようになり、電話交換手やタイピストなどこれまでになかった新しい仕事につく女性が増えていった。

イ：関東大震災がおこり、東京や横浜などで地震や火災によって甚大（じんだい）な被害が出た。

ウ：第一次世界大戦中に日本の重化学工業が急速に成長し、輸出も増えて好景気となり「成金」とよばれる人々が現れた。

エ：国会開設を求める人々が新しい政治のあり方を求めて、理想とする憲法案を発表した。現在の東京都あきる野市で作られた五日市憲法もその１つである。

問19　江戸時代の農村について述べた次のⅠ・Ⅱの文の正誤の組み合わせとして正しいものを下から１つ選び、解答欄の記号を○で囲みなさい。

Ⅰ：農村では、生産を増やすために新田開発がさかんに行われ、備中ぐわや唐箕（とうみ）などの新しい農具が普及した。

Ⅱ：農村は村役人を中心に共同で運営されていたが、幕府や藩はこうしたまとまりを利用して、五人組というしくみをつくらせて共同で責任を負わせるようにした。

ア：Ⅰ－正　Ⅱ－正	イ：Ⅰ－正　Ⅱ－誤
ウ：Ⅰ－誤　Ⅱ－正	エ：Ⅰ－誤　Ⅱ－誤

カードＫ　津田梅子（1864～1929）

岩倉使節団について、７歳のときに日本初の女子留学生として渡米。のちに女性の高等教育をめざす私塾「女子英学塾」を開き、女性の英語教師の育成に力を注（そそ）いだ。

問20　岩倉使節団派遣の目的の一つは不平等条約の改正でしたが、これは成功しませんでした。しかし、イギリス船が紀伊半島沖で沈没した事件をきっかけに、国内で条約改正を求める声が高まってきました。このとき沈没した船の名称を答えなさい。

カードＬ　与謝野晶子（1878～1942）

今の大阪府堺市出身の女流歌人。<u>戦争</u>に出兵した弟の無事を祈る「君死にたまふことなかれ」という詩を発表した。

問21　下線部の戦争の相手国とその講和条約の組み合わせとして正しいものを１つ選び、解答欄の記号を○で囲みなさい。

ア：ロシア－ポーツマス条約	イ：ロシア－下関条約
ウ：清－ポーツマス条約	エ：清－下関条約

問17　応仁の乱の以後、戦国大名が勢力を争う戦国の世となりました。戦国大名について述べた次の文の中で**誤っているもの**を１つ選び、解答欄の記号を○で囲みなさい。

ア：織田信長は鉄砲を活用し、長篠（ながしの）の戦いで武田・徳川連合軍に勝利した。

イ：織田信長は足利氏を京都から追放し、室町幕府を滅ぼした。

ウ：豊臣秀吉は明智光秀を倒したのち、全国の大名を次々とおさえ、天下統一をなしとげた。

エ：豊臣秀吉は中国（明）を従えようとし、２度にわたって中国に従っていた朝鮮に大軍を送った。

カードＪ　桂昌院（けいしょういん）（1627～1705）

江戸幕府３代将軍徳川家光の側室で、５代将軍徳川綱吉の母。生き物を大切にすれば早く跡継ぎができると信じ、跡継ぎがいなかった綱吉に「生類憐（あわれ）みの令」を出させた。

問18　徳川家光が３代将軍に就任して以降のできごとについて述べた次の文の中で、**誤っているもの**を１つ選び、解答欄の記号を○で囲みなさい。

ア：武家諸法度に参勤交代の制度をとりいれ、大名は１年おきに江戸と国元を行き来しなければならなくなった。

イ：大阪冬の陣と大阪夏の陣がおこり、豊臣氏を攻め滅ぼした。

ウ：九州の島原や天草で、人々が重い年貢の取り立てとキリスト教に対する厳しい取り締まりに反対して一揆（いっき）を起こした。

エ：ヨーロッパの国ではオランダのみと貿易を行い、貿易港も長崎に限定した。

カードⅠ　**日野富子**（1440～1496）

室町幕府８代将軍足利義政の妻。子の義尚（よしひさ）を将軍の跡継ぎにしようとして山名氏と結び、義政の弟義視（よしみ）と対立、応仁の乱を引き起こすきっかけをつくった。

問16　足利義政が建てた銀閣の近くにある東求堂（とうぐどう）の室内の写真を次から１つ選び、解答欄の記号を○で囲みなさい。

ア

イ

ウ

エ

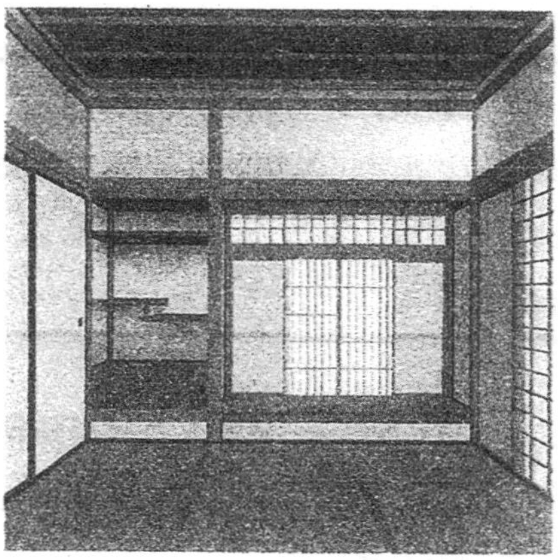

カードG　平徳子（1155～1213）

平清盛の娘。高倉天皇に嫁ぎ、言仁親王（のちの安徳天皇）を生む。壇ノ浦の戦いで敗れ、安徳天皇とともに入水するも助けられて京都に戻り、尼となって大原寂光院で余生を送った。

問13　平清盛が武士として初めてついた役職は何か、**漢字**で答えなさい。

問14　源氏と平氏の戦いについて、石橋山の戦いのあと壇ノ浦の戦いで平氏が滅びるまでの戦いを時代順に並べたものとして正しいものを次から１つ選び、解答欄の記号を○で囲みなさい。

ア：富士川の戦い　→　一ノ谷の戦い　→　屋島の戦い
イ：富士川の戦い　→　屋島の戦い　→　一ノ谷の戦い
ウ：屋島の戦い　→　富士川の戦い　→　一ノ谷の戦い
エ：屋島の戦い　→　一ノ谷の戦い　→　富士川の戦い
オ：一ノ谷の戦い　→　富士川の戦い　→　屋島の戦い
カ：一ノ谷の戦い　→　屋島の戦い　→　富士川の戦い

カードH　北条政子（1157～1225）

北条時政の娘で、源頼朝と結婚。頼家、実朝の母となった。頼朝の死後、尼将軍とよばれるほど権力を持っていた。承久の乱では、御家人に対し頼朝の御恩を説き、結束を固めた。

問15　御恩に対し、御家人たちが頼朝に奉公する内容について述べた次のⅠ・Ⅱの文の正誤の組み合わせとして正しいものを下から１つ選び、解答欄の記号を○で囲みなさい。

Ⅰ：戦いが起これば、「いざ鎌倉」とかけつけて、幕府のために戦った。
Ⅱ：戦いのないときには、自分の領地にもどり、各地の特産品を税として幕府に納めた。

ア：Ⅰ－正　Ⅱ－正	イ：Ⅰ－正　Ⅱ－誤
ウ：Ⅰ－誤　Ⅱ－正	エ：Ⅰ－誤　Ⅱ－誤

カードＦ　**紫式部**（生没年不詳）

長編小説『源氏物語』を書いた女流文学者。藤原道長にその文才を認められ、道長の娘で一条天皇の后である彰子（しょうし）に仕（つか）えたこともある。

問11　次の文章は、紫式部が活躍していたころに書かれた随筆（ずいひつ）の冒頭（ぼうとう）文です。この随筆を書いた人物を**漢字**で答えなさい。

「春はあけぼの。やうやう白くなりゆく山ぎは　少し明（あか）りて紫だちたる雲の細くたなびきたる。（春は夜明けのころがよい。だんだんと白くなっていく空の、山に近いあたりが、少し明るくなって、紫がかった雲が細く横に長く引いているのがよい。）」

問12　このころの貴族文化を今に伝える建造物のうち、藤原氏が宇治に建てた寺院を次から１つ選び、解答欄の記号を○で囲みなさい。

ア

イ

ウ

エ

問８　藤原京について述べた次の文の中で正しいものを１つ選び、解答欄の記号を○で囲みなさい。

ア：現在の奈良県に位置し、その美しさは「あをによし　奈良の都は　咲く花の　にほふがごとく　今盛りなり」という歌によまれている。

イ：現在の奈良県に位置し、日本で最初に中国の都にならってつくられた都といわれる。

ウ：現在の京都府に位置し、都の北側にある大極殿で政治や重要な儀式などが行われた。

エ：現在の京都府に位置し、朝鮮の都にならってつくられた都といわれる。

カードＥ　**藤原光明子【光明皇后】**（701～760） 藤原不比等の娘であり、聖武天皇の后である。皇族以外で初めて皇后となり、藤原氏の勢力拡大につながった。

問９　８世紀中ごろ、人々は伝染病に苦しみ、貴族の反乱がおこるなど、世の中が乱れる中、聖武天皇はばく大なお金をかけて、全国に国分寺と国分尼寺、さらに都には東大寺をつくり、大仏づくりをはじめました。このような行動をおこした聖武天皇は、どのようなことを願っていたのか、簡潔に述べなさい。

問10　聖武天皇や光明皇后の持ち物などが収められている東大寺の正倉院の宝物として**適当でないもの**を次から１つ選び、解答欄の記号を○で囲みなさい。

ア

イ

ウ
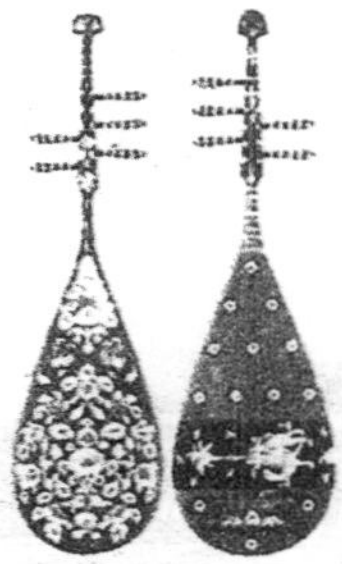

エ

(五)
1 アイウエオ
2 アイウエオ
3 アイウエオ
4 アイウエオ

(六) アイウエ

(七) アイウエ

(八) アイウエ

三

(1)
(2)
(3)
(4)
(5)
(6)
(7)
(8)
(9)
(10)

1点×10

四

(1)
(2)
(3)
(4)
(5)

2点×5

五

(1) アイウエオ
(2) アイウエオ
(3) アイウエオ
(4) アイウエオ
(5) アイウエオ

2点×5

令和5年度	帝塚山学院泉ヶ丘中学校 入学者選抜試験問題	算数(解答用紙)	受験 番号		A

6点×20

1

(1)	
(2)	
(3)	
(4)	

2

(1)	円	
	あ	い

3

(1)	km^2
(2)	時間　分　秒

4

(1)	か所		
(2)	か所		
(3)	白　か所	赤　か所	青　か所

【解答用

令和５年度	帝塚山学院泉ヶ丘中学校 入学者選抜試験	理科(解答用紙)	受験番号	※80点満点 (配点非公表)	A

1

(1)	ア　イ　ウ　エ　オ
(2)	A　B　C　D　E　F
(3)	ア　イ　ウ　エ　オ　カ
(4)	ア　イ　ウ　エ　オ　カ
(5)	ア　イ　ウ　エ　オ
(6)	

2

(1)	ア　イ　ウ　エ
(2)	ア　イ　ウ　エ
(3)	ア　イ　ウ　エ
(4)	ア　イ　ウ　エ

5

(1)	①	あ　い　う　え
	②	あ　い　う　え
(2)	①	ア　イ　ウ　エ　オ　カ
	②	ア　イ　ウ　エ　オ　カ
(3)	ア　イ　ウ　エ　オ　カ	
(4)	あ　い　う　え	

6

(1)	A	g		
	B	g		
(2)	(あ)			
	(い)		(う)	
(3)	ア　イ　ウ　エ			

【解答用

令和5年度	帝塚山学院泉ヶ丘中学校 入学者選抜試験問題	社会(解答用紙)	受験番号	

1	問1	①	A	ア　イ　ウ　エ
			大阪府	ア　イ　ウ　エ
		②		ア　イ　ウ　エ
	問2	①		ア　イ　ウ　エ
		②		ア　イ　ウ　エ
		③		
	問3	①		ア　イ　ウ　エ
		②		ア　イ　ウ　エ
		③		
		④		ア　イ　ウ　エ
		⑤		ア　イ　ウ エ　オ　カ
		①		ア　イ　ウ　エ

1	問7	C	ア　イ　ウ エ　オ　カ
2	問1		ア　イ　ウ　エ
	問2		ア　イ　ウ　エ
	問3		ア　イ　ウ　エ
	問4		ア　イ　ウ　エ
	問5		ア　イ　ウ　エ
	問6		
	問7		ア　イ　ウ　エ
	問8		ア　イ　ウ　エ
	問9		

2	問21		ア　イ　ウ　エ
	問22		ア　イ　ウ　エ
	問23		ア　イ　ウ　エ
	問24		ア　イ　ウ　エ
3	問1	①	A　B
		②	
		③	
	問2	①	
		②	ア　イ　ウ エ　オ　カ
		③	ア　イ　ウ　エ
		④	ア　イ　ウ　エ

【解答用

問4	③	
	④	
問5	①	ア　イ　ウ　エ
	②	ア　イ　ウ　エ
問6	①	ア　イ　ウ　エ
	②	ア　イ　ウ　エ
問7	A	ア　イ　ウ エ　オ　カ

問11	
問12	ア　イ　ウ　エ
問13	
問14	ア　イ　ウ エ　オ　カ
問15	ア　イ　ウ　エ
問16	ア　イ　ウ　エ
問17	ア　イ　ウ　エ
問18	ア　イ　ウ　エ
問19	ア　イ　ウ　エ
問20	

問3	①	Q	
	②	ア　イ　ウ　エ	
問4		ア　イ　ウ　エ	
問5	①	ア　イ　ウ　エ	
	②	ア　イ　ウ　エ	

※80点満点

合計	

1 問1．1点×3
問2．①1点 ②2点 ③1点
問3．①2点 ②2点 ③1点 ④2点 ⑤2点
問4．①1点 ②1点 ③1点 ④2点
問5．1点×2
問6．①1点 ②2点
問7．2点×2

2 問1．1点　問2．1点　問3．1点　問4．1点　問5．1点　問6．2点　問7．1点　問8．1点　問9．2点　問10．1点　問11．2点　問12．1点
問13．2点　問14．1点　問15．1点　問16．1点　問17．1点　問18．1点　問19．1点　問20．2点　問21．1点　問22．1点　問23．1点　問24．2点

3 問1．①1点 ②2点 ③2点
問2．①1点 ②1点 ③1点 ④2点
問3．①1点×2 ②2点
問4．2点
問5．2点×2

2023(R5) 帝塚山学院泉ヶ丘中
K 教英出版

(1)	ア イ ウ エ オ
(2)	%
(3)	1 2 3 4 5
(4)	
(5)	ア イ ウ エ オ
(6)	ア イ ウ エ オ

4

(1)	ア イ ウ
(2)	ア イ ウ
(3)	ア イ ウ
(4)	ア イ ウ
(5)	
(6)	ア イ ウ エ

7

(1)	
(2)	
(3)	
(4)	
(5)	

(3)	あ	い
	う	え
(4)		
(5)	午前　　時　　分	
(6)	個	
(7)	cm^2	
(8)	cm	

(1)	秒後
(2)	秒後
(3)	秒後

	1	2	3	4	5
小計					

合計	

※120点満点

令和五年度

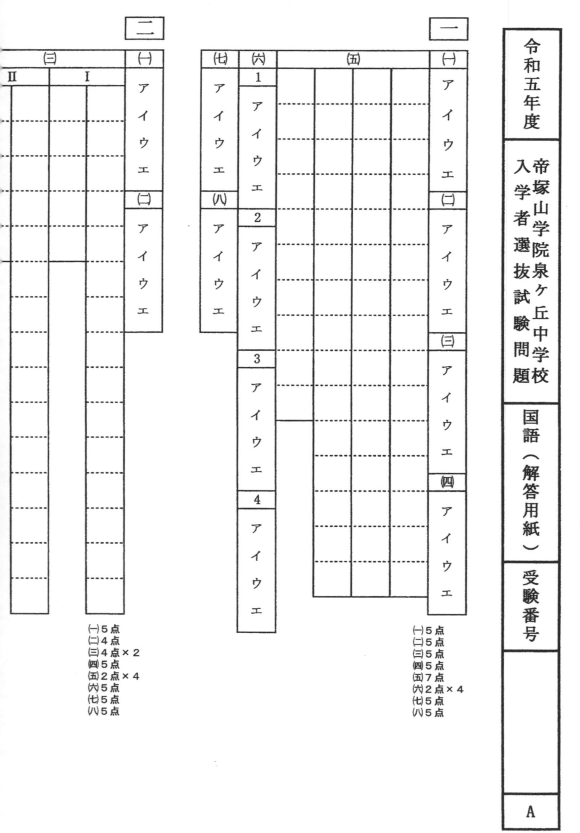

帝塚山学院泉ケ丘中学校
入学者選抜試験問題

国語（解答用紙）

受験番号

A

※120点満点

一

(一) アイウエ
(二) アイウエ
(三) アイウエ
(四) アイウエ
(五)
(六) 1 アイウエ　2 アイウエ　3 アイウエ　4 アイウエ
(七) アイウエ
(八) アイウエ

(一)5点
(二)5点
(三)5点
(四)5点
(五)7点
(六)2点×4
(七)5点
(八)5点

二

(一) アイウエ
(二) アイウエ
(三) I　II

(一)5点
(二)4点
(三)4点×2
(四)5点
(五)2点×4
(六)5点
(七)5点
(八)5点

カードC　推古天皇（554～628）
日本史上最初の女性天皇。敏達天皇の后で、弟の崇峻天皇が暗殺されたあと、天皇の位につく。おいの聖徳太子と協力して、政治をおこなった。

問５　推古天皇の時代の政治について述べた次のⅠ・Ⅱの文の正誤の組み合わせとして正しいものを下から１つ選び、解答欄の記号を〇で囲みなさい。

Ⅰ：当時の中国の王朝へ使いとして小野妹子を送り、対等な国の交わりを結ぼうとした。

Ⅱ：朝廷の役人の位を８段階に分けて、家がらではなく、本人の能力によって役人を取り立てた。

ア：Ⅰ－正　Ⅱ－正	イ：Ⅰ－正　Ⅱ－誤
ウ：Ⅰ－誤　Ⅱ－正	エ：Ⅰ－誤　Ⅱ－誤

問６　このころ、政治をおこなう役人の心得を示すためにつくられた十七条の憲法について、次の文中の（　　　）にあてはまる語句を**漢字１字**で答えなさい。

第一条　人の（　　　）を大切にしなさい。

カードD　持統天皇（645～702）
天智天皇の娘で、天武天皇の后である。壬申の乱で夫と行動をともにし、その死後、天皇の位についた。藤原京をつくり、律令政治の確立につとめた。

問７　天智天皇は天皇中心の政治を目指し、即位する前から改革を進めました。その改革について述べた次の文の中で**誤っているもの**を１つ選び、解答欄の記号を〇で囲みなさい。

ア：中国から帰国した留学生とともに、新しい政治を進めた。

イ：天皇がすべての土地と人民を治めるしくみが整えられていった。

ウ：現代に続く年号（元号）が初めて定められた。

エ：天皇をしのぐほどの勢力を持った物部氏を倒し、改革を進めた。

カードB　卑弥呼（2 世紀後半～3 世紀前半）

邪馬台国の女王。中国の古い歴史書に、「当時の日本ではもとは男子が王であったが、くにぐにの間で争いが続いた。そこでくにぐにが相談し、一人の女子を王にした。それが卑弥呼である」と書かれている。

問３　中国の古い歴史書に書かれている内容について述べた次のⅠ・Ⅱの文の正誤の組み合わせとして正しいものを下から１つ選び、解答欄の記号を○で囲みなさい。

Ⅰ：卑弥呼はおよそ百余りの国を従えており、民衆の意見を政治に取り入れるなどして、人々の心をとらえた。

Ⅱ：卑弥呼は当時の中国の王朝に使いを送ったので、王の称号をあたえられ、金印を授かった。

ア：Ⅰ－正　Ⅱ－正	イ：Ⅰ－正　Ⅱ－誤
ウ：Ⅰ－誤　Ⅱ－正	エ：Ⅰ－誤　Ⅱ－誤

問４　卑弥呼のことが書かれている中国の古い歴史書を次から１つ選び、解答欄の記号を○で囲みなさい。

ア：宋(そう)書倭国伝	イ：魏(ぎ)志倭人伝
ウ：漢書地理志	エ：後漢書東夷(とうい)伝

2 さくらさんは、社会の授業で歴史上の女性について調べました。さくらさんが作成したA～Mのカードを見て、あとの問いに答えなさい。

カードA **土偶**（縄文時代）

縄文時代に土でつくられた人形。土偶は縄文時代の初めのころから、一貫して女性像として作られている。これは、女性が命を産みはぐくむことに由来し、豊かな自然の恵みなどの祈りを願って作られたと考えられている。

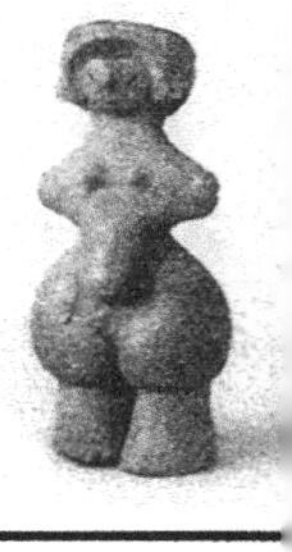

問１　縄文時代について述べた次の文の中で**誤っているもの**を１つ選び、解答欄の記号を○で囲みなさい。

ア：このころの人々は竪穴住居に住んでおり、狩りや漁をして暮らしていた。

イ：このころ作られた土器は、縄目の文様がつけられたものが多くみられるので縄文土器という。

ウ：縄文時代の遺跡からは、首のない人骨や矢じりのささった人骨が多く出土している。

エ：縄文時代の遺跡からは、その土地では取れない材質の石器などが出土することから、遠方との交流があったと考えられている。

問２　縄文時代に貝がらや動物の骨、土器のかけらなどが捨てられた遺跡を貝塚といいます。貝塚研究のスタートとなった大森貝塚がある都道府県を次から１つ選び、解答欄の記号を○で囲みなさい。

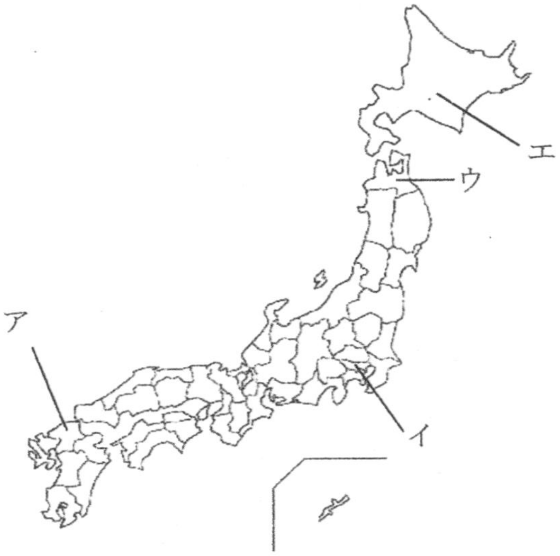

2023(R5) 帝塚山学院泉ヶ丘中
K 教英出版

オ

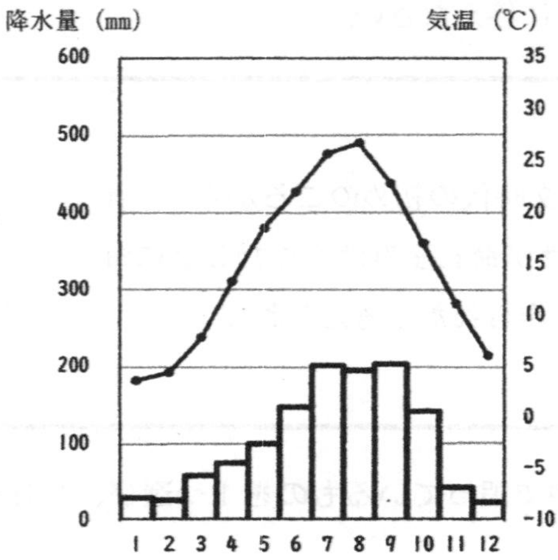

年平均気温　15℃

年間降水量　1247 mm

カ

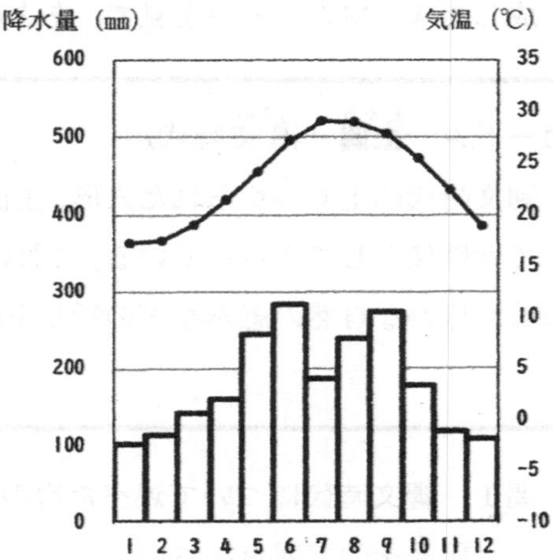

年平均気温　23.3℃

年間降水量　2161 mm

気象庁資料より作成

問７　次のア～カの雨温図は、Ａ県～Ｆ県の県庁所在都市のいずれかのものです。エがＢ県であるとき、Ａ県とＣ県にあてはまるものをそれぞれ選び、解答欄の記号を○で囲みなさい。

ア

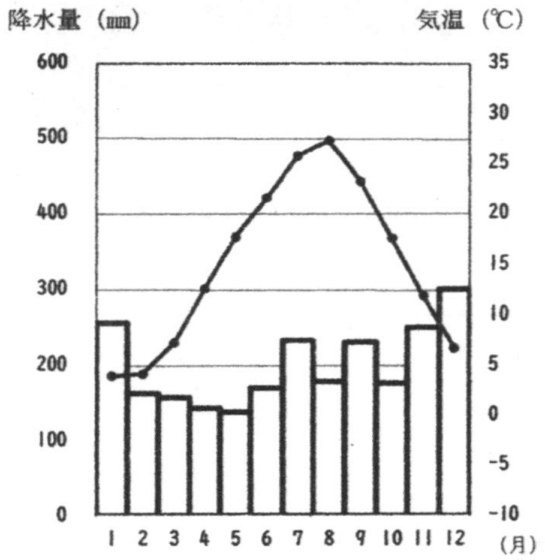

年平均気温　15℃

年間降水量　2402 mm

イ

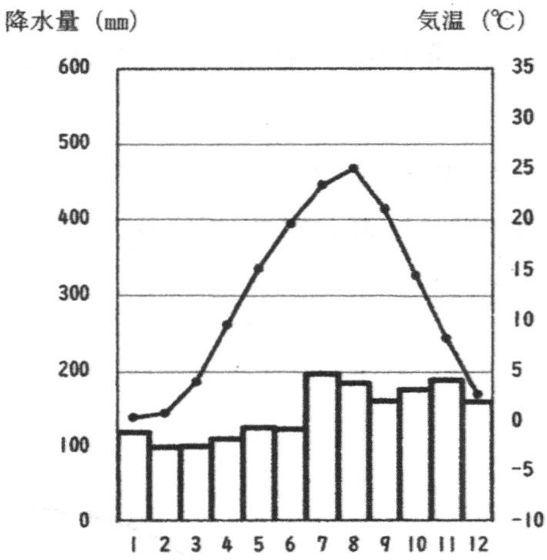

年平均気温　12.1℃

年間降水量　1742 mm

ウ

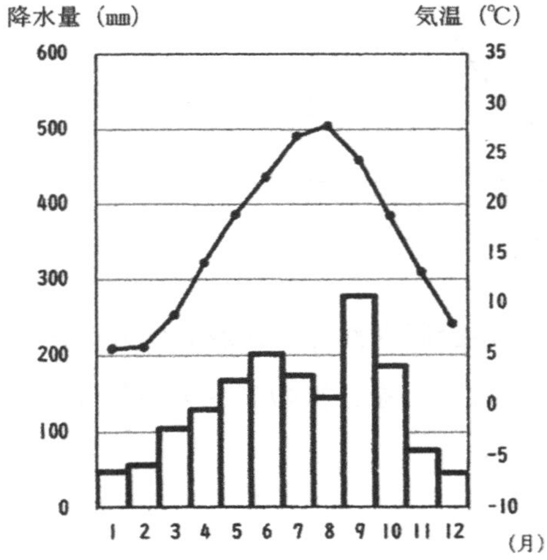

年平均気温　16.3℃

年間降水量　1613 mm

エ

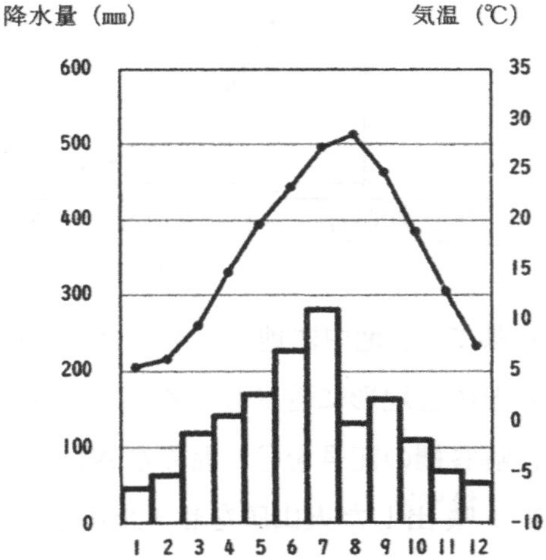

年平均気温　16.5℃

年間降水量　1572 mm

問６　Ｆ県について、あとの問いに答えなさい。

Ｆ県の伝統工芸品は琉球（りゅうきゅう）織です。琉球は、14～16世紀に中国や東南アジア、インドとさかんに取引を行っていたため、かすりや染織の技法がもたらされました。染織物の種類は、非常に豊富です。

①　次の地図中に示した円は、Ｆ県の県庁所在都市からの距離を示したものです。この距離として最も適当なものを、次のア～エから１つ選び、解答欄の記号を○で囲みなさい。

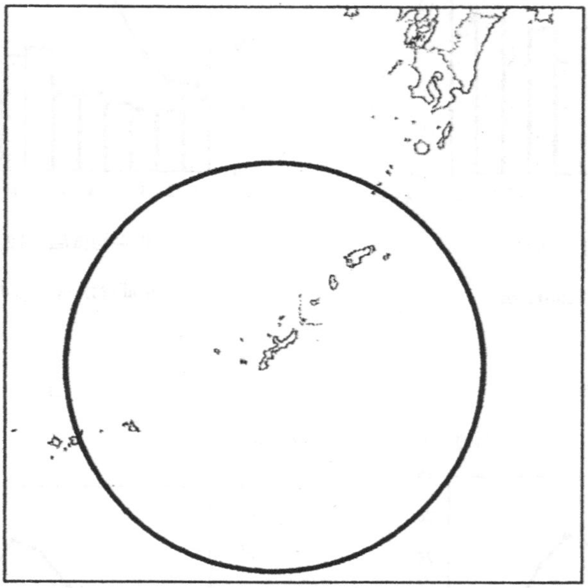

ア：200km	イ：400km	ウ：600km	エ：800km

②　Ｆ県では、地中に地下水をせき止めるための壁が設置されている場所があります。この理由を地形に着目して考えたとき、最も適当なものを、次のア～エから１つ選び、解答欄の記号を○で囲みなさい。

ア：噴出（ふんしゅつ）した火山灰をせき止めるため。

イ：地下水が流れ出るのを防ぎ、井戸水や用水路の水を確保するため。

ウ：土砂が流出するのを防ぐため。

エ：栄養分をため込み、農業に生かすため。

問５　Ｅ県について、あとの問いに答えなさい。

Ｅ県の伝統工芸品は輪島塗です。輪島塗の特徴は、輪島特産の粉を漆に混ぜて繰り返し塗る技法など、丁寧な手作業です。使いこむごとに美しさを増す輪島塗は用と美を兼ね備えた漆器です。

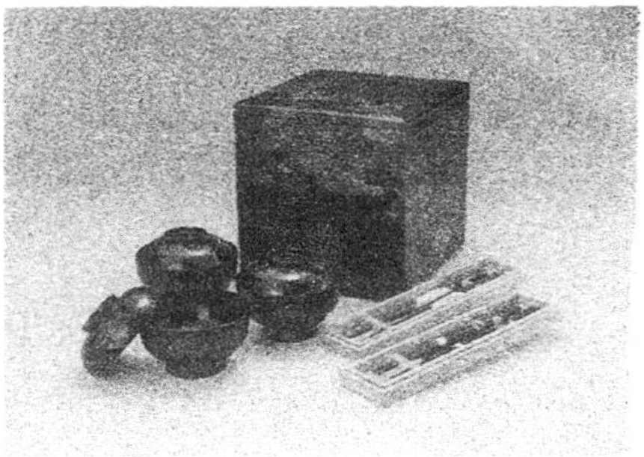

①　次の伝統工芸品のうち、主にＥ県で生産されているものを、次のア～エから１つ選び、解答欄の記号を○で囲みなさい。

ア：加賀友禅	イ：西陣織	ウ：南部鉄器	エ：有田焼

②　Ｅ県は、冬の寒さが厳しいことで知られています。冬の寒さが厳しい地域でみられる特徴として**適当でないもの**を、次のア～エから１つ選び、解答欄の記号を○で囲みなさい。

ア：玄関や窓などが二重になっている。

イ：ロードヒーティングなど雪の対策がされている。

ウ：大型の灯油タンクが家庭に設置されている。

エ：強い風に備えるため、屋根の傾斜をなくし、家屋が低くつくられる。

問４　Ｄ県について、あとの問いに答えなさい。

Ｄ県の伝統工芸品は大館（おおだて）曲げわっぱです。天然杉を薄くはいで、独自の技術で曲げ輪を作り、山桜の樹皮で留（と）めて製作します。

①　Ｄ県にある世界遺産を次のア～エから１つ選び、解答欄の記号を○で囲みなさい。

ア：白川郷	イ：端島炭坑（はしまたんこう）	ウ：白神山地	エ：石見（いわみ）銀山

②　日本の周辺にはおもに４つの海流が流れており、Ｄ県の沿岸を含め日本の周りにはさまざまな海流が流れ、それぞれの海流に乗ってくる魚はさまざまです。海流名とその海流に乗ってくる魚の組み合わせとして適当なものを、次のア～エから１つ選び、解答欄の記号を○で囲みなさい。

ア：日本海流―ニシン	イ：対馬海流―ホッケ
ウ：リマン海流―マグロ	エ：千島海流―タラ

③　Ｄ県では、寒流に乗って吹く風によって夏の気温が下がり、稲作などに被害をもたらすことがあります。この風の名称を答えなさい。

④　Ｄ県では水田が多くありますが、細かく分かれていた水田を大きな長方形型の水田に整備した地域があります。整備されたことによる利点には用水路が大きくなり水が得やすくなることがあげられますが、もう一つ大きな利点があります。その利点を「作業の効率化や低コスト化」の視点から、簡潔に述べなさい。

③　C県では、かつて養蚕業がさかんでした。右の地図記号は、養蚕業とかかわりが深い植物の栽培地を表しています。この植物の名前を答えなさい。

④　C県では、自動車の生産がさかんです。日本の自動車工業について述べた文として最も適当なものを次のア～エから１つ選び、解答欄の記号を○で囲みなさい。

ア：むだのない生産のために「ジャスト・イン・タイム方式」を取り入れている工場が多くある。

イ：自動車を海外へ運ぶときは航空機を使うことが多い。

ウ：自動車は必要な人だけが使うので「ユニバーサルデザイン」が求められることはない。

エ：それぞれの地域で得意な技術が異なるので、部品工場などの関連工場は周辺地域にはみられない。

⑤　次の表中のX、Y、Zは、キャベツ、ジャガイモ、ブドウの国内生産量上位５都道府県と生産量を示したものです。それぞれの作物の組み合わせとして正しいものを次のア～カから１つ選び、解答欄の記号を○で囲みなさい。

	X(千t)		Y(千t)		Z(千t)	
1位	北海道	1,742	C県	276	山梨県	42
2位	鹿児島県	97	愛知県	246	長野県	31
3位	長崎県	92	千葉県	125	山形県	16
4位	茨城県	46	茨城県	110	岡山県	15
5位	千葉県	32	鹿児島県	76	福岡県	7

理科年表より作成、統計はすべて2018年

	ア	イ	ウ	エ	オ	カ
キャベツ	X	X	Y	Y	Z	Z
ジャガイモ	Y	Z	X	Z	X	Y
ブドウ	Z	Y	Z	X	Y	X

問３　Ｃ県について、あとの問いに答えなさい。

Ｃ県の伝統工芸品は、桐生織(きりゅうおり)です。高い技術を用いた織物で、７つの技法を用いて多種多様の織物を生産しています。

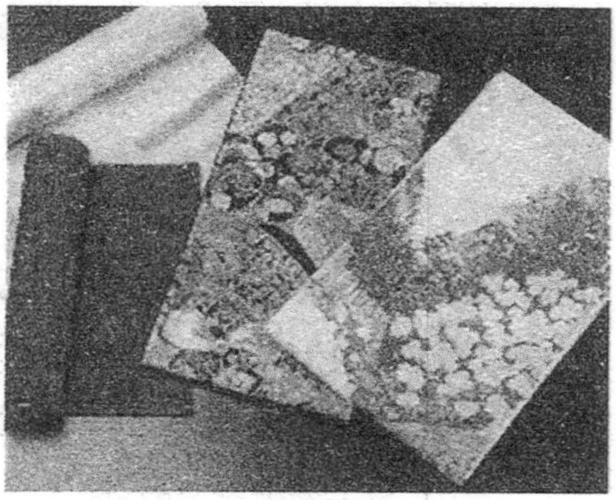

①　右の写真は、活火山である浅間山の近くにある鎌原観音堂(かんばらかんのんどう)で撮影されたものです。神社にのぼるための階段が途中で埋まっています。この階段が埋まった理由として最も適当なものを、次のア～エから１つ選び、解答欄の記号を○で囲みなさい。

ア：噴火(ふんか)にともなう洪水

イ：噴火にともなう土石流

ウ：噴火にともなう地盤沈下

エ：噴火にともなう地すべり

②　火山がみられる地域の特徴として**適当でないもの**を、次のア～エから１つ選び、解答欄の記号を○で囲みなさい。

ア：火山灰の影響で農作物が育てやすくなる。

イ：温泉などの憩(いこ)いの場を与える。

ウ：めずらしい自然の風景地が国立公園になることがある。

エ：噴火が起こった後も、次の噴火に注意しなければならない。

問２　Ｂ県について、あとの問いに答えなさい。

中国地方でもっとも人口が多い都道府県であるＢ県の伝統工芸品は熊野筆です。熊野筆は、毛筆、絵筆、化粧筆のいずれも全国一の生産量をほこります。

①　Ｂ県では、近年、豪雨災害が起こりました。この豪雨災害では、犠牲者が出ました。この豪雨災害で大きな被害が出た地形の名称として最も適当なものを次のア～エから**１**つ選び、解答欄の記号を○で囲みなさい。

ア：扇状地	イ：三角州	ウ：リアス海岸	エ：三日月湖

②　豪雨災害と**かかわりがない**災害を次のア～エから１つ選び、解答欄の記号に○をつけなさい。

ア：津波	イ：高潮	ウ：氾らん	エ：土砂くずれ

③　日本では多くの災害が起こります。これらの災害に備えるために、市町村ごとに、被害の想定や避難場所を知らせる地図を作っています。この地図を何といいますか。**カタカナ**で答えなさい。

1　次の資料は、日本の都道府県のうち、A～Fの６つの県の伝統工芸品についてまとめたものです。これをもとにあとの問いに答えなさい。（写真は各自治体ホームページより引用）

問１　A県について、あとの問いに答えなさい。

A県の伝統工芸品は、伊賀焼です。茶道が栄えた中近世に、茶の道具として注目されるようになりました。江戸時代中期以後には、耐火性の高い伊賀の土の特質を生かした日用食器類が作られるようになり、現在に至っています。

①　次の表は、A県、大阪府、長野県、北海道の面積と海岸線の総延長*を示したものです。A県と大阪府にあてはまるものを次のア～エからそれぞれ１つずつ選び、解答欄（らん）の記号を○で囲みなさい。

＊海岸線の総延長とは、その県が海に面する海岸線の距離を合計したものである。

	面積（km²）	海岸線の総延長（km）
ア	5,774	1,140
イ	1,905	241
ウ	13,561	0
エ	83,423	4,461

環境省、国土交通省資料より作成

②　A県では、地形や気候を生かした第一次産業がさかんです。その産業として最も適当なものを次のア～エから１つ選び、解答欄の記号を○で囲みなさい。

ア：レタスの促成（そくせい）栽培	イ：酪農（らくのう）
ウ：真珠（しんじゅ）の養殖（ようしょく）	エ：かんがいによる綿花栽培

令和５年度

帝塚山学院泉ヶ丘中学校
入学者選抜試験問題

１次Ａ入試

社会

（試験時間４０分）

受験番号	

3 次の各文について，下の各問いに答えなさい。

ある濃さの水酸化ナトリウム水溶液X（50 g）とある濃さの塩酸Yを混ぜ合わせた。表の①〜⑤のように，加える塩酸の重さを変えたところ，1つだけ過不足なく中和したものがあった。水溶液を混ぜたあと，加熱して水分をすべて蒸発させ，残った白い固体Zの重さをはかって表にまとめた。

実験番号	①	②	③	④	⑤
Y [g]	0	30	60	90	120
Z [g]	10	（あ）	13.0	14.5	14.5

（1）①の固体Zに含まれる物質の特徴（ちょう）としてあてはまるものを2つ選び，解答らんの記号を○で囲みなさい。

ア．水に溶けると鼻をさすようなにおいがある。

イ．水に溶けるとアルカリ性を示す。

ウ．白色の固体で，水に溶けると無色の水溶液になる。

エ．加熱すると黒くこげる。

オ．海水を温めることで回収することができる。

（2）水酸化ナトリウム水溶液Xの濃度は何%ですか。

（3）表の①〜⑤のうち，過不足なく中和しているものはどれか。1つ選び，解答らんの数字を○で囲みなさい。

（4）表中の空らん（あ）にあてはまる値を答えなさい。

問題は次ページに続きます。

次に，「だ液がデンプンを糖に変えるのにかかる時間」を調べるため，【実験 3】を行い，【実験結果】と【結果から分かる事】をまとめた。

【実験 3】

デンプン溶液 10 mL とだ液 1 mL を入れた試験管を 7 本用意し，40℃の湯が入ったビーカーにつけておいた。試験管を 40℃の湯が入ったビーカーに入れてから 2 分ごとにビーカーから 1 本ずつ取り出し，ヨウ素液を用いて色の変化を確認した。

【実験結果】

試験管をあたためた時間[分]	2	4	6	8	10	12	14
ヨウ素液の変化	○	○	○	—	—	—	—

○：青むらさき色　—：変化なし

【結果から分かる事】

試験管をあたため始めてから[？]ので，試験管の中にあるすべてのデンプンがだ液によって糖に変えられるためには，6 分間より長い時間が必要であることが確認できた。

（4）【結果から分かる事】の[？]に入る文章として，もっとも適当なものを 1 つ選び，解答らんの記号を○で囲みなさい。

ア．8 分後にデンプンが変わり始めた

イ．6 分間でデンプンがすべて変わった

ウ．2 分後よりも 6 分後の方が青むらさき色が濃くなっている

エ．6 分までは青むらさき色になっているが，8 分からは変化していない

2023(R5) 帝塚山学院泉ヶ丘中
K 教英出版

（1）口の中では，だ液と食べ物とが混ざり，食べ物を消化する。このように消化液を出し食べ物と混ぜることで消化が行われる場所として，もっとも適当なものを１つ選び，解答らんの記号を○で囲みなさい。

ア．大腸　　イ．胃　　ウ．かん臓　　エ．食道

（2）体に吸収された栄養分は，血液によって全身に運ばれ，利用される。このことについて説明した文章として，適当でないものを１つ選び，解答らんの記号を○で囲みなさい。

ア．血液中の栄養分はかん臓にたくわえられ，必要なときに血液にもどされる。

イ．栄養分を含んだ血液が通る血管の太さはさまざまである。

ウ．血液は，栄養分だけでなく，酸素や二酸化炭素も運んでいる。

エ．体の各部に運ばれた栄養分からエネルギーを取り出すのに二酸化炭素が使われる。

（3）【実験２】表中の空らんについて，試験管に入れたものと得られた実験結果の組み合わせとして，もっとも適当なものを１つ選び，解答らんの記号を○で囲みなさい。

	ア	イ	ウ	エ
試験管に入れたもの	デンプン溶液 10 mL	デンプン溶液 10 mL	デンプン溶液 10 mL 水 1 mL	デンプン溶液 10 mL 水 1 mL
ヨウ素液の変化	変化なし	青むらさき色	青むらさき色	青むらさき色
ベネジクト液の変化	赤かっ色	赤かっ色	赤かっ色	変化なし

2 だ液のはたらきを調べるために，次のような実験を行った。これについて下の各問いに答えなさい。

ヒトは，食べ物を消化してさまざまな栄養素(栄養分)を体内に取り入れている。食べ物を消化するはたらきをもつ液を消化液といい，その1つに「だ液」がある。実験で用いるだ液は，すべて同じ条件でうすめたものとし，また，ベネジクト液はブドウ糖が含(ふく)まれているかどうかを調べることができる青色の液体で，ブドウ糖の入った溶液(ようえき)に入れて加熱すると，溶液は赤かっ色ににごる。

【実験1】

試験管①にデンプン溶液10 mLとだ液1 mLを入れ，40℃の湯につけて10分間おいた。10分後，試験管内の液を2つに分け，一方はヨウ素液，もう一方はベネジクト液を用いて，試験管①の溶液の色の変化をそれぞれ確認した。

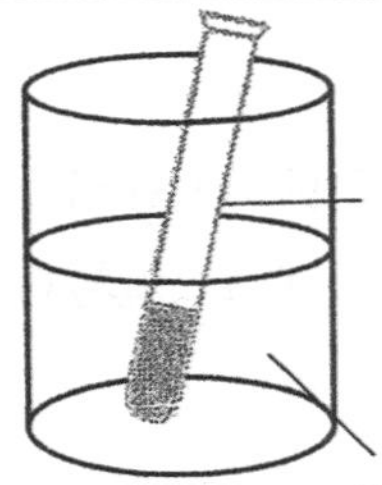

【実験2】

「だ液がデンプンを糖に変えている」ことを確認するために試験管②を用意し，試験管①とは入れるものをかえて【実験1】と同じ操作を行った。

【実験結果】

	試験管①	試験管②
試験管に入れたもの	デンプン溶液10 mL だ液1 mL	
ヨウ素液の変化	変化なし	
ベネジクト液の変化	赤かっ色	

（1）光学けんび鏡に関する説明として，適当なものを２つ選び，解答らんの記号を○で囲みなさい。

ア．100～6000 倍に拡大して観察することができる。

イ．対物レンズの倍率を変えるときは，レボルバーを回す。

ウ．対物レンズの倍率が，けんび鏡の倍率となる。

エ．日光が直接当たるところでは使わない。

オ．プレパラートに観察したいものをのせ，その上からカバーガラスをかけて観察する。

（2）どの班が１番内側のりん片葉を観察していたと考えられるか，もっとも適当なものを１つ選び，解答らんの記号を○で囲みなさい。

（3）【操作3】の表中の，平均値（c）は（f）の何倍か，もっとも適当なものを１つ選び，解答らんの記号を○で囲みなさい。

ア．0.1 倍　　イ．0.15 倍　　ウ．0.2 倍　　エ．0.25 倍　　オ．0.3 倍　　カ．0.5 倍

（4）A 班が観察した細胞の長径の平均値は，C 班の何倍であったと考えられるか，もっとも適当なものを１つ選び，解答らんの記号を○で囲みなさい。

ア．0.2 倍　　イ．0.3 倍　　ウ．0.5 倍　　エ．2 倍　　オ．3 倍　　カ．5 倍

（5）イズミさんの班では，時間が余ったので倍率を 100 倍に変えて観察してみることにした。このとき，視野に見える細胞の数は平均で何個であったか，もっとも適当なものを１つ選び，解答らんの記号を○で囲みなさい。ただし，細胞はりん片葉全体に均等にあるものとする。

ア．5 個　　イ．20 個　　ウ．80 個　　エ．160 個　　オ．320 個

（6）タマネギの根には，根の先に毛のような根毛が多数見られる。根毛があることで，水分や養分を多く取り込むことができるのはなぜか，その理由を簡単に説明しなさい。

1 タマネギの細胞(さいぼう)を光学けんび鏡を用いて観察する，次のような実験を行った。これについて下の各問いに答えなさい。

【実験】図1のタマネギを使って，5人ずつの6つの班（A班～F班）にわかれて，班ごとにそれぞれ別々の1枚のりん片葉を観察すると，細長い細胞と赤く染められた核が見えた。

図2は観察した細胞と核のようすを模式的に示したものである。なお，400倍の倍率で観察すると，イズミさんのいるA班では，視野に平均で20個の細胞が見えた。

図1

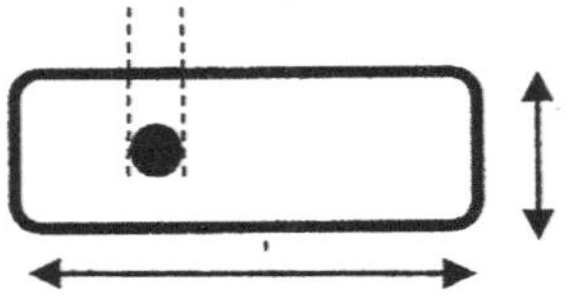

図2

【操作1】

細胞のたてと横のうち，長い方の辺の長さを長径，短い方の辺の長さを短径とし，細胞の長径と核の直径を1人10個の細胞について測定した。

【操作2】

細胞 10 個それぞれの長径に対する核の直径の割合（核の直径 ÷ 細胞の長径）を計算し，その平均値を出した。ただし，A班～F班で測定した核の直径は多少のちがいがあったが，細胞の長径のちがいに比べてとても小さかったので，核の直径はすべて同じとして計算した。

【操作3】

各班5人分の【操作2】の値を表にまとめた。

	細胞の長径に対する核の直径の割合					5人の平均値
A班	0.15	0.16	0.14	0.15	0.15	0.15
B班	0.17	0.19	0.19	0.17	0.18	(b)
C班	0.02	0.03	0.04	0.02	0.04	(c)
D班	0.07	0.05	0.06	0.06	0.06	(d)
E班	0.08	0.06	0.09	0.07	0.10	(e)
F班	0.10	0.12	0.12	0.14	0.12	(f)

2023(R5) 帝塚山学院泉ヶ丘中
教英出版

問題は次ページからはじまります。

令和５年度

帝塚山学院泉ヶ丘中学校
入学者選抜試験問題

１次Ａ入試

理科

（試験時間４０分）

受験番号	

(7)　右の図は，1辺の長さが 10 cm の正方形 ABCD と BD を半径とするおうぎ形を組み合わせたものです。斜線(しゃせん)部分の面積は何 cm^2 ですか。ただし，円周率は 3.14 とします。

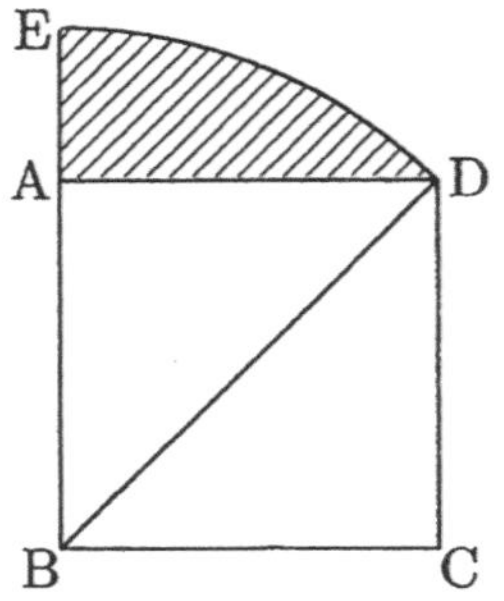

(8)　水平な台の上に，1辺の長さが 10 cm の立方体の形をした容器があり，その容器に水が 3 cm の深さになるように入っています。1辺の長さが 5 cm の立方体を水の中に入れたとき，下の図のようになりました。水面は何 cm 高くなりましたか。ただし，容器の厚みは考えないものとします。

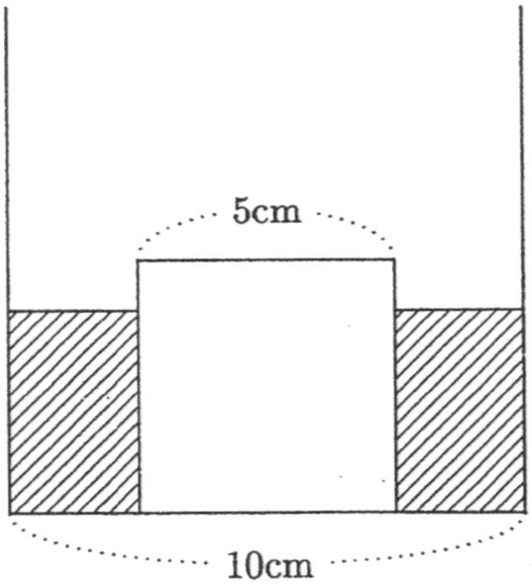

(このページは計算に用いてよい)

(4)　29 をある整数 A で割ると 2 余り，48 を A で割ると 3 余ります。このような整数 A は何ですか。

(5)　午前 9 時から営業する郵便局に 24 人のお客さんが待っていました。この 24 人を 2 か所の窓口で対応すると 36 分かかります。また，営業開始後にも 5 分に 1 人の割合でお客さんが来ます。営業開始から 2 か所の窓口で対応し続けたとき，初めて待っているお客さんも窓口のお客さんもいない状態になるのは，午前何時何分ですか。

(6)　右の図のように縦，横 1 cm ずつ間をあけて点が 25 個並んでいます。この中の 4 つの点を結んで正方形をつくるとき，面積が $2\ \mathrm{cm}^2$ の正方形は何個できますか。

2023(R5) 帝塚山学院泉ヶ丘中
K 教英出版

(このページは計算に用いてよい)

2　次の各問いに答えなさい。

(1)　泉さんは持っていたお金の 4 割 5 分でくつを買い，残ったお金の 48 % で T シャツを買ったので，2431 円残りました。泉さんが最初に持っていたお金は何円ですか。

(2)　30 人のクラスで 10 点満点の算数の小テストをしたところ，結果は下の表のようになりました。また，このテストの平均点は 5.4 点でした。表のⓐ，ⓘにあてはまる数は何ですか。

得点（点）	0	1	4	5	6	9	10	計
人数（人）	2	4	ⓐ	9	ⓘ	3	5	30

(3)　次の式の［あ］～［え］に，23，29，31，37 をそれぞれ 1 回ずつ入れてできる計算をします。その結果が最も大きい数になるときの［あ］～［え］にあてはまる数は何ですか。

$$\boxed{あ} \div \left(\boxed{い} - \boxed{う} \right) + \frac{1}{\boxed{え}}$$

1 次の計算をしなさい。

(1) $\{20 - 2 \times 3 + 20 \times (2 + 3) + 2 + 3\} \times (2 \times 20 - 23)$

(2) $(1.15 + 1.521 \div 0.26) \times 5 - 28.92$

(3) $\left\{3\frac{1}{6} - \left(1\frac{2}{3} + \frac{1}{18}\right)\right\} \div \left(3 - 1\frac{1}{6} \div 4\frac{3}{8}\right)$

(4) $\left(0.75 - \frac{5}{12}\right) - \frac{3}{7} \times \left(\frac{11}{18} - 0.5\right) - \frac{4}{21} \times 1.125$

令和５年度

帝塚山学院泉ヶ丘中学校
入学者選抜試験問題

１次Ａ入試

算数

（試験時間６０分）

受験番号	

ると、「虫が好かぬ」と思うときがあるようだ。ここに、（　１　）「ときがあるようだ」などという表現をしているのは、いつもそうだとは限らないからである。（　イ　）

キリスト教文化圏では、おそらく「虫」を主語にして、自分の気持を語ることはないだろう、と言ったが、これは、やはり人間は他の動物とは異なるし、主体的な意味をもって生きていると考えるからだろう。しかし、そうは言っても、人間の意識はそれほどしっかりとした主体性を持っているだろうか、と二十世紀になってから、フロイトやユングなどの深層心理学者たちが言いはじめ、今日では、一般にもよく知られているように、「無意識」の重要性が論じられるようになった。人間の意識は思いのほかに無意識によって影響されている、とこれらの人は主張する。

日本語の表現の「虫が好かぬ」、「虫の知らせ」、「腹の虫がおさまらぬ」などという、「虫」を「無意識」のことと思うと面白いのではないだろうか。「虫が好かぬ」ときは、「俺の無意識はどうなっているのかな」などと思うと、新しい発見があったり、「虫の好かぬ」相手のいいところが見えてきて、友人になったりする。（　ウ　）

虫は虫として、それでは「馬」の方はどうなのだろう。馬については、フロイトが人間の自我と無意識の関係を、騎手と馬との関係になぞらえたことをご存知の方は多いことだろう。「馬が合う」は、そうなると、何らかの無意識的なものを共有している、ということになろう。（　エ　）

ここで、虫や馬を主語にして友人関係を語っているということは、それが目に見える利害得失と無関係であることを示している。つまり、自分にとって損になる関係なので人を嫌っているときは、「虫が好かぬ」とは言わないし、自分に利益を与えてくれている者とのつきあいは、「馬が合う」とは言わない。つまり、④友人関係は、直接的な利害関係や意識的打算とは重ならないと見ているわけである。

（　２　）、私がアメリカに留学したとき、あちらでは大学院生だったし、学生寮に入っていたので、あちらの学生や大学院生とつきあうことがあったが、そのとき、一人の学生が、自分はＡという学生と以前は友人だったが、今ではつきあっていない、と言う。どうして、と訊くと、以前は、Ａは数学がよくできたので教えて貰い、その代わりに、Ａのことをいろいろ助けてやったりしていたが、なぜか知らないが、Ａが最近怠け者になってしまって、数学もできなくなったのでつきあっていない、と言った。

アメリカの学生がすべてこうだということはないと思うが、ともかく、このときに、⑤「友人」（friend）という単語を使うことが、私には気になった。友人であることの基礎に、利害関係がからんでいては駄目、というのも言いすぎだし、広く考えると、何らかの利得ということはある、ということにもなろうが、これほど明確に言われると、「友人」と言っていいのかな、と思う。それに比べると、わけがわからないが「馬が合う」の方が、まだましだ、という感じがする。

新入のある大学生は、友人が欲しいと思っている。そのうち何となく「馬が合う」相手が見つかる。講義を一緒に聴いたり、サボってしまったり、喫茶店でマンガを読んだり、一人では淋しいが、相手がいるので、大学に行っても何となく心強い。しばらくして、自分があるクラブに入ろうとすると、その友人は、そんなのやめておけ、と言う。余計なことをせずに、これまでのペースで何とかやっているのがいい。クラブなどに入ってもろくなことはない、と言う。

（　３　）友人になったのだから、相手の言葉に従うが、何となくサッパリしない。そのうちに「馬が合う」はずの相手が自分の足を引っぱっているような気がしてきた。

そのうち、「馬が合う」などと言っていたが、ともかくお互いに一人で淋しいから共に居ただけではないか、と思いはじめた。（　４　）、思い切って、そのことを話すことにした。「お前と一緒にいると、何となく足を引っぱられていて自分の思いどおりのことができない」と言うと、相手はびっくりして、「俺も同じことを思っていた」と言う。クラブの件を持ち出すと、「自分がやりたいからといって、俺も誘うにきまっていると思って反対した」と言う。

確かに「淋しさをまぎらわす」ことのみの共有では駄目だ、などと二人で話し合っているうちに、今度は以前よりも親しみが湧いてきた。もう少しそれぞれ好きなことをやりながら、友人でいようか、ということになった。

このように、「馬が合う」もただ安易に、馬の相乗りをしているだけでは駄目だ。どんな馬に乗っているのか点検する必要がある。そして、やはり必要とあれば、それぞれが別の馬を見出すこともいいであろうし、新しい馬の相乗りもいいだろう。

（河合隼雄『大人の友情』朝日新聞出版）

㈠ ――①「キリスト教文化圏では、人間の感情を表現するのに、人間以外の生物を主語にすることは、まずないだろう」とあるが、その理由を説明したものとして最も適当なものを次から選び、記号を○で囲みなさい。

ア 人間を他の動物よりもえらいと考えており、加えて自分の好き嫌いを意識的にとらえていると考えられているから。

イ 人間も他の動物も同じく生命があるが、生きる上で必要な知識を得ようとする点はちがうと考えられているから。

ウ 人間と他の動物とを区別する考え方があり、人間は自らの意志に基づいて生きているものだと考えられているから。

エ 人間は他の動物のように本能で生きてはおらず、自分の将来像を見すえながら生きていると考えられているから。

㈡ 次の一文は本文から抜き出したものである。〈 ア 〉～〈 エ 〉のどこにもどすのが最も適当か。記号を○で囲みなさい。

「虫」の分析を通じて己を知るのである。

㈢ ――②「新しい事実に気がつく」とあるが、「女性の中堅社員」はどのようなことに気づいたのか。その説明をした次の一文の Ⅰ ・ Ⅱ に入る適当なことばを、本文中のことばを用いてそれぞれ二十字以内で書きなさい。

はじめは新入社員の悪口ばかり言っていたが、筆者と話をするうちに自分が Ⅰ（二十字以内） ということに気づき、新入社員の若い子は、 Ⅱ（二十字以内） のだということに気づいた。

㈣ ――③「人間の生き方は、何らかの意味でどこか一面的なところがある」とあるが、それはどういうことか。その説明として最も適当なものを次から選び、記号を○で囲みなさい。

ア 人間は自分の軽視してきたことに他人がこだわる様子を見ることで、自己を振り返る得がたい体験ができるということ。

イ 人間には多かれ少なかれさまざまな偏りがあるもので、人間はその偏りから逃れることができないのだということ。

ウ 人間にはいかに無視しようとしても無視しきれない、どの人にも共通する種として固有の側面があるのだということ。

エ 人間は強く無意識の影響を受けるものであり、キリスト教などの宗教も無意識を通して人間に影響を与えるということ。

㈤ （ １ ）～（ ４ ）に入ることばとして最も適当なものを次から選び、それぞれ記号を○で囲みなさい。ただし同じ記号を二度使わないこと。

ア せっかく　イ わざわざ　ウ ところで　エ そこで　オ つまり

(六) ――④「友人関係は、直接的な利害関係や意識的打算とは重ならない」とあるが、それはどういうことか。その説明として最も適当なものを次から選び、記号を○で囲みなさい。

ア 友人の存在が自分にとって得になるかどうかということが友人関係を形作る際には重要であり、いくら気が合うからといって、それだけで友人関係を深められるかどうかは分からないということ。

イ 友人は本来的には意気投合できるかどうかが大切なので、その友人といることで自分と相手の両方にいいことがあるかどうかというのは、友人関係を維持(いじ)する参考程度にしかならないということ。

ウ 自分が好ましいと思う相手であってもうまく友人関係を作ることができるとは限らず、友人関係には互いの相性(あいしょう)だけではなく、いかにお互いに高め合えるかということも重要になるということ。

エ 自分にプラスになるという計算から、あるいはその友人と付き合うことで現実的な利益があるから友人になるのではなく、友人関係とはそのような計算や利益の存在とは無関係であるということ。

(七) ――⑤『友人』(friend)という単語を使うことが、私には気になった」とあるが、筆者がこのように言っているのはなぜか。その理由を説明したものとして最も適当なものを次から選び、記号を○で囲みなさい。

ア アメリカ人の学生が使った「friend」という言葉から、友人を自分よりも下に見てばかにしているように思い、気にくわないと感じたから。

イ アメリカ人の学生が使った「friend」という英語が、本来その訳語である日本語の「友人」という言葉と、ちがう意味を含(ふく)んでいるように思えたから。

ウ アメリカ人の学生が使った「friend」という単語は、他のアメリカ人が使っている意味とはちがっていたので、正しい意味を知りたいと思ったから。

エ アメリカ人の学生が使った「friend」という表現が、日本人である筆者には聞き慣れないものであったため、どういう意味かわからなかったから。

(八) 本文の内容に合うものを次から一つ選び、記号を○で囲みなさい。

ア 人間は他の動物とは異なって意識と無意識の両方を持ち合わせている存在なので、カウンセリングで色々と思い返して悩(なや)みを解消することができる。

イ 自分にとっての損得勘定(かんじょう)だけで人間関係をとらえようとすると何らかの無理が生じてきて、親しかった友人と突然(とつぜん)距(きょ)離(り)を置くことにもなりかねない。

ウ 気の合う友人であっても、時間が経(た)って相手が気に障(さわ)るようになってきた時は、率直(そっちょく)にそのことを話してみると友人関係がよりうまくいく場合がある。

エ 相手のことを深く考えずに人間関係を結んでいく日本と違(ちが)い、キリスト教文化圏では自覚的に相手との関係を作るので、人間関係で悩む者は少ない。

三 次の(1)～(10)の ―― を引いたカタカナを漢字に直しなさい。

(1) 深海では物体にかかるアツリョクが高まる。

(2) 祖母のイサンをめぐって争(あらそ)う。

(3) 保健委員が校内のエイセイ状態に気を配る。

(4) カモツ列車の通る線路。

(5) 自分の個人情報がカクサンされる。

(6) 失敗し、考え方をアラタめる。

(7) 大きな城をキズく。

(8) 人々の考えを正しい方向にミチビく。

(9) 学問をオサめる。

(10) 羊のムれを犬が追いかける。

四　次の(1)〜(5)の――を引いたことばについて、その使い方が正しければ〇を、誤っている場合には正しいことばを書きなさい。解答はひらがなでもよい。

Aくんは自分の成績がよいことを大変(1)鼻にかけている、いけ好かないやつだ。そんなAくんが、算数の時間に先生に指名され、答えを黒板に書くように命じられた。分からず困っていたとき、だれも助けてくれなかった。出る(2)くぎは打たれるというやつだ。

しかしAくんにはねばり強いところがあるので、石に(3)しがみついてでもなんとか問題を解こうといった様子で、長時間黒板の前で頑張（がんば）っていた。

その時さっそうと現れたのは、いつもAくんにばかにされているBくんだ。Bくんは(4)身に覚えがあるとでも言わんばかりな自信満々の表情で解答を書き始めた。答えを書き終わったBくんは席に帰（かえ）り際（ぎわ）、Aくんに対して「(5)口ほどにもないやつだ」と言った。

Aくんは、くやしそうに下くちびるをかみしめて席に戻（もど）った。

五　次の(1)〜(5)の ―― を引いたことばと同じ種類のものを後のア〜オから選び、それぞれ記号を○で囲みなさい。ただし、同じ記号を二度使わないこと。

(1)　**もしもし**、ユウコさんですか。
(2)　ぼく**は**ケンタです。
(3)　午後からいっしょに図書館で**勉強する**約束だったよね。
(4)　実はぼくの自転車のタイヤが**とつぜん**パンクしちゃったんだよ。
(5)　**だから**待ち合わせ時間に少し遅(おく)れそうなんだ。

ア　本を床(ゆか)に**置く**のはやめなさい。
イ　彼(かれ)**は**長い道のりを進んでいく。
ウ　外に出るのは**しばらく**やめておこう。
エ　明日もまた来ますね、**さようなら**。
オ　それは**つまり**賛成ということですよね。

令和４年度

帝塚山学院泉ヶ丘中学校
入学者選抜試験問題

１次Ａ入試

国語

（試験時間 60 分）

受験番号	

2022(R4) 帝塚山学院泉ヶ丘中
K 教英出版

一 次の文章を読んで後の問いに答えなさい。

「お父さんから大事な話があるの。下りておいで。おそばもそろそろ茹であがるから」

二階に下りると、祖父母と父がこたつに入り、兄はソファに座ってテレビを見ていた。

母が食卓に座っていたので、その隣に優花は座る。

おう、優花、と兄がビールを軽く掲げた。

「お前も軽く飲むか？」

母が「優花にはまだ早いから」と兄をたしなめた。

「ちょっとぐらい、いいやろう？　お母さんは頭が固いな、まあ、いいや。でも優花、なんだ？　お前、飲んでもないのに顔が赤いぞ」

「えっ、うん、そうかな」

手のひらをうちわのようにして、ひらひらとあおぐと、三階からコーシローの吠える声が聞こえてきた。

兄が舌打ちをした。

「うるせえな。いつまで預かるんだよ」

「三日まで。ごめん、やっぱ上にいる。コーシロー、一人で寂しがってるんだと思う」

いや、優花、と父が声をかけた。

「進路の話をしよう。忙しくて話ができんかったが、三者面談のことはお母さんから聞いとるから。犬、二階に連れてくるか。たしかに寂しそうな声や」

京都でパン職人の修業をした父は、くつろいでいると、どこのものとも言えないやわらかな方言になる。

祖父は「頼りない」と言って、その話し方を嫌うが、今日は黙ったままだ。

父が三階を見上げて、祖父母に声をかけた。

「（　　1　　）」

祖父が無言で首を横に振り、祖母がはっきりと顔をしかめている。

「（　２　）」

気をつけているのだが、やはり臭(にお)うのだろうか。

「（　３　）」

母が牛乳をコーシロー用の器(うつわ)に入れた。

「（　４　）」

器を持った母が三階に上がっていった。

「（　５　）」

昨日、母に渡(わた)した模試の結果を、父がこたつの上に出(だ)している。

今回の模試から国立大学の志望校のランクを上げ、戦前からの歴史がある名門校を入れた。その大学の合格判定はB。前からの志望大学はすべてA判定。一学部だけ志望校に入れている東京の難関私大の結果もB判定だ。

父が祖父に模試の結果を渡した。

「ほらお祖父(じい)ちゃん、ここ。ABCDEの五段階だよ。優花は前まではBやCばっかりやったのに、ほとんどAとB。早稲田(わせだ)もB判定になってる。前はDだったのに」

「私、もしかして早稲田も受かるかも。文系三教科だけなら、結構いい線いくんだ」

「見ても、さっぱりわからん」

①<u>祖父が模試の判定表をこたつに放(ほう)り投(な)げた。</u>

「早稲田？　男ならともかく、女の子が東京の私立に行ってどうするんだ」

「別に私、行くなんて言ってないやん。でも……受けるだけ受けてみてもいい？　記念に」

「行きもしない大学を受けてどうするんだ」

「どこまでやれるのか見たいっていうか。わかってるよ、お祖父ちゃん。家から通えるところしか行けないって」

模試の結果に優花は目を落とす。

「でもさ、普通(ふつう)、孫の成績が上がったら、ほめてくれたって……」

「お前は人にほめられたくて勉強してるのか」

「そうじゃないけど」
「お祖父ちゃん、優花にそんなにつらく当たらんでも。お父さんは立派やと思ってるぞ、優花のこと。鼻が高い。お祖父ちゃん、ほら飲んで」
徳利を持ち上げ、父が祖父の杯に酒を注いだ。勢いあまってこぼれた酒を祖父が口から迎えにいき、チュッとすすった。
「ああ、しみる……。いいか、優花。ちょっとばかし勉強ができるからって、㊟1テングになったらいかんぞ」
父さん、と言ったあと、父が「お祖父ちゃん」と言い直した。
「優花はテングになんてなってへん」
「なったらいかんって注意しとるだけだ」
祖父がうまそうに酒を飲むと、口元をぬぐった。
「②いいか、世の中には学校の勉強なんかより、もっと大事なモンがある。お兄ちゃんを見てみろ。中学、高校と荒れてたけど、今じゃこの家の長男としてしっかりうちの商売を支えてる。勇、ほら、お前も一杯飲め」
「俺、㊟2ポン酒よりビールのほうがいいんだけど。まあいいか」
兄が祖父の隣に座り、酒を飲み始めた。
祖父、父、兄の男三人が並んで飲む姿を嬉しそうに眺めていた祖母が、みかんをむき始めた。
「ほら、優花はおみかん食べな。肌がきれいになるから」
食べたくはないが、祖母がむいてくれたみかんを黙って口にする。奥歯で噛みしめるようにして食べると、冷たい汁が口のなかに広がっていった。
おいしいやろ、と祖母が言い、優しく目を細めた。
「東京でしょぼしょぼ一人でご飯を食べるより、一家そろってみんなで食べたほうがうまいに決まってら」
そりゃそうだ、と祖父がうなずいた。
「何はなくとも家が一番。みんなで食べればなんだってうまい」
三階からコーシローの吠え声が聞こえた。母が「静かに、静かにね」となだめている。
③階下を必死で気遣うその声に、怒りがこみあげてきた。

「そうかな?」
みかんの薄皮を口から出し、優花はティッシュにくるむ。
「みんなで食べるとおいしいって思ってるの、お祖父ちゃんとお祖母ちゃんだけだったりして。そりゃ楽しいよね。いつもご飯食べながら、私やお母さんに言いたい放題言って」
④祖母がため息をついて、首を横に振った。
「おお、こわ。誰に似たのか、角が立つことを言う」
「どうしてお祖父ちゃんもお祖母ちゃんも、お兄ちゃんばっかりほめて、私には嫌みを言うの?」
「こらこら、優花、お祖母ちゃんも」
祖母が何か言おうとしたのを父が制した。
「カッカしない、大晦日なんだから。楽しくやろうや。優花が角が立つこと言うだって? 誰に似たかって、それは明らかにお祖母ちゃん似だ。みんな黙ってや。お父さんは優花と進路の話をするんやから」
「お父さん、俺、その話の前に優花に言いたいことがある。お兄ちゃんばっかりほめてって、優花、お前はほめられるようなこと何かしたか? 自分で稼いだこともないくせに記念受験だなんて、金遣うことばっかり言って」
「そんな言い方ないでしょう。お兄ちゃんだって高校生のときは稼いでなかったやん!」
おっ、オリンピックの選手が出とる、と祖父がテレビのボリュームを上げた。
今年を振り返る映像のなかに、㊟3ソウルオリンピックで活躍した日本選手が映っている。
「高校球児もそうだが、スポーツ選手ってのは実に清々しい。見ろ、優花。額に汗して励んだ奴らは、みーんないい顔しとる」
「お祖父ちゃんは、どうしてスポーツ選手はほめるのに、勉強に励んでる孫には嫌みを言うの? 勉強を頑張る子もスポーツを頑張る子も一緒じゃない」
兄が日本酒をあおると、杯をソファテーブルに打ちつけた。
「可愛くねえな。いいか、優花、教えといてやるよ。社会に出れば勉強ができるのと頭がいいってのはまったく別モンだからな。納品先にもおるわ。いい大学出てても、まったく使えねー奴」
「その人、単にお兄ちゃんとそりが合わないだけなんじゃない? それに言うほど私、賢くないですから。うちのレベルが低いだけ」
⑤祖父の㊟4猪口に酒をついでいた父が手を止めた。
そうやな、と父が寂しそうに笑った。
「お父さんは中卒やし。お祖父ちゃんも小学校しか出とらん。鳶が鷹を生んだようなもので、優花の気持ちはなかなか理解してやれんかもしれん……」
「違う、そんなつもりで言ったわけじゃ……」
⑥テレビの音がやけに大きな音で響く。父がリモコンを手に取り、テレビを消した。
階段を下りてくる足音がして、母がリビングに入ってきた。
「どうしたの、静かになって。テレビは？」
祖母が二つ目のみかんを手荒くむきだした。爪が引っかかったのか、わずかにしぶきが上がっている。
いやね、と祖母が口をとがらせた。
「優花がどうしても東京に行くって言うから」
「そんなこと言ってない！」
⑦あなた、と母が非難するような目で父を見た。
「きちんと話してくれるって言ったのに」
「そうなんだよ、優花」
父がこたつのわきから封筒を出した。
「お父さんは東京の大学を受けるのは賛成や。その話をしたくて呼んだのに、みんなが㊟5茶々入れるから」
えっ、と声をもらして、優花は父の顔を見る。
父が封筒から「受験生の宿」と書かれているパンフレットを出した。
「お母さんに詳しく話を聞いてな。優花のその、希望学部、そいつの試験日も調べて、昨日、受験生用のホテルも取ってきた」
交通公社のロゴが入った封筒を開けると、新宿のホテルの予約票が入っていた。
「お父さんからのお年玉や。新幹線の回数券も入れといたぞ」

「なんで回数券……」
「受かったら部屋探しとか、しなくちゃならんやろ。だめならお母さんと東京ディズニーランドに行けばいい。無駄にはならんよ」
兄が鼻を鳴らすと立ち上がった。
「なんだよ、昔っからお父さんは優花に甘い！」
「勇には車を買ってやった。優花は車の代わりに大学へ行くんや。この話はこれでおしまい。みんな、優花がくじけるようなこと言うな」
⑧父からもらった封筒を両手で持つと、涙がこぼれ落ちた。
「お父さん、ありがとう……ありがとう」
「泣かんでいい、ほら、テレビまた見るか」
リモコンを取り、父がテレビの電源をつけた。祖父はごろりと横になり、祖母は不機嫌そうにみかんを食べている。
紅白歌合戦は終わり、「ゆく年くる年」が始まっていた。

（伊吹有喜『犬がいた季節』）

㊟1　テングになったらいかんぞ……「いい気になってはいけない」という意味。
㊟2　ポン酒……日本酒のこと。
㊟3　ソウルオリンピック……１９８８年に開催された。
㊟4　猪口……日本酒を飲むための小型の器。
㊟5　茶々入れる……「茶々を入れる」とも言う。人の話の途中に余計な口をはさむこと。

㈠（　1　）〜（　5　）にあてはまる会話文を次から選び、それぞれ記号で答えなさい。

ア　やだやだ、けだものと一緒だなんて。あの犬が来てから、優花が獣臭い

イ　なあ、今日ぐらい、犬をここに連れてきてもいいやろう？　優花のために

ウ　じゃあ、先に話をしていよう。優花、頑張ったなあ

エ　そんなに臭う？　お祖母ちゃん

オ　ワンちゃんはおなかすいてるのかな。ちょっと見てきます

㈡――①「祖父が模試の判定表をこたつに放り投げた」とあるが、この時の「祖父」の説明として最も適当なものを次から選び、記号で答えなさい。

ア　自分の孫が東京に行くかもしれないことに動揺し、それを何としても阻止せねばならないと考えている。

イ　小学校しか卒業していない祖父にしてみれば、優花の目指す大学入試のことがよく理解できないでいる。

ウ　優花が頑張って勉強して結果を出していることを内心認めているが、素直に表すことができないでいる。

エ　受験勉強などは社会に出てから不要で、家族との会話を犠牲にしてまですることではないと思っている。

㈢――②「いいか、世の中には学校の勉強なんかより、もっと大事なモンがある」とあるが、祖父の言う「大事なモン」とは何か。それに当てはまるものを次から二つ選び、記号で答えなさい。

ア　同僚への競争心　　イ　家族との団らん　　ウ　独自の発想力

エ　仕事への誠実な取り組み　　オ　真剣な向学心　　カ　悪からの改心

㈣――③「階下を必死で気遣うその声に、怒りがこみあげてきた」とあるが、この時の優花を説明した次の一文の□に入る適当なことばを三十字以内で考えて書きなさい。

自分たちを大切にしてくれないくせに［（三十字以内）］と信じて疑わない祖父母たちに腹立たしさを感じた。

㈤――④「祖母がため息をついて、首を横に振った」とあるが、この時の祖母の気持ちとして最も適当なものを次から選び、記号で答えなさい。

ア　祖父や祖母が説得すれば考えも変わると期待していたが、考えを変えない優花の説得をあきらめる気持ち。

イ　祖父や祖母からの思いやりを理解せず口答えをする優花に対し、激しい怒りを隠しきれない気持ち。

ウ　祖父や祖母の心配を気にもかけず家族に対する思いやりもない優花に対し、残念だと落ち込む気持ち。

エ　祖父や祖母の言うことを聞こうとせず手厳しい反論までする優花に対し、あきれかえる気持ち。

(六) ――⑤「祖父の猪口に酒をついでいた父が手を止めた」とあるが、この時の父の気持ちとして最も適当なものを次から選び、記号で答えなさい。

ア　勉強の得意な優花が、家族から離れ、よりレベルの高い世界に行きたいと思っていることが透けて見え、置いていかれる気がして、悲しく残念に思う気持ち。

イ　勉強の得意な優花の気持ちを理解したいが、自分たちは受験のための勉強をしておらず、優花の気持ちを十分に理解できず、悲しく申し訳なく思う気持ち。

ウ　優花が家族の中でただ一人頭が良いために、家族と優花の会話のレベルが異なり、誰も優花とうまく意思疎通が出来ないので、悲しく申し訳なく思う気持ち。

エ　優花は家族の中で一人だけ勉強が得意だが、そのせいで時々優花が家族の学歴の低さを見下すような発言をすることがあるので、悲しく残念に思う気持ち。

(七) ――⑥「テレビの音がやけに大きな音で響く」とあるが、この描写から読み取れる様子として最も適当なものを次から選び、記号で答えなさい。

ア　家族の全員がそれぞれの意見を譲らず、心の中で互いが互いを非難するようなとげとげしさに満ちた様子。

イ　優花が家族の学歴を否定する発言をしたため、学歴に強いこだわりを持っている家族がショックを受ける様子。

ウ　優花の進学をめぐり家族の中で言い合いやすれ違いが起こり、気まずい沈黙の中に家族が包まれている様子。

エ　優花が父の学歴を否定するような発言を思わずしてしまったため、優花が周囲の反応に敏感になっている様子。

(八)――⑦「あなた、と母が非難するような目で父を見た」とあるが、この時の母の気持ちとして最も適当なものを次から選び、記号で答えなさい。

ア　父が優花を呼んだのは、東京の大学の受験に賛成だということを伝えるためだったが、父が祖父や祖母の意見に押されて優花の受験に反対しそうになっていたので、父に当初の予定通り受験に賛成するよう責める気持ち。

イ　父が優花を呼んだのは、東京の大学の受験に賛成だということを伝えるためだったが、父が優柔不断で再び迷っているうちに、祖母と優花のけんかが始まってしまったので、父に早く決断するよう責める気持ち。

ウ　父が優花を呼んだのは、東京の大学の受験に賛成だということを伝えるためだったが、父は自分ではすでにそれを伝えたつもりになっている一方、優花や家族には全然伝わっていないため、もう一度きちんと伝えるよう責める気持ち。

エ　父が優花を呼んだのは、東京の大学の受験に賛成だということを伝えるためだったが、父がまだそれを言い出していないことが祖母と優花の口論の様子から分かったので、父に早く言い出すよう責める気持ち。

(九)――⑧「父からもらった封筒を両手で持つと、涙がこぼれ落ちた」とあるが、この時の優花の気持ちとして最も適当なものを次から選び、記号で答えなさい。

ア　東京の大学の受験に反対され辛かったが、父は認めてくれていたことを知り、さらにその準備までしてもらい、念願の受験ができるようになり嬉しかった。

イ　東京の大学の受験を反対され辛かったが、父だけが認めてくれて嬉しい一方、自分だけ特別扱いされたことへの罪悪感もあり複雑な気持ちになった。

ウ　東京の大学の受験を反対され辛かったが、父の決断で、今まで言い負かされるばかりだった自分の意見が通ったと思い、勝ち誇るような気持ちになった。

エ　東京の大学の受験を反対され辛かったが、今までの家族の厳しい態度は、優花を驚かせてより一層喜ばせるためだったとわかり、家族の優しさに感動した。

5 下の図のように，縦 6 m，横 4 m の長方形の看板と高さ 15 m の柱が地面に垂直に立っています。太陽の光が柱の方向から射したとき，柱の影(かげ)が看板に当たり，地面には看板の影と，その先に柱の影ができました。看板の影の形は長方形でその面積が 36 m^2 であるとき，次の各問いに答えなさい。

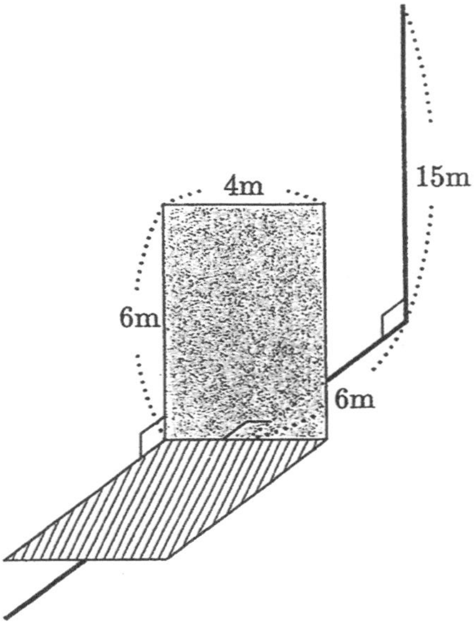

(1) 看板の影の先にできる柱の影の長さは何 m ですか。

夜になり，柱の上端(じょうたん)にある電灯がつきました。このときにできる看板の影は台形になります。

(2) この台形の高さは何 m ですか。

(3) この台形の面積は何 m^2 ですか。

4 駅と動物園の間の道のりは 16 km です。駅と動物園の間を，2 台のバスが一定の同じ速さで何回も往復しています。バスは，駅と動物園を同じ時刻に出発し，駅と動物園でそれぞれ 4 分間停車する以外は止まりません。また，駅を出発したバスは 44 分後に初めて駅に戻ります。1 台のバスが午前 8 時に駅に到着したと同時に，A さんは自転車に乗って，バスと同じ道を通って駅から動物園に向かいました。ただし，自転車の速さは時速 16 km とします。このとき，次の各問いに答えなさい。

(1) バスの速さは時速何 km ですか。

(2) A さんが出発して，駅行きのバスに初めて出会うのは午前何時何分ですか。

(3) A さんが出発して，2 台のバスにあわせて 2 回追い越されたとき，A さんは駅から何 km 離れた地点にいますか。

3　3けたの整数について，各位の数の和を考えます。例えば，321では各位の数の和は

$$3+2+1=6$$

です。このとき，次の各問いに答えなさい。

(1)　各位の数の和が3になる3けたの整数は何個ありますか。

(2)　各位の数の和が5になる3けたの整数のうち，5の倍数は何個ありますか。

(3)　各位の数の和が5になる3けたの整数をすべてたすといくらになりますか。

(5)　Aさん，Bさんの2人がじゃんけんをして，勝った方には3点を加え，負けた方からは1点を減らす約束で，20回の勝負を行いました。Aさん，Bさんの2人は，最初に30点をもっています。勝負が終わったとき，Aさんの得点は62点でした。この勝負のうち，Aさんが勝った回数は何回ですか。ただし，20回それぞれの勝負で引き分けはないものとします。

(6)　算数の教科書にある練習問題を，Aさんは毎日6題ずつ解き，最終日にも6題を解いてすべての問題を解き終えました。また，Bさんは毎日8題ずつ解き，最終日には6題を解いてすべての問題を解き終えました。すべての問題を解き終えるのに，AさんはBさんより4日多くかかりました。この教科書にある練習問題は全部で何題ですか。

(7)　右の図は半径6 cmの半円です。斜線（しゃせん）部分の面積は何cm^2ですか。ただし，円周率は3.14とします。

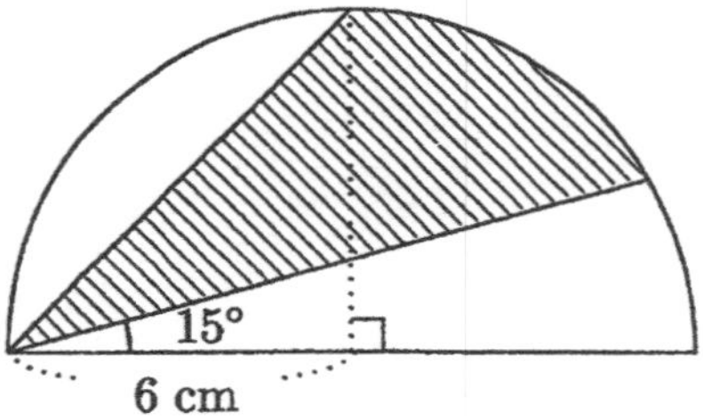

4 次の文中の下線部が正しければ○，間違っている場合は正しく書き直しなさい。

（1）下の図のア～ウの矢印のうち，日本付近を通過する台風の通り道としてもっとも適当なものはアである。

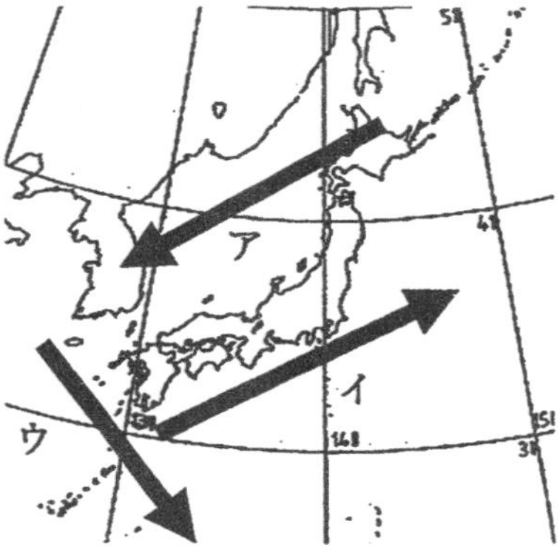

（2）水の入ったペットボトルに砂，れき，どろを入れてフタをして振る。その後数日間放置すると，ペットボトルの中身はきれいな３つの層に分かれた。この中でもっとも底にある層は砂の層である。

（3）さそり座のなかでもっとも明るい星はシリウスである。

（4）下図のように川の流れが曲がっている部分では，外側で地面がけずられる。

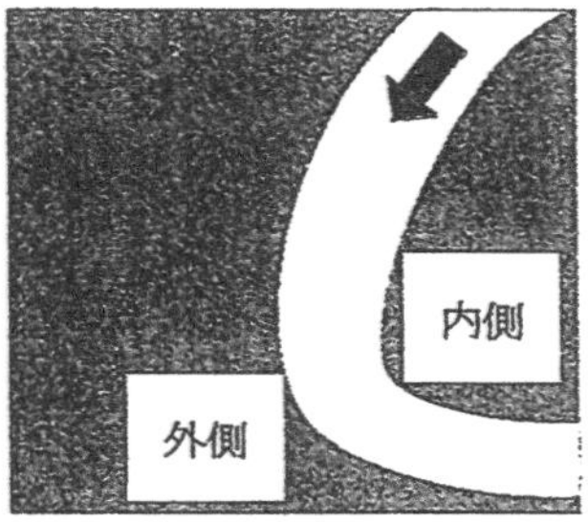

（5）わた雲が発達して大きくなった雲を積乱雲という。

（6）札幌（さっぽろ），明石（あかし），福岡の中で太陽がしずむ時刻がもっとも遅いのは札幌である。

問題は次のページに続く

自転車を運転するとき，１分間のペダルの回転数をケイデンス［rpm］と呼ぶ。

【ケイデンスの例】

５分間でペダルを 120 回転 → １分間あたりペダルは 24 回転 → ケイデンスは 24 rpm

（４）泉さんは休みの日に平坦なアスファルトの道を後輪の半径が 35 cm のスポーツバイクで走行するのが趣味である。この日はある程度走行した後，変速してギアＡの歯数が 50，ギアＢの歯数が 20 の状態で一定のケイデンスを保って走行した。走行中にストップウォッチを押して計測をはじめ，８分間で 3255 m 走行した。

① 3255 m を走る間の後輪の回転数を答えなさい。

② 3255 m を走る間のペダルの回転数を答えなさい。

③ 計測している間のケイデンスを答えなさい。

上り坂を走るときであっても，このケイデンスが一定になるように考えて変速することで，足の筋肉や心臓への負担を少なくし，長く走りやすくなる。

（５）泉さんが（４）と同じスポーツバイクに乗り，坂道を登ったところ，ペダルが重く感じた。そこで変速機能を用いて（４）と同じ一定のケイデンスで走ったところ，平坦な道のときと比べて 0.4 倍の距離しか進まなかった。このとき，ギアＡ，ギアＢをそれぞれどんな歯数にすべきか。もっとも適当な組み合わせを１つ選び，解答らんの記号を〇で囲みなさい。

	ギアＡの歯数	ギアＢの歯数
ア	50	30
イ	50	12
ウ	30	30
エ	30	12

（2）ギアAの歯数が30，ギアBの歯数が20で後輪の半径が30 cmの場合を考える。

① ペダルを1回転させると後輪は何回転するか。もっとも適当なものを1つ選び，解答らんの記号を○で囲みなさい。

ア．0.67回転　　イ．1回転　　ウ．1.5回転　　エ．2回転

② ペダルを10回転させると自転車は最低何m進むか。もっとも適当なものを1つ選び，解答らんの記号を○で囲みなさい。

ア．9.0 m　　イ．14.1 m　　ウ．27.9 m　　エ．36.5 m

【B】図1のスポーツバイクについて，運動のようすをより深く考えた。

（3）ギアAの半径が10 cm，ギアBの半径が5 cm，後輪の半径が30 cm，ペダルの長さが20 cmの自転車で坂道を登る場合を考える。次の文章の（あ）～（う）に入る適当な数値をそれぞれ答えなさい。

この坂道を登るとき，後輪を回すのに少なくとも30 kg分の力が必要であることが分かった。このとき，ギアBを回すのに（　あ　）kg分の力が必要である。そうするとギアAを回転させるのに（　い　）kg分の力が必要であり，そのためペダルの力点を押す力は（　う　）kgでよいことがいえる。

3 次の各文を読み，下の各問いに答えなさい。ただし，円周率を3.1とする。

【A】図1のような変速機能付きの自転車（以下スポーツバイクとする）の仕組みを考える。前輪側のギアを「ギアA」，後輪側のギアを「ギアB」とする。自転車のペダルは図2のようにギアAに固定されており，ギアA・ギアBともに歯数の異なるギアが中心軸を揃（そろ）えて重ね合わさって固定された構造をしており，ギアの歯数と半径は比例関係にある。タイヤは完全な円形であり，ペダルの重さは考えないものとする。

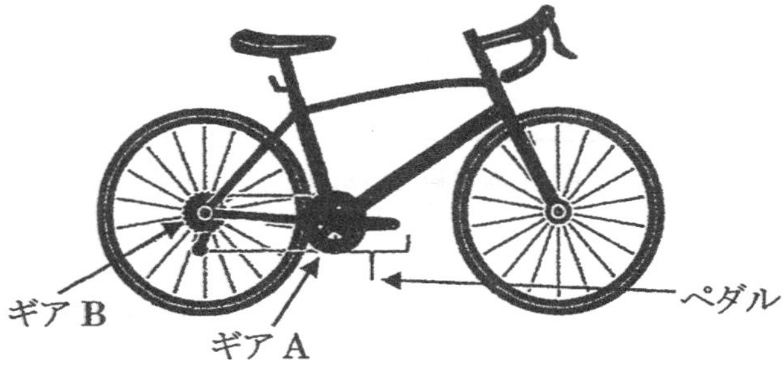

図1

図2

（1）ギアAを取り出し，図3，図4のように3 kgのおもりを取り付けた。おもりを支えるためには，少なくとも何kg分の力でペダルの先たん（以下「力点」とする）を押せばよいか。それぞれ答えなさい。ただし，大きいほうのギアは半径20 cm，小さいほうのギアの半径は10 cm，ペダルの支点から力点までの長さは30 cmであるとする。

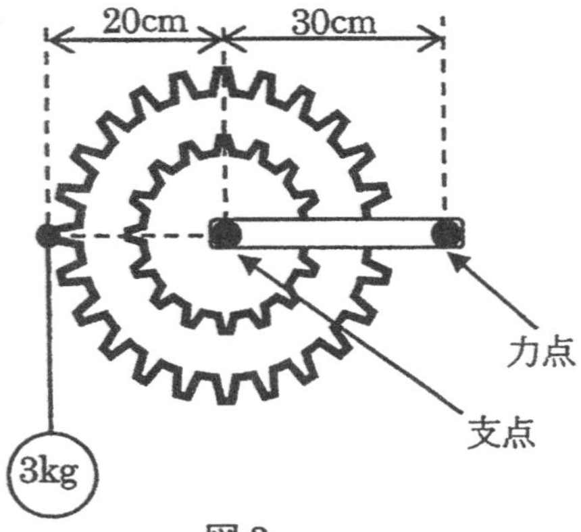

図3

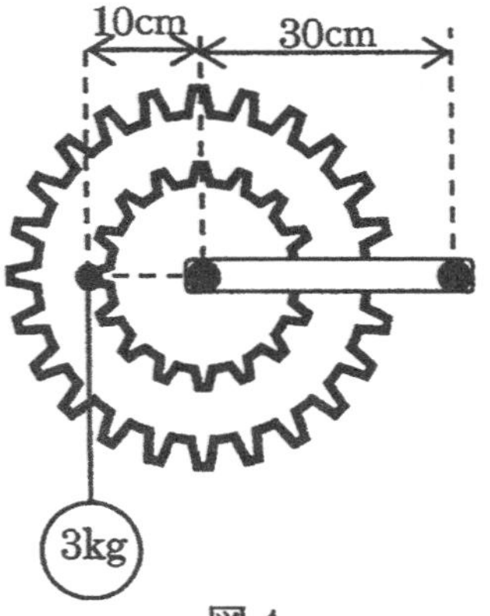

図4

2022(R4) 帝塚山学院泉ヶ丘中
教英出版

（7）硫酸銅は16gに対して水が9gの割合で結びついて，25gの固体（水和物という）で存在している。例えば，硫酸銅の水和物25gを水100gに溶かすと，水109gに硫酸銅が16g溶けていると考えることができる。いま，硫酸銅の水和物を60℃の水にできるかぎり溶かし，硫酸銅の飽和水溶液を70gつくった。

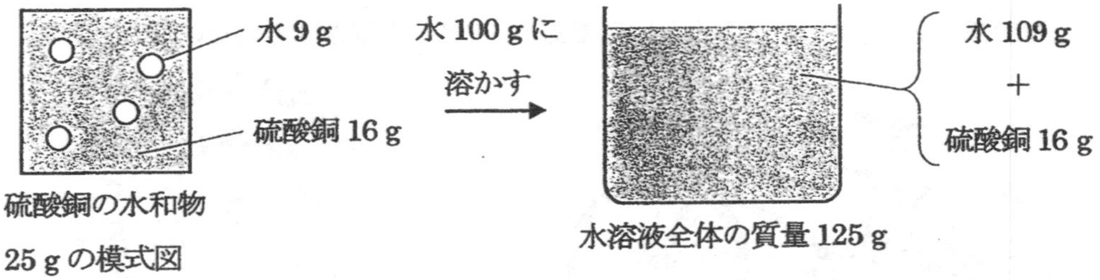

① 硫酸銅の飽和水溶液70gの中にふくまれる硫酸銅の重さは何gか。もっとも適当なものを1つ選び，解答らんの記号を〇で囲みなさい。

ア．14g　イ．20g　ウ．28g　エ．40g

② 硫酸銅の水和物を用いて，硫酸銅の飽和水溶液70gをつくるのに必要な水の重さは何gか。もっとも適当なものを1つ選び，解答らんの記号を〇で囲みなさい。

ア．28g　イ．34g　ウ．39g　エ．50g

③ 硫酸銅の飽和水溶液70gを60℃から20℃に冷やしたとき，溶け残った硫酸銅の水和物の重さは何gか。もっとも適当なものを1つ選び，解答らんの記号を〇で囲みなさい。ただし，「0g」とは「溶け残りが生じなかった」ことを表している。

ア．0g　イ．10g　ウ．14g　エ．18g

問６　下線部(f)について、下の図は、憲法の改正に必要な手続きの流れをあらわしたものです。（　１　）と（　２　）にあてはまる語句をそれぞれ**漢字**で答えなさい。

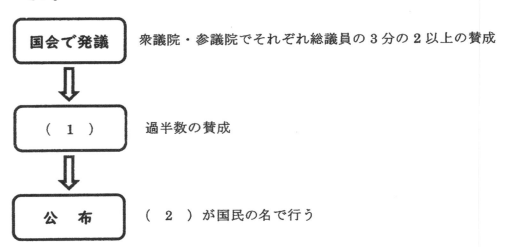

国会で発議　衆議院・参議院でそれぞれ総議員の３分の２以上の賛成

⇩

（　１　）　過半数の賛成

⇩

公　布　（　２　）が国民の名で行う

中１次A

(3)　立候補者の多くは、政治的に同じ意見をもつ人々が集まった□□から立候補し、比例代表では□□の名前を書いて投票します。□□には同じ語句が入ります。□□にあてはまる語句を**漢字２字**で答えなさい。

問３　下線部(c)について、以下の問いに答えなさい。

(1)　地方の政治の仕組みについての説明として**誤っているもの**を次から１つ選び、解答欄の記号を○で囲みなさい。

ア：地方の議会では、条例や地方独自の税金を決めることができる。

イ：地方が担当する仕事の中には、警察や消防が含まれている。

ウ：知事や市長は議会の議員の中から指名される。

エ：住民が請求し、一定の条件が整えば、地方の議会の議員を辞職させることができる。

(2)　地方の選挙で、選挙に関する事務を行う機関を何といいますか。**漢字７字**で答えなさい。

問４　下線部(d)について、以下の問いに答えなさい。

(1)　憲法第11条には、基本的人権について、「侵すことのできない□□の権利として、現在および将来の国民に与えられる」と書かれています。□□にあてはまる語句を**漢字２字**で答えなさい。

(2)　次の文章の中で、基本的人権とは**関係ないもの**を１つ選び、解答欄の記号を○で囲みなさい。

ア：郊外に家を建て、家族みんなが引っ越しをした。

イ：ある企業では、学歴や性別を問わずに社員募集をした。

ウ：同じ職場の人たちで団結し、給料の値上げについて雇い主と話し合った。

エ：ノートを買うときに消費税分も含めて支払った。

問５　下線部(e)について、以下の問いに答えなさい。

(1)　文中の（　　）にあてはまる数字を答えなさい。

(2)　2007年に設置され、日本の平和や安全を守る自衛隊を管理、運営している行政機関は何といいますか。**漢字**で答えなさい。

(1) 図中の空欄(A)にあてはまる語句を漢字2字で答えなさい。

(2) 図中の矢印Bは、最高裁判所の裁判官を対象に、任命されて初めての衆議院議員総選挙のときと、その後 10 年以上たったあとの衆議院議員総選挙のときに実施される制度を示しています。これを何といいますか。

(3) 次の①～⑧の文章の中から図中の矢印C・D・Eの役割について説明したものをそれぞれ1つずつ選んだとき、その組み合わせとして正しいものを右表から1つ選び、解答欄の記号を○で囲みなさい。

① 最高裁判所の長官を指名する。
② 外国と条約を結ぶ。
③ 予算を議決する。
④ 内閣不信任を決議する。
⑤ 政治が憲法に違反していないかを調べる。
⑥ 閣議を開いて政治の進め方を相談する。
⑦ 裁判官をやめさせるかどうかの裁判を行う。
⑧ 衆議院の解散を決定する。

	C	D	E
ア	③	④	①
イ	②	⑥	⑦
ウ	⑧	⑤	⑦
エ	③	⑤	①
オ	②	⑥	⑤
カ	⑧	④	⑤

(4) 図のような三権分立の仕組みがとられているのはなぜですか。その理由を「集中」という語句を使って、解答欄(らん)のことばに続けて説明しなさい。

問2 下線部(b)について、昨年の 10 月に衆議院議員総選挙が実施されました。これについて以下の問いに答えなさい。

(1) 衆議院議員総選挙についての説明として正しいものを次から1つ選び、解答欄の記号を○で囲みなさい。

ア：公正な選挙のため、インターネットを使った選挙運動は禁止されている。
イ：投票日に仕事などで投票できない場合は、事前の投票が認められている。
ウ：立候補できるのは 30 歳以上である。
エ：議員の人数が多いため、定員の半分ずつ選挙が行われる。

(2) 今回の衆議院議員総選挙では前回の選挙に比べて全体の最終投票率がわずかに上昇しました。今回の最終投票率の数字として最も近いものを次から1つ選び、解答欄の記号を○で囲みなさい。

ア：46%	イ：56%	ウ：66%	エ：76%

3 次の文章を読んで、あとの問いに答えなさい。

日本国憲法は、国の政治の基本的なあり方を定めている国の最高法規です。また、その内容には、国民主権、基本的人権の尊重、平和主義の三つの原則がつらぬかれています。

(a)国民主権の例としては、(b)参政権があげられます。国民は、自分たちの代表者を選挙で選び、政治に参加します。これは国の政治だけでなく、(c)地方の政治も同様です。

(d)基本的人権とは、人が生まれながらに持っていて人間らしく生きる権利のことです。この権利には自由権、平等権、社会権などがあります。

平和主義については、憲法の前文をはじめ、(e)憲法第（　　）条にその具体的内容が定められています。

日本国憲法は施行されてから一度も改正されていません。世界や日本の情勢が大きく変化する中で、(f)憲法を改正すべきなのではないかという意見もあります。

問１　下線部(a)について、次の図は、主権をもつ国民と三権分立の関係をあらわしたものです。これを見て以下の問いに答えなさい。

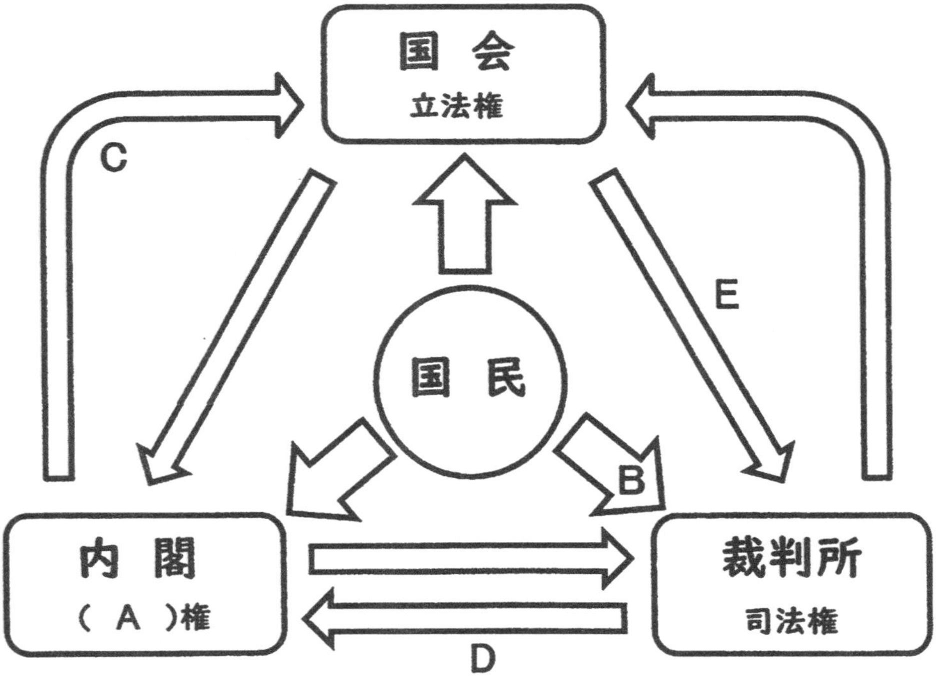

K　私は隣国の武将を破って新たに城を手に入れ、下の写真の印鑑(いんかん)を使うようになりました。印鑑の文字からは、武力で天下統一をなしとげようという私の強い意気込みが伝わるはずです。私は現在の滋賀県に（　⑥　）城を築(きず)くなどして、天下統一の準備を進めていましたが、(f)家来に裏切られ、目標を達成することはできませんでした。

問 20　空欄⑥にあてはまる語句を次から１つ選び、解答欄の記号を○で囲みなさい。

ア：長浜	イ：安土	ウ：彦根	エ：坂本

問 21　下線部(f)の家来はだれですか。**漢字**で答えなさい。

L　欧米諸国と結んだ不平等条約のうち、(g)一部については日清戦争開戦前に改正されましたが、まだ改正しなければならないものが残っていました。

そこで、私が外務大臣の時に残されていた不平等条約を改正できたことは、日本にとって本当に良かったと思っています。

問 22　この文の「私」はだれですか。**漢字**で答えなさい。

問 23　下線部(g)の条約改正によって、欧米諸国に認められていた権利が撤廃されました。それは何という権利ですか。**漢字**で答えなさい。

問 24　Ｉ～Ｌについて、年代の古い順に並べかえなさい。それぞれの文の中で、二重下線部の出来事があった時期を考えて、前後を判断しなさい。

中１次Ａ

I　私は農民でしたが、武士になり(e)幕府に仕えることになりました。その後私は一時期新政府に仕えたのち、民間人として日本最初の銀行である第一国立銀行をつくり、商売や事業をさかんにするための金融（きんゆう）のしくみをつくりました。私自身も紡績（ぼうせき）会社など約500の会社設立に関わりました。

問16　この文の「私」はだれですか。次から１つ選び、解答欄の記号を○で囲みなさい。

ア：伊藤博文（いとうひろぶみ）	イ：大隈重信（おおくましげのぶ）	ウ：福沢諭吉（ふくざわゆきち）	エ：渋沢栄一（しぶさわえいいち）

問 17　下線部(e)の幕府についての説明として正しいものを次から１つ選び、解答欄の記号を○で囲みなさい。

ア：幕府は大阪の豊臣氏を滅ぼし、武家諸法度を定めた。

イ：幕府はキリスト教や外国の学問をすべて禁止した。

ウ：幕府は開国に最後まで反対し、朝廷と対立した。

エ：朝廷に政権を返すまで幕府は300年以上続いた。

J　私は町奉行所の役人でしたが、米不足に苦しむ人々を役人や商人が助けようとしないことに抗議して、同志をつのって兵をあげ、大商人のやしきなどに攻め入りました。

問18　この出来事についての説明として正しいものを次から１つ選び、解答欄の記号を○で囲みなさい。

ア：米不足に苦しみ、シャクシャインも反乱に加わった。

イ：この反乱は現在の岡山県で起こり、渋染一揆とよばれる。

ウ：現在の富山県で起きた反乱のうわさは、全国各地に広がった。

エ：反乱の前に、天保のききんが起こっている。

問19　この文の「私」はだれですか。漢字で答えなさい。

G　下の絵は、戦いに備える武士たちの様子を描いたものです。この絵の奥には、(d)石で作った防衛施設（ぼうえいしせつ）も描かれています。中央の馬上の武士はこの絵の主人公で、この絵を描かせた（　⑤　）です。戦いの後で彼は幕府の担当者と交渉し、恩賞（おんしょう）を手に入れました。

問12　下線部(d)の防衛施設を何といいますか。

問13　空欄⑤にあてはまる語句を次から１つ選び、解答欄の記号を○で囲みなさい。

ア：北条時宗（ほうじょうときむね）	イ：竹崎季長（たけざきすえなが）	ウ：源義経（みなもとのよしつね）	エ：平清盛（たいらのきよもり）

H　下の写真は、都の周辺で様々な土木工事を進めた僧侶（そうりょ）の像です。彼は弟子たちと共にため池や橋をつくり地域社会に貢献しました。また、大仏をつくれという命令が出た後は、大仏づくりにも協力しています。仏教を広めることにも努力し、「菩薩（ぼさつ）」と呼ばれ慕（した）われました。

問14　大仏をつくる時に、高度な技術を持つ朝鮮からの□□□の子孫を工事の責任者に任命しました。空欄に入る適語を、**漢字３字**で答えなさい。

問15　E～Hについて、年代の古い順に並べかえなさい。それぞれの文の中で、二重下線部の出来事があった時期を考えて、前後を判断しなさい。

中１次A

Ｅ　東北地方で二つの合戦が起こり、最終的に源氏の助けを借りた藤原清衡（きよひら）が勝利しました。下の写真は、藤原清衡が都の仏教文化の影響を受けて建てた（　④　）で、2011 年には世界文化遺産（いさん）に登録されています。彼の一族は３代約 100 年間にわたり、現在の岩手県平泉町を中心に栄えましたが、源頼朝によって滅ぼされました。

問９　空欄④にあてはまる語句を、**漢字６字**で答えなさい。

Ｆ　仏教が軽視され、世の中が乱れる不安が強くなった時期がありました。死後は阿弥陀如来（あみだにょらい）が極楽浄土に導いてくれることを願って、下の写真の寺が建てられました。このころは中国文化の影響を受けることが少なくなり、日本独自の文化が発展しました。

問 10　この寺を建てたのはだれですか。**漢字**で答えなさい。

問 11　この時代の文化の説明として正しいものを次から１つ選び、解答欄の記号を○で囲みなさい。

ア：この文化がさかえたころ、『古今和歌集』が編集された。

イ：この時代の宝物の多くは、正倉院に納められている。

ウ：貴族は、寝殿造（しんでんづくり）のやしきでくらし、蹴鞠（けまり）や俳句（はいく）を楽しんだ。

エ：紫式部（むらさきしきぶ）は天皇のきさきに仕え『枕草子』を書いている。

C　私が10代の頃は、豪族(ごうぞく)の（　③　）氏が天皇を軽んじる事件もありましたが、私は天皇を中心とする政治を理想と考えました。憲法で、「天皇の命令は、必ず守りなさい」と定めたのも、そのためです。

私の死後も天皇家を軽んじた(b)（　③　）氏は中大兄皇子(なかのおおえのおうじ)らによって滅ぼされ新しい政治がおこなわれました。

問5　空欄③にあてはまる語句を、漢字で答えなさい。

問6　下線部(b)の出来事とその後の社会の変化についての説明として正しいものを１つ選び、解答欄の記号を〇で囲みなさい。

ア：中臣鎌足(なかとみのかまたり)は中大兄皇子をそばで支え続けた。

イ：中大兄皇子は全国に国分寺を建てるように命令した。

ウ：新しい政治が始まると税制も変わり、人々は米を都まで運んだ。

エ：都を守るために、防人(さきもり)として兵役(へいえき)につく人もいた。

D　くにぐにの争いが長く続いていましたが、私が王になり神のお告げを伝えて政治をするようになると、争いはほぼなくなりました。中国に使者を送り、友好的な関係を結ぶこともできました。

私が治めていたくにの場所については(c)21 世紀に入っても論争が続いています。

問7　下線部(c)の論争について、主な説を２つ、□□説・□□説というように、それぞれ**漢字２字**で地名を答えなさい。

問8　A～Dについて、年代の古い順に並べかえなさい。それぞれの文の中で、二重下線部の出来事があった時期を考えて、前後を判断しなさい。

中１次A

三

(1)	(6)
(2)	(7)
(3)	(8)
(4)	(9)
(5)	(10)

1点×10

四

(1)

(2)

(3)

(4)

(5)

2点×5

五

(1)

(2)

(3)

(4)

(5)

2点×5

(七)

(1
(2
(3
(4
(5
(6
(7

【解答用

令和4年度	帝塚山学院泉ヶ丘中学校 入学者選抜試験問題	算数(解答用紙)	受験 番号		A

1 6点×4

(1)	
(2)	
(3)	
(4)	

2 6点×7

(1)	円
(2)	人

4 6点×3

(1)	時速　　　km
(2)	午前　　　時　　　分
(3)	km

5 6点×3

(1)	m
(2)	m
(3)	m^2

【解答用

※80点満点

令和４年度	帝塚山学院泉ヶ丘中学校 入学者選抜試験	理科(解答用紙)	受験番号		A

1　2点×40

A	(1)	ア　イ　ウ　エ
	(2)	
	(3)	10　15　20　25　30　35　40
	(4)	10　15　20　25　30　35　40
	(5)	ア　イ　ウ　エ
B	(6)	ア　イ　ウ　エ
	(7)	ア　イ　ウ
	(8)	ア　イ　ウ　エ
	(9)	ア　イ　ウ　エ
	(10) ①	ア　イ　ウ　エ

3

A	(1)	図３	kg
		図４	kg
	(2)	①	ア　イ　ウ　エ
		②	ア　イ　ウ　エ
B	(3)	あ	
		い	
		う	
	(4)	①	回転
		②	回転
		③	rpm
	(5)		ア　イ　ウ　エ

4

【解答用

令和４年度	帝塚山学院泉ヶ丘中学校 入学者選抜試験問題	社会（解答用紙）	受験番号		A

1			
	問1		ア　イ　ウ　エ
	問2		
	問3	(1)	
		(2)	
		(3)	ア　イ　ウ　エ　オ　カ
	問4		ア　イ　ウ　エ
		(1)	ア　イ　ウ　エ
		(2)	市

2		
	問3	
	問4	遺跡
	問5	氏
	問6	ア　イ　ウ　エ
	問7	説　説
	問8	→　→　→
	問9	
	問10	
	問11	ア　イ　ウ　エ

3			
	問1	(1)	権
		(2)	
		(3)	ア　イ　ウ　エ　オ　カ
		(4)	民主主義の政治を進めるうえで、
	問2	(1)	ア　イ　ウ　エ
		(2)	ア　イ　ウ　エ
		(3)	
	問3	(1)	ア　イ　ウ　エ
		(2)	

【解答用

	(3)	II	
		III	
問6		アイウエ	
問7	(1)	アイウエ	
	(2)	II アイウエ	III アイウエ
	(3)	アイウエ	
問8	(1)	アイウエオカ	
	(2)	アイウエ	
問9	(1)	市	
	(2)	アイウエ	

2

問1	アイウエ
問2	

問13	アイウエ
問14	
問15	→ → →
問16	アイウエ
問17	アイウエ
問18	アイウエ
問19	
問20	アイウエ
問21	
問22	
問23	権
問24	→ → →

問4	(2)	アイウエ
問5	(1)	
	(2)	
問6	(1)	
	(2)	

※80点満点

1
問1．１点
問2．３点
問3．(1)１点
(2)２点
(3)２点
問4．２点
問5．１点×５
問6．１点
問7．(1)１点
(2)２点
(3)２点
問8．２点×２
問9．２点×２

2
問1．１点
問2．１点
問3．２点
問4．１点
問5．１点
問6．１点
問7．１点
問8．２点
問9．１点
問10．１点
問11．２点
問12．１点
問13．１点
問14．１点
問15．２点
問16．１点
問17．１点
問18．２点
問19．１点
問20．１点
問21．１点
問22．１点
問23．１点
問24．２点

3
問1．(1)１点
(2)１点
(3)２点
(4)２点
問2．(1)１点
(2)２点
(3)１点
問3．(1)１点
(2)２点
問4．(1)１点
(2)２点
問5．１点×２
問6．１点×２

2

A	(1)		ア　イ　ウ　エ
	(2)	①	ア　イ　ウ　エ
		②	ア　イ　ウ　エ
	(3)	(あ)	ア　イ　ウ　エ　オ
		(お)	ア　イ　ウ　エ　オ
	(4)		ア　イ　ウ　エ
B	(5)		ア　イ　ウ　エ
	(6)	①	ア　イ　ウ　エ
		②	ア　イ　ウ　エ
	(7)	①	ア　イ　ウ　エ
		②	ア　イ　ウ　エ
		③	ア　イ　ウ　エ

(3)	
(4)	
(5)	
(6)	

(4)	曜日
(5)	回
(6)	題
(7)	cm^2

3 6点×3

(1)	個
(2)	個
(3)	

小計	1	2	3	4	5

合計	

※120点満点

令和四年度

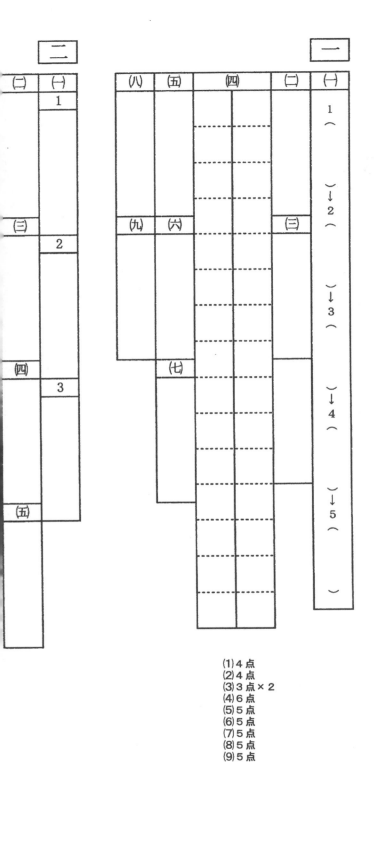

帝塚山学院泉ヶ丘中学校
入学者選抜試験問題

国語（解答用紙）

受験番号

A

※120点満点

一

㈠ 1（　　）→2（　　）→3（　　）→4（　　）→5（　　）

㈡

㈢

㈣

㈤

㈥

㈦

㈧

㈨

⑴4点
⑵4点
⑶3点×2
⑷6点
⑸5点
⑹5点
⑺5点
⑻5点
⑼5点

二

㈠ 1 2 3

㈡

㈢

㈣

㈤

2 次のＡ～Ｌの文章を読んで、あとの問いに答えなさい。

Ａ　私は貴族で、遣唐使（けんとうし）として唐に行ったこともあります。和歌などの歌をよむのが得意で、私の歌は『万葉集』にも数多く収められています。その中でも、貧しい農民の気持ちになってよんだ歌が有名です。それは、「家にまったく米がないのに、（　①　）がムチを持って米を取り立てに来るので、逃げ出したい気持ちになった」という農民の悲しい気持ちをよんだ歌でした。

問１　空欄①にあてはまる語句を次から１つ選び、解答欄の記号を○で囲みなさい。

ア：国司	イ：郡司	ウ：里長	エ：地頭

問２　この時代の農民は税として米(稲)を納めなければなりませんでした。この税を何といいますか、**漢字**で答えなさい。

Ｂ　日本で米作りが広がり始めたころ、九州北部に私たちの集落ができはじめました。苦労して開拓した農地や、米を奪おうと攻めてくる勢力（せいりょく）もあったので、私たちも(a)攻撃への備えも十分にとっていました。私たちの集落は現在の佐賀県にあり、（　②　）遺跡（いせき）と呼ばれています。

問３　下線部(a)の攻撃への備えについて、上の写真を参考に、具体例をあげて説明しなさい。

問４　空欄②にあてはまる語句を答えなさい。

問９　Ｇ県について、以下の問いに答えなさい。

(1)　Ｇ県の県庁所在地名を**漢字**で答えなさい。

(2)　下線部(h)について、Ｇ県の住居はその気候から他の地域の住居とは異なる特徴（とくちょう）があります。Ｇ県の住居の特徴を説明した文として**誤っているもの**を次から１つ選び、解答欄の記号を○で囲みなさい。

ア：洪（こう）水があっても家屋への出入りが出来るように、玄（げん）関の位置を２階にも設けている。

イ：夏の気温が高いため、戸口を広くして風通しをよくしている。

ウ：伝統的住居では、家のまわりを石垣（がき）や防風林で囲んでいる。

エ：伝統的住居では、屋根のかわらをしっくいで塗（ぬ）り固めている。

問８　Ｆ県について、以下の問いに答えなさい。

(1)　Ｆ県では果樹栽培がさかんです。次の表ⅡのＸ～Ｚは、ぶどう、みかん、ももの生産量の上位５県を示したものです。作物の組み合わせとして正しいものを下から１つ選び、解答欄の記号を○で囲みなさい。

表Ⅱ：ぶどう、みかん、ももの生産量上位５県（2019年）

	X	Y	Z
第１位	山梨 … 31	F …157	山梨 … 37
第２位	福島 … 27	A …125	長野 … 32
第３位	長野 … 12	静岡 … 86	山形 … 16
第４位	岡山 … 9	熊本 … 81	岡山 … 16
第５位	F … 7	長崎 … 54	福岡 … 8
総生産量	108	747	173

単位（千トン）　『日本国勢図会 2021/22』

	ア	イ	ウ	エ	オ	カ
X	ぶどう	ぶどう	みかん	みかん	もも	もも
Y	みかん	もも	ぶどう	もも	みかん	ぶどう
Z	もも	みかん	もも	ぶどう	ぶどう	みかん

(2)　下線部(g)について、豊かな森林を育てるためにおこなわれる「間ばつ」の説明として正しいものを次から１つ選び、解答欄の記号を○で囲みなさい。

ア：育てた苗木を、山に植えること。

イ：植えた木の成長をさまたげる雑草を取り除くこと。

ウ：節のない木材をつくるために、下枝を切り落とすこと。

エ：太陽の光が届くように、一部の木を切りたおすこと。

問７　Ｅ県について、以下の問いに答えなさい。

(1)　Ｅ県が位置する地方では、高速道路や空港の周辺に工業団地がつくられています。これらの工業団地で生産がさかんな工業製品として正しいものを次から１つ選び、解答欄の記号を○で囲みなさい。

ア：半導体　　イ：セメント　　ウ：石油化学　　エ：製紙・パルプ

(2)　下線部(f)について、次にしめしたものは、一般的な米作りの作業の順番です。（　Ⅱ　）と（　Ⅲ　）にあてはまる語句を次からそれぞれ選び、解答欄の記号を○で囲みなさい。

なえを育てる⇒（　Ⅰ　）⇒（　Ⅱ　）⇒（　Ⅲ　）⇒（　Ⅳ　）⇒稲刈り

ア：しろかき　　イ：田おこし　　ウ：田植え　　エ：中干し

(3)　日本の米についての説明として正しいものを次から１つ選び、解答欄の記号を○で囲みなさい。

ア：現在、米はすべて国内産で、輸入されていない。

イ：全国の収穫量にしめる品種の割合では、コシヒカリがもっとも高い。

ウ：現在、米の生産量の目標は都道府県ごとに設定している。

エ：食生活の変化により、米の消費量は増えてきている。

中１次Ａ

問４　下線部(d)について、Ｃ県でこのような農業が発達した理由として、正しいものを次から１つ選び、解答欄の記号を○で囲みなさい。

ア：夏の間の暖かい気候が、農業の生産に適していたから。

イ：高速道路などの建設により、Ｅ県への出荷が大幅に増えたから。

ウ：Ｂ県での生産が減少する夏の時期に出荷量を増やすことで、農家の収入が増加したから。

エ：農業の機械化が進み、若い農業労働者が野菜生産に魅(み)力を感じたから。

問５　Ｄ県について、以下の問いに答えなさい。

(1)　Ｄ県を示した地図として、正しいものを次から１つ選び、解答欄の記号を○で囲みなさい。（付属する島は除く。縮尺は地図によって異なる。）

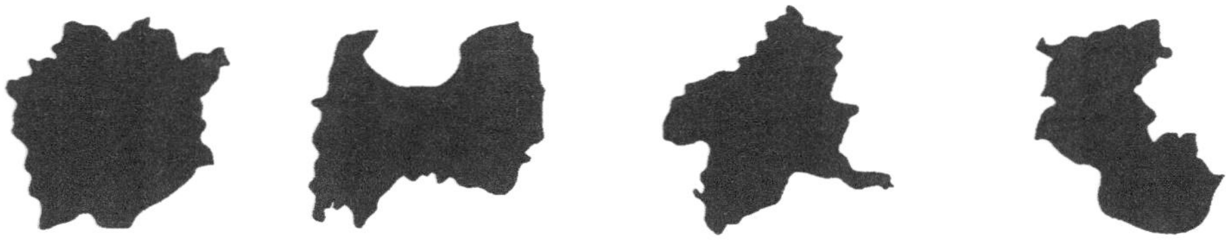

ア　　イ　　ウ　　エ

(2)　Ｄ県が接している県のうち、県名と県庁所在地名が異なっている県の県庁所在地名を**漢字**で答えなさい。

(3)　Ｄ県を流れる川ではかつて公害が起こりました。これについて述べた次の文中の（　Ⅰ　）～（　Ⅲ　）に当てはまる語句を答えなさい。ただし、（　Ⅰ　）は漢字、（　Ⅱ　）は**カタカナ**で答えなさい。

高度経済成長期にＤ県を流れる（　Ⅰ　）川上流域で、鉱山から出された（　Ⅱ　）が原因で骨がもろくなり骨折しやすくなる（　Ⅲ　）が多く発生しました。

問６　下線部(e)について、日本海側の都市と伝統的な工業の組み合わせとして正しいものを次から１つ選び、解答欄の記号を○で囲みなさい。

ア：輪島市＝絹織物	イ：高岡市＝うるし塗り
ウ：燕(つばめ)市＝洋食器	エ：鯖江(さばえ)市＝鉄器

問２　下線部(a)について、Ａ県の北東部の海域では栽培漁業がさかんです。この栽培漁業とはどのような方法の漁業ですか。「放流」という語句を使って、簡単に説明しなさい。

問３　Ｂ県について、以下の問いに答えなさい。

(1)　Ｂ県では、大都市に出荷するための野菜作りがさかんに行われています。このような農業を何といいますか。**漢字４字**で答えなさい。

(2)　下線部(b)について、東経 140 度の反対側の経線は、グリーンランドからブラジルの東部を通過します。この経度は何度ですか。「東経」「西経」のどちらかの語句を使って答えなさい。

(3)　下線部(c)について、次の表ⅠのＸ～Ｚは、Ａ・Ｂ・Ｄ県周辺の瀬戸内工業地域、京葉工業地域、北陸工業地域の製造品出荷額に関するものです。Ｘ～Ｚの組み合わせとして正しいものを下から１つ選び、解答欄の記号を〇で囲みなさい。

表Ⅰ：製造品出荷総額と生産額に占める割合（2018年）

	X	Y	Z
金属	16.8	20.8	18.8
機械	40.8	13.0	34.7
化学	12.8	41.5	23.1
食品	9.4	15.4	7.6
繊維（せんい）	4.1	0.2	2.0
その他	16.1	9.1	13.8
出荷総額	146 481 億円	132 118 億円	323 038 億円

単位(%)　　　　　　　　　　『日本国勢図会 2021/22』

	ア	イ	ウ	エ	オ	カ
X	瀬戸内	瀬戸内	京　葉	京　葉	北　陸	北　陸
Y	京　葉	北　陸	瀬戸内	北　陸	瀬戸内	京　葉
Z	北　陸	京　葉	北　陸	瀬戸内	京　葉	瀬戸内

問１　次の①～④の雨温図は、A・D・E・G県の県庁所在地のいずれかのものです。A・D・E・Gの雨温図の組み合わせとして正しいものを下から１つ選び、解答欄の記号を○で囲みなさい。

①

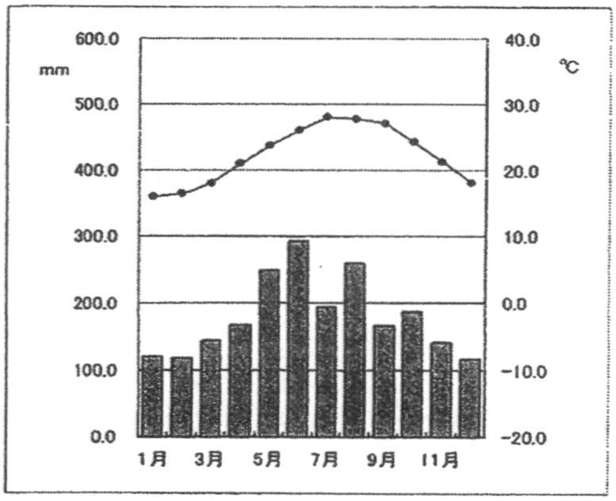

年平均気温 22.4℃

年降水量 2128 mm

②

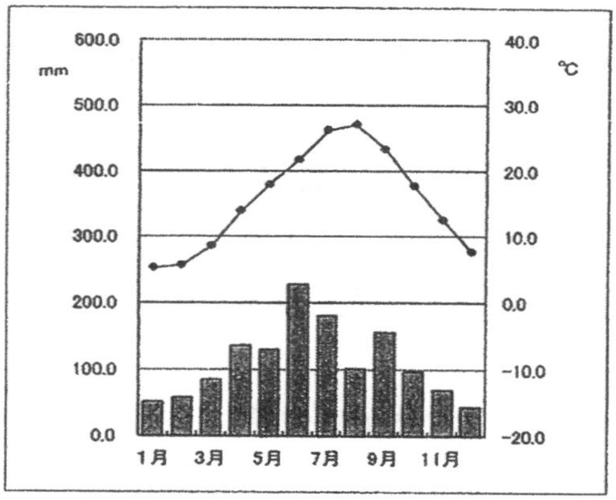

年平均気温 15.6℃

年降水量 1337 mm

③

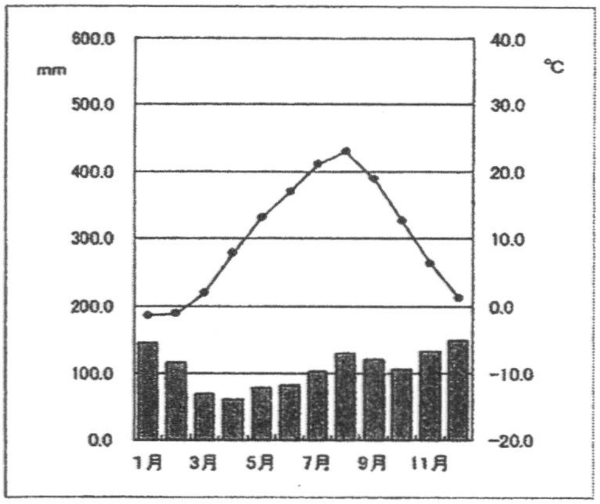

年平均気温 10.1℃

年降水量 1290 mm

④

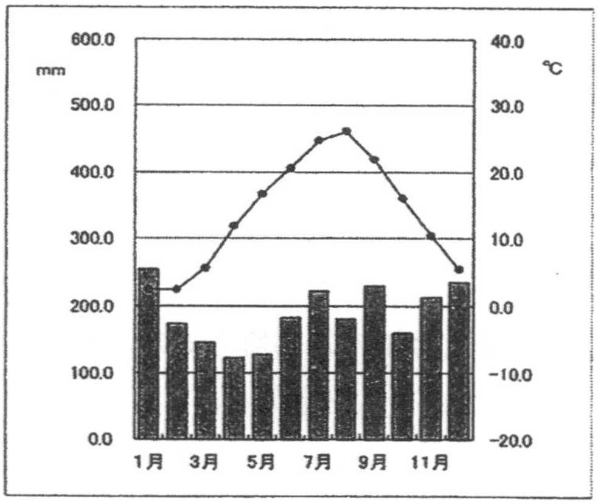

年平均気温 13.7℃

年降水量 2245 mm

	ア	イ	ウ	エ
①	A	A	G	G
②	G	G	A	A
③	D	E	D	E
④	E	D	E	D

1 次の文章はA～G県についてそれぞれ述べた文章です。これを読んで、あとの問いに答えなさい。(使用した統計は『日本国勢図会 2021/22』)

A この県は、果樹栽培を中心とした農業に特色があります。県の南西部にはリアス海岸もみられ、波がおだやかなことから、(a)漁業もさかんにおこなわれ、マダイの養殖生産量は全国第1位です。

B この県は、(b)東経 140 度の経線が通過しています。農業では、落花生やねぎの生産が全国第1位です。また、県庁所在地の都市は政令指定都市であり、臨海部に広がる(c)工業地域の中心となっています。

C この県は、内陸に位置し、日本一流域面積の広い川の源流がみられます。また、県北西部の山のふもとには火山灰が積もってできた標高 1000m 前後の高原が広がり、(d)この地域の自然や立地をいかした農業が行われています。

D この県は、中部地方の日本海側に位置しており、冬季に定置網で漁獲されるブリは特産品として全国に良く知られています。また、豊富な水資源を利用した化学工業や薬品工業がさかんであり、県の一部では(e)伝統的な工業もみられます。

E この県は、北部に二つの大きな半島があり、その間にある湾の奥に、県庁所在地があります。県西部の平野部では、(f)米とリンゴの栽培がさかんです。また、半島北部と対岸の知内町とを結ぶ海底トンネルが 1988 年 3 月に開通しました。

F この県は、近畿地方では最も人口が少ない県です。面積は広いですが、その 8 割以上が山地で占められ、古くから果樹栽培や(g)林業がさかんです。

G この県は、台風の進路にあたることが多い地域に位置しています。雨量は多いですが、雨水をたくわえる森林の多い山が少なく、大きい川もないため、雨水がすぐに海に流れてしまい水不足になやまされることもあります。また、(h)家のつくりなどには、このような気候に備えて、さまざまな工夫がされています。

令和４年度

帝塚山学院泉ヶ丘中学校
入学者選抜試験問題

１次Ａ入試

社会

（試験時間４０分）

受験番号	

【B】表は，食塩・ホウ酸・硫(りゅう)酸銅のさまざまな温度における溶解度（100 g の水に溶ける最大の重さ[g]）を表したものである。

	0℃	20℃	40℃	60℃	80℃
食塩	35.7	35.8	36.3	37.1	38.0
ホウ酸	2.8	5.0	8.9	15.0	23.6
硫酸銅	14.0	20.0	28.7	40.0	56.0

（5）食塩を 80℃の水 200 g にできるかぎり溶かした（この水溶液を飽(ほう)和水溶液という）。このときの水溶液のこさは何%か。もっとも適当なものを 1 つ選び，解答らんの記号を○で囲みなさい。

ア．16%　　イ．19%　　ウ．28%　　エ．38%

（6）60℃のホウ酸の飽和水溶液 100 g をビーカーに取り，20℃にしたところ，溶け残りが生じた。この溶け残りをろ過し，乾燥(かんそう)させてから重さをはかった。

① ろ過を行うときの器具の使い方としてもっとも適当なものを 1 つ選び，解答らんの記号を○で囲みなさい。

ア．　　イ．　　ウ．　　エ．

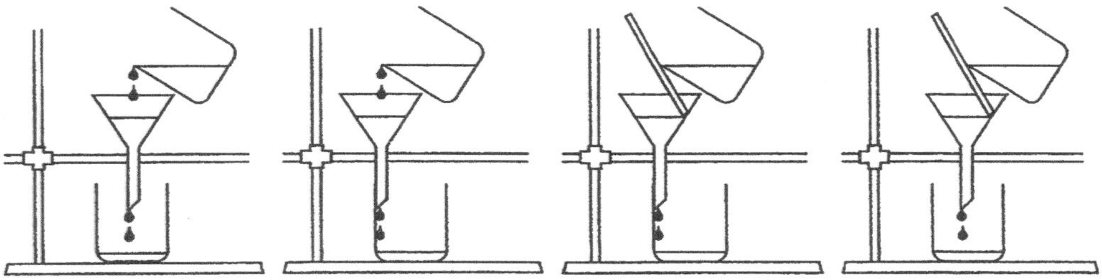

② 溶け残ったホウ酸の重さは何 g か。もっとも適当なものを 1 つ選び，解答らんの記号を○で囲みなさい。

ア．8.3 g　　イ．8.7 g　　ウ．10 g　　エ．11.5 g

（4）近年，「脱炭素社会」という言葉をよく見かける。これは，主に二酸化炭素の排出量を抑える取り組みをすることである。二酸化炭素や脱炭素社会についての説明で適当でないものを１つ選び，解答らんの記号を〇で囲みなさい。

ア．二酸化炭素は温室効果ガスともよばれ，地球温暖化の主な原因となっている。

イ．二酸化炭素は水に溶けると強い酸性を示し，酸性雨の主な原因となっている。

ウ．水素と酸素を反応させてエネルギーを得る燃料電池自動車の普及が進むと，排気ガスによる二酸化炭素の排出が抑えられる。

エ．石炭や天然ガスにかわってアンモニアを燃料に用いる取り組みが進むと，二酸化炭素の排出が抑えられる。

2 次の各文を読み，下の各問いに答えなさい。

【A】水溶液（あ）～（お）は，それぞれ水に「食塩」，「二酸化炭素」，「水酸化ナトリウム」，「アンモニア」，「ホウ酸」のいずれかが溶けたものである。これらを区別するために次の実験を行った。

【実験 1】［　①　］ところ，実験結果が「(あ)」と「(い)・(う)・(え)・(お)」の2つのグループに分けられた。

【実験 2】［　②　］ところ，実験結果が「(あ)・(お)」と「(い)・(う)・(え)」の2つのグループに分けられた。

【実験 3】緑色の BTB 溶液を少し加えたところ，「(い)・(お)」の溶液のみが黄色に変化した。

（1）【実験 3】の結果からわかることとしてもっとも適当なものを1つ選び，解答らんの記号を○で囲みなさい。

ア．(い)・(お) はともに中性の水溶液である。

イ．(い)・(お) はともにアルカリ性の水溶液である。

ウ．(あ)・(う)・(え) はすべてアルカリ性の水溶液である。

エ．(あ)・(う)・(え) は中性またはアルカリ性の水溶液である。

（2）空らん①，②にあてはまる実験操作として，もっとも適当なものをそれぞれ1つずつ選び，解答らんの記号を○で囲みなさい。

ア．水溶液を少量試験管に取り，においをかいだ

イ．水溶液を少量蒸発皿に取り，加熱をした

ウ．水溶液を少量取り，赤色リトマス紙につけた

エ．水溶液を少量取り，塩化コバルト紙につけた

（3）水溶液（あ），（お）に溶けているものはそれぞれ何か。もっとも適当なものをそれぞれ1つずつ選び，解答らんの記号を○で囲みなさい。

ア．食塩　　イ．二酸化炭素　　ウ．水酸化ナトリウム

エ．アンモニア　　オ．ホウ酸

(8) 次のア～エは，本州のある里山で見られた生物である。(7) のピラミッドを考えたときオオカミと同じ位置になる生物として，もっとも適当なものを1つ選び，解答らんの記号を○で囲みなさい。

ア．イタチ　　イ．ネズミ　　ウ．フクロウ　　エ．シジュウカラ

(9) オオカミ絶めつ後の知床半島では，シカ，ネコヤナギ，ユキウサギの順で個体数の変化が起こった。それぞれの生物の個体数の変化としてもっとも適当な組み合わせを1つ選び，解答らんの記号を○で囲みなさい。

A：シカの数が増えた。　　B：シカの数が減った。
C：ネコヤナギの数が増えた。　　D：ネコヤナギの数が減った。
E：ユキウサギの数が増えた。　　F：ユキウサギの数が減った。

ア．A・C・E　　イ．B・C・F　　ウ．B・D・E　　エ．A・D・F

(10) 下のア～エは，「オオカミ再導入」を行った後の数年間，オオカミの数，シカの数，ネコヤナギの樹木数，ユキウサギの数，について海外の成功例を参考に予測し，グラフに示したものである。①シカの数，②ユキウサギの数に当てはまるもっとも適当なグラフをそれぞれ1つずつ選び，解答らんの記号を○で囲みなさい。ただし，グラフ中のア～エは必ず，オオカミの数，シカの数，ネコヤナギの樹木数，ユキウサギの数のいずれかを示すものとする。

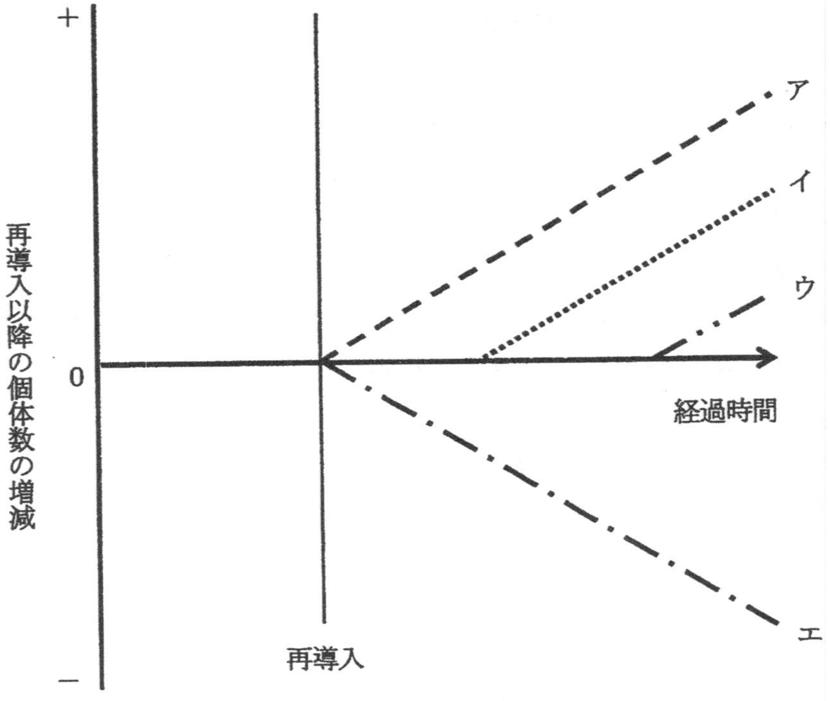

(2) 40℃の照明下で，二酸化炭素減少量が0.0になった理由を，「光合成量」と「呼吸量」を必ず用いて答えなさい。

(3) 一定の明るさの照明を当てたとき，この植物の光合成量が最大になるのは何℃のときか。表に示された温度から1つ選び，解答らんの記号を○で囲みなさい。

(4) 一定の明るさの照明を当てたとき，この植物がもっとも良く育つ（有機物がたまる）と予想されるのは何℃のときか。表に示された温度から1つ選び，解答らんの記号を○で囲みなさい。

(5) 20℃でこの植物を育てるとき，毎日24時間のうち少なくとも何時間以上，この実験照明下に置けばよいか。もっとも適当なものを1つ選び，解答らんの記号を○で囲みなさい。

ア．4時間　　イ．6時間　　ウ．8時間　　エ．10時間

【B】北海道や樺太（からふと），千島にはかつてオオカミが生息していた。しかし，1900年までに国内のオオカミは絶めつしてしまった。海外の成功例を参考にして，まずは知床半島にオオカミを別の国から連れてきて繁殖（はんしょく）させる「オオカミの再導入」という案が検討されている。ここでは「オオカミの再導入」に関係し，知床半島に生息する生物をしょうかいする。

オオカミ　：シカなどの①大型ほにゅう類をエサにしている。
シカ　　　：草食動物で，草や小枝，ネコヤナギなどの②木々の若い芽を好んで食べる。
ユキウサギ：ネコヤナギなどの③樹木を食べる小型のほにゅう類。
ネコヤナギ：成長したら平均3mの高さになる川辺に生えている樹木。

(6) 下線部①～③にあるような「食べる・食べられる」の関係を何というか。もっとも適当なものを1つ選び，解答らんの記号を○で囲みなさい。

ア．生物濃（のう）縮　　イ．弱肉強食　　ウ．食物連鎖（さ）　　エ．雑食動物

(7) 右図は知床半島のある場所にかつて生息した，オオカミ，シカ，ネコヤナギの個体数をピラミッドで表したものである。シカに当たるもっとも適当なものを1つ選び，解答らんの記号を○で囲みなさい。

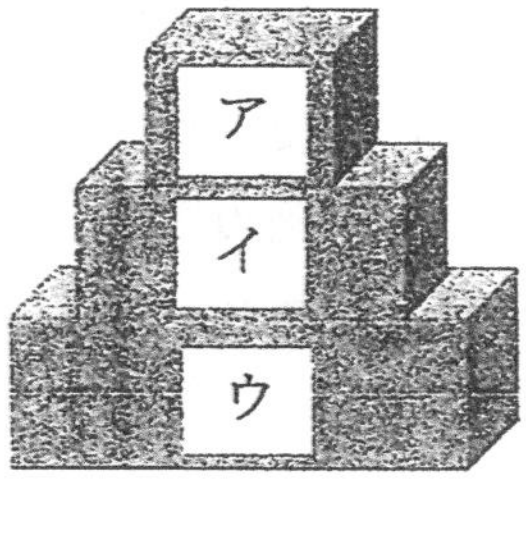

1 次の各文を読み，下の各問いに答えなさい。

【A】植物は光合成で有機物（ゆうきぶつ）を合成するが，同時に呼吸によって有機物を分解・消費して生活している。光合成と呼吸の関係を調べるために次の実験を行った。

【実験】密閉された容器内に植物を置き，容器内の二酸化炭素濃度を調べて，光合成や呼吸によってどれだけの二酸化炭素が増減したかを求める実験を行った。10℃～40℃で温度を変え，暗黒条件と一定の明るさの照明を当てたときの2つの場合について，1時間で葉100 cm²あたりの二酸化炭素量の変化[mg]をまとめた。下の表は，その結果と，その結果から導いた光合成量と呼吸量を示している。ただし，表中の光合成量と呼吸量は二酸化炭素量[mg]で示しており，呼吸量は光の有無で変化せず，葉以外の呼吸量は考えないものとする。

温度[℃]	暗黒での二酸化炭素増加量[mg]	照明下での二酸化炭素減少量[mg]	光合成量	呼吸量
10	2.5	8.5	11.0	2.5
15	3.5	12.5		
20	5.0	15.0		
25	7.0	13.5		
30	10.0	10.0		
35	13.0	5.0		
40	16.0	0.0		

（1）右図は【実験】で用いた容器内の二酸化炭素濃度を測定するための実験器具である。この器具についての説明として適当でないものを1つ選び，記号を○で囲みなさい。

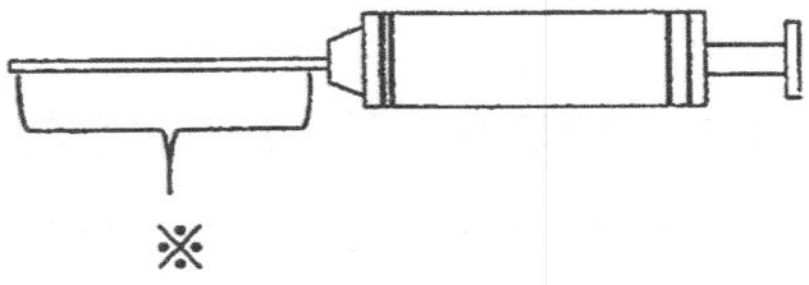

ア．器具の※部分は，はかる気体の種類によって変えなければならない。

イ．使い終わったあと，器具の※部分は，燃えないごみとして処理（しょり）する。

ウ．図の装置は，容器内の二酸化炭素の重さをはかる器具である。

エ．器具の※部分は，気体検知管という。

令和４年度

帝塚山学院泉ヶ丘中学校
入学者選抜試験問題

１次Ａ入試

理科

（試験時間４０分）

受験番号	

2 次の各問いに答えなさい。

(1) 5000 円をAさん，Bさん，Cさんの3人で分けます。AさんはBさんの2倍より 100 円少なく，BさんはCさんの2倍より 300 円多くなるように分けるとき，Bさんは何円もらえますか。

(2) あるコンサートで開場時間に 2400 人の行列があり，その後1分ごとに 200 人が行列に加わっていきます。入場ゲートは4つあり，開場してからちょうど 60 分で行列がなくなります。どのゲートも1分間に通ることができる人数が同じであるとき，1分間に1つのゲートを通る人数は何人ですか。

(3) ある商品を 100 個仕入れ，2割の利益を見込(みこ)んで定価をつけたところ，40 個売れました。残りの商品を定価の1割引きで売ると，5個だけ売れ残り，この日の利益は 3700 円でした。商品1個あたりの仕入れ値は何円ですか。

(4) A組には 20 人，B組には 16 人の生徒がいます。この2つの組から出席番号順に毎日1人ずつ当番を決め，毎週月曜日から土曜日まで同じ教室を掃除(そうじ)することにします。ある週の金曜日にA組の出席番号1番とB組の出席番号1番の生徒が当番になりました。次にこの2人が同時に当番になるのは何曜日ですか。ただし，途中(とちゅう)で欠席する人はいないものとし，当番は毎日，出席番号順に交代するものとします。

1 次の計算をしなさい。(4) は $\square$ にあてはまる数を求めなさい。

(1) $1221 - 43 \times (65 \div 5 - 8) + 95$

(2) $1.05 + 0.75 \div 3.2 \times (2.3 + 0.9) \div 10 - 0.6$

(3) $\left\{\left(3.8 - 2 \div \frac{8}{15}\right) \times \frac{16}{35} + 0.04\right\} \div 1\frac{4}{7}$

(4) $12 \div \left\{\square \div \left(5 - 1\frac{1}{3}\right)\right\} = 9$

令和４年度

帝塚山学院泉ヶ丘中学校
入学者選抜試験問題

１次Ａ入試

算数

（試験時間６０分）

受験番号	

二　次の文章を読んで後の問いに答えなさい。

日本語を学び、それを日本で使う外国人は、増えています。

日本語を流暢（りゅうちょう）に使う外国人を身近に知っている人も読者のなかには多いでしょうし、テレビでそういう人たちを見たことがある人なら、もっと多いことでしょう。

（　1　）、日本語という外国語を話す人びとに対して、私たち日本人は、実はかなり厳しいのです。言い換（か）えれば、日本人は、外国人が使う日本語を認めるハードルが、意外に高いのです。

この①母語への許容度について、（　2　）日本とアメリカとを比べてみましょう。

アメリカは、基本的に㊟1移民が作った国です。

つまり、ほとんどのアメリカ人の祖先は、外国人としてアメリカに来ましたし、アメリカは今でも移民を受け入れています。

ですから、アメリカ人やアメリカの㊟2コミュニティは、外国語として英語を使う人の存在、（　3　）その人たちが話すたどたどしい英語や訛（なま）りのある英語に慣れっこです。㊟3スタンダードな米語の響（ひび）きに親しんだ私たちの耳には奇妙（きみょう）に聞こえる多様な英語が、アメリカでは今現在も共存していますし、人びとはそれを当然のものとして受け入れています。

ところが、日本ではどうでしょうか。

初対面で日本語を話す外国人に対しては、まだカタコトであっても、

「日本語が上手（じょうず）ですねえ！」

と賞賛する人が少なくありません。

けれども、それは、相手を「②お客さん」とみなしているうちのことです。

実際にその人と毎日のように接し、仕事や生活の上でやりとりをするようになると、評価は変わります。

たとえば彼（かれ）らが㊟4助詞の「に」「で」の使い方を混同したり、聞き取りにくい発音をしたりすると、内容よりもそちらの間違（まちが）いに気をとられてしまい、思ったより日本語が下手（へた）だ、たいしたことはない、と考えがちです。

それには、理由があります。私たちはアメリカ人のように、日々の暮らしで「変な母語」に囲まれていないから、ひどく気になるのです。

私たちはずっと、

・日本人は日本にいて日本語を話す
・外国人は外国にいて日本語を話さない

という前提で生活してきました。

しかし、日本に来る外国人の数はどんどん増え、その中で日本語を使う人の数も増えてきています。

言い換えれば、当の日本人よりも先に、日本語という言語が国境を越えて用いられるようになり、「国際化」してしまったのです。

外国人のなかには、日本人の日本語と区別できないほど、上手な日本語を使う人もいます。しかし、多くの人たちは、アクセントがおかしかったり、単語の組み合わせが妙だったり、助詞を間違えていたりします。

それを全部「あの人の日本語は正しくない」「あの日本語じゃダメだ」という枠に押し込め、肝心の話す内容をきちんと評価しないでいたら、どうでしょうか。③外国人と私たちの、日本語によるコミュニケーションは、いつまでも成り立ちません。

数字の0と1の間には、無数の数が存在します。

同じように「正しい日本語」と「正しくない日本語」の間にも、さまざまなバリエーションが存在します。

発音が下手だから外国人の日本語はダメ、という画一的な見方でなく、時に間違いを善意で指摘しながらも、話はきちんと聞き、その中身や内容を評価して誠実に応えることが、これからの日本人には求められるでしょう。

その評価のためのキーワードは、「共感」です。

この共感とは、母語であるか否かにかかわらず、コミュニケーションの方法として日本語ということばを選びとった他者の気持ちを、自分のもののように感じとるような心のありようです。

私たちは、自分の周囲は日本人がいる日本であり、何か境界を隔てた外に外国人がいる外国がある、という単純な世界観でものごとをとらえがちです。その境界の一つが、日本語ということばです。日本人は日本語を使うからウチの人、外国人は違うことばを使うからソトの人、というこの心理的な境界は、日々の生活の大前提といってよいほどでした。

しかしいまは、たとえば国際アニメフェアで、スウェーデン人と韓国人が互いの共通語として日本語を用いているような状況は、ごく普通です。このような場合、日本語ということばは私たち日本人とかかわりなく、国際的な共有物として機能しています。④日本語はもはや私たち日本人だけのものではないのです。戸惑うことですが、多くの外国人が用いる外国語という側面も持つようになっているのです。

外国人が使う日本語は、私たちの基準からすると美しくはないし、認めがたいものかもしれません。けれども、それをこの世界で日本語ということばが外国語として使われているのだ、私たちの母語を使ってくれているのだ、と日本語が地球規模で育っていく過程を認めていく度量（＝共感）を持つことで、私たちは世界観を変えることができます。⑤心の境界線を飛び越えて、もっとおおらかに世界を見つめられます。

「日本語という外国語」の知識、そしてそれを学ぶ学習者への共感は、日本語教師になるためだけに必要なものではありません。私たちが国際化した母語を見直し、外国人との新しいコミュニケーションのかたちを作っていくための、大切な資産となり、構えとなるものなのです。

（荒川洋平『日本語という外国語』）

㊟1　移民……労働を目的として外国に移り住んだ人。
㊟2　コミュニティ……まとまりのある人々の集団。
㊟3　スタンダードな米語……アメリカで標準的とされる英語。
㊟4　助詞……文中にある「に」や「で」のように、ことばとことばとの関係をしめす言葉。

㈠　（ １ ）〜（ ３ ）に入ることばとして最も適当なものを次から選び、それぞれ記号で答えなさい。（同じ記号を二度使わないこと）

ア　ところが　　イ　そして　　ウ　つまり　　エ　たとえば

㈡　――①「母語への許容度」とあるが、「母語」とは、その人が幼い時から身につけ、使用している言語である。アメリカ人と日本人の「母語への許容度」について説明したものとして最も適当なものを次から選び、記号で答えなさい。

ア　アメリカ人は移民が多くいる日々の生活で訛りのある英語に慣れているため、外国人の使う英語も自然と受け入れられるのに対し、日本人は外国人が使うような訛りのある日本語に慣れていないため否定的に受け止めてしまう。

イ　アメリカ人は移民が多い環境で生活しているため訛りのある英語に敏感であるのに対し、日本人は日本語を話そうとする外国人が増えてきたためカタコトの日本語に対して好意的に受け入れている。

ウ　アメリカ人は常に訛りのある英語に囲まれて生活しているため文法が誤っていても理解出来るのに対し、日本人は少しでも文法が間違っていると気になるために外国人の誤った文法の日本語を理解しようとしない。

エ　アメリカ人は外国人の使う英語に奇妙さを感じてはいるが、日常的に移民の英語に慣れているので受け入れやすいのに対し、日本人は外国人の使う日本語の不自然さが気になるもののあえて指摘せずに理解しようとしている。

㈢　――②「お客さん」とあるが、ここではどのような人を指すか。その説明として最も適当なものを次から選び、記号で答えなさい。

ア　自分とは仕事で関わる、母語でない外国語を話している人。

イ　自分とは初対面で、母語として日本語を話している人。

ウ　自分とは付き合いが浅く、母語でない日本語を話している人。

エ　自分とは日常的な付き合いがあり、母語として外国語を話す人。

㈣　――③「外国人と私たちの、日本語によるコミュニケーションは、いつまでも成り立ちません」とあるが、それはなぜか。その理由の説明として最も適当なものを次から選び、記号で答えなさい。

ア　日本人は外国人の話す日本語に誤りがあると、表現や発音に注意が向いてその内容をきちんと理解しようとしなくなるから。

イ　日本人は外国人の話す日本語をきちんと聞き取ることができないため、理解しようと思っても正しく理解することができないから。

ウ　日本人は外国人の話す日本語の文法の誤りを指摘せずにはいられないため、いつまでたっても内容についての話にならないから。

エ　日本人は外国人の話す日本語を評価することに夢中になって、こちらから意見を伝えることがおろそかになってしまうから。

(五)　――④「日本語はもはや私たち日本人だけのものではないのです」とあるが、それは具体的に言うとどういうことか。その例として最も適当なものを次から選び、記号で答えなさい。

ア　アメリカ人の学生が、先生の母語である英語で日本語を教わる。

イ　もとはポルトガル語である「タバコ」という言葉が日本語になっている。

ウ　韓国旅行中に、日本人が韓国語を積極的に使って現地の人と会話する。

エ　スペイン人と中国人とで一緒(いっしょ)にカラオケに行き、日本の歌を日本語で歌う。

(六)　――⑤「心の境界線」について説明した次の文の□に入る適当なことばを、本文中から四十字以内で探し、最初と最後の五字を抜(ぬ)き出して答えなさい。（ただし、句読点は一字とする）

□（四十字以内）と考えて、ことばをもとに自分たちとそれ以外の人たちとを分けるもの。

(七)　この文章には「これからの日本語コミュニケーションのかたち」という副題がついている。「これからの日本語コミュニケーション」のために筆者は何が必要だと考えているか。それを説明した次の一文の□に当てはまることばを、本文中のことばを用いて五十字以内で書きなさい。

コミュニケーションの方法として□（五十字以内）をもつことが必要だと考えている。

三　次の(1)～(10)の――をつけたカタカナを漢字に直しなさい。

(1) カクギ決定について新聞の記事で読む。
(2) 正義が勝つツウカイな物語を読む。
(3) スイリ小説に夢中になる。
(4) すぐに意見を変えるなんてセッソウがない。
(5) 災害後すぐにフッコウ作業が始まった。
(6) 橋の上からシオの流れを見る。
(7) 洗濯（せんたく）をしたらセーターがチヂんだ。
(8) 彼（かれ）が今日の学級会の司会をツトめる。
(9) 心がくじけそうな時こそ勇気をフルい起こそう。
(10) ここは作物がよく育つユタかな土地である。

四　次の(1)～(5)のＡＢ二人の会話を読んで、□に入ることばとして最も適当なものをそれぞれ後のア～オから選び、記号で答えなさい。

(1) Ａ「昨日、居残りでたっぷり勉強させられてそれだけでもへこんでたのに、帰る途中（とちゅう）から雨が降（ふ）ってきちゃってずぶぬれになっちゃったよ」
Ｂ「それは□だったね」
ア　蛙（かえる）の面（つら）に小便　イ　泣（な）き面に蜂（はち）　ウ　転ばぬ先の杖（つえ）　エ　良薬は口に苦し　オ　寝耳（ねみみ）に水

(2) Ａ「小林先生に呼ばれて行ってみたらさ、次の試合、おまえレギュラーだからなって言われちゃったよ」
Ｂ「よかったじゃないか。一年生でレギュラーなんてすごいじゃないか」

A「よかないよ。これで先輩たちからねたまれちゃうよ」
B「そうか。□ってやつだね。でも、せっかくのチャンスなんだからさ、がんばれよ」
ア　口火を切る　イ　たてを突く　ウ　背に腹はかえられない　エ　頭が上がらない　オ　出る杭は打たれる

(3)
A「聞いてよ、花子ったら太郎君に告白してオッケーもらったって。ひどいよ、わたしが太郎君とつきあってるの知ってたのに」
B「うん、聞いた。あんたと太郎君を見てるうちに自分も太郎君を好きになったんだって。□なんて言ってたよ。ひどいねえ」
ア　隣の花は赤い　イ　岡目八目　ウ　なさけは人のためならず　エ　花より団子　オ　下手の横好き

(4)
A「おれは名前も知らされぬ作戦に参加させられ死の淵を見た」
B「あんた何言ってんの？　ただ教室の掃除当番でゴミ捨ててきただけじゃない」
A「おまえらしい□もの言いだな。おれのちっちゃいハートは傷ついちゃったんだからな」
ア　お茶を濁す　イ　歯に衣着せない　ウ　一筋縄ではいかない　エ　目先が利く　オ　さじを投げる

(5)
A「おい、やっとクラブ棟が建て替えられるんだってよ」
B「ああ、聞いたよ。学校もようやく□を上げたらしいね。老朽化が進んでたし」
A「それにしても長かったよなあ。新しいクラブ棟ができるころにはおれたちも引退だけど、一年の時から署名集めた甲斐があったってもんだ」
ア　白羽の矢　イ　ぬかに釘　ウ　浮き足　エ　重い腰　オ　あとの祭り

五　次の文章中の⑴～⑸の ―― を引いたことばと同じ種類のものを、後のア～オの 〰〰 を引いたことばから選び、それぞれ記号で答えなさい。（同じ記号を二度使わないこと）

日本には様々な⑴文化があります。たとえば、春にはお花見という文化があります。⑵大きい桜の木の下に⑶座り、大人も子どもも飲み食いして楽しみます。ふだんは⑷まじめな人も、この日ばかりははめを外してさわぎます。お花見は日本人にとって、⑸とても楽しみな行事なのです。

ア　国語力を上げたければ、本をたくさん読もう。
イ　あなたをチームリーダーに任命します。
ウ　ヨーロッパの街並みはすごくきれいだ。
エ　お兄ちゃんなんだから、しっかりしないと。
オ　その知らせに私はだんだんうれしくなった。

令和３年度

帝塚山学院泉ヶ丘中学校
入学者選抜試験問題

１次Ａ入試

国語

（試験時間６０分）

受験番号	

2021(R3) 帝塚山学院泉ヶ丘中
K 教英出版

一　次の文章を読んで後の問いに答えなさい。

満場一致で決まるはずだった。自信はあった。発表したときのみんなの反応はばっちりだったし、担任の本宮先生も、いいぞ、というふうに大きくうなずいていたし、書記をつとめる川原くんは、きみの発表した案を（　１　）大きく黒板に書いてくれた。

〈信号は　渡る前にも　右左〉

交通安全の標語だった。来週から始まる秋の全国交通安全週間に向けて、全校でクラスごとに標語とポスターをつくる。五年三組の標語は、きみの考えた案で決まり——のはずだった。

ライバルはいない。他の案はどれもつまらない。〈雨の日は　傘を差すから　危ないよ〉だの〈気をつけよう　ガードレールの　ない道路〉だの〈行き帰り　まっすぐ前みて　歩こうよ〉だの……。

標語の上手い下手なんて、ほんとうはきみにもよくわからない。みんなにもわからない。だから、おそらく、きみがかつ。和泉文彦——「ブンちゃん」が考えた標語だからというだけで、みんなの頭には、それが一番なんだ、というのが刻み込まれる。五年三組はそういうクラスで、きみは、そんな五年三組の間違いなく、ヒーローだった。

①ブンちゃん——次は、きみの話だ。

「他に意見はありませんか？」

司会の細田くんが、教卓から教室を見まわして言った。

「決まりだろ、もう」

（　２　）三好くんが言った。「ブンちゃんのでいいじゃん、サイコーだもん」とつづけ、きみをちらりと見て、へへっと笑う。

「だめだよ」きみは怒った顔で言った。「ちゃんと投票して、多数決で決めようぜ」

はっきりと「勝ち」がわかったほうが気分がいい。負けるはずがない。勉強でもスポーツでも、五年三組の男子できみにかなう子は誰もいない。
「じゃあ、投票にする?」
細田くんは、自信なさげにきみを見て言った。学級委員のくせに、困ったときにはいつもきみを見る。一学期の学級委員はきみだった。「委員を務めるのは一年に一度だけ」という決まりさえなかったら、二学期もきみが委員に選ばれていたはずだった。
「さんせーい!」
きみが手を挙げて応えると、細田くんはほっとした顔になり、②ようやく学級委員の威厳を取り戻して「じゃあ、投票にします」と言った。③そこまでは筋書きどおりだった。
でも、黒板に向いた細田くんの視線を引き戻すように、教室の後ろから声が聞こえた。
「意見、言っていいですか?」
耳慣れない男子の声だった。あいつだ、とすぐにわかった。二学期から入ってきた転校生――五年三組の一員になってまだ十日足らずの、中西くんだ。
予想外のことに細田くんは言葉に詰まり、救いを求めるようにきみを見た。
出端をくじかれたきみはムッとして、でもそれを顔には出さずに、いーんじゃない? と目で応えた。その視線を、中西くんに向けて滑らせる。おとなしい奴だと思っていた。前の学校は、市役所の近くの城山小学校だった。二丁目に建ったばかりのマンションに引っ越してきた、知っているのはそれだけだ。
中西くんは席に着いたまま、黒板を指差して「和泉くんの提案した標語、いいけど、ちょっと間違っていると思います」と言った。「直したほうが、ずっとよくなるから」
④教室は一瞬静まり返った。男子の何人かがきみを振り向き、女子の何人かは(注)1怪訝そうに顔を見合わせた。
中西くんは落ち着いた口調で、きみの標語の間違いを説明した。このままでは意味が通らない、渡るのは横断歩道や交差点なんだから「信号を渡る」という言い方はおかしい、「わたる前」と言うのなら、「信号」ではなくて「横断歩道」や「交差点」に替えたほうがいい……。
⑤教室がざわついた。男子は困惑気味できみと中西くんを交互に見るだけだったが、女子は小声でしゃべりながら、そう

だよね、とうなずいている子が多かった。きみはあわてて本宮先生の顔を盗み見た。先生は腕組みして、ふむふむ、と中西くんの意見に納得している様子だった。

「⑥だめだよ、変だよ、それ」

きみは声を張り上げる。「絶対だめだよ。そんなの、そっちのほうがおかしいって」

と一息につづけ、そこから先は（　３　）考えたことを口にした。

「『交差点』なんて言っても、一年生や二年生だと意味わかんないよ。難しい言葉つかってカッコつけても、意味がわかんなかったら標語にならないから、だからオレ、わざと『信号』にしたんだよ」

中西くんをにらみつけた。でも、中西くんはきみには目を向けず、細田くんに「もっといい直し方があります」と言った。

冷静な中西くんの口調や表情に吸い寄せられたみたいに、細田くんは「発表してください」と応え、川原くんもチョークを持って黒板に向かった。

〈⑦信号は　青になっても　右左〉

黒板の字は、途中から――「青になっても」の一言に、川原くんが、あ、そっか、とうなずいたのを境に大きくなった。

教室のざわめきも、どっちつかずで揺れ動いていたのが、しだいに一つの声の束にまとまっていった。うなずくしぐさがあちこちで交わされる。⑧三好くんが、ブンちゃんどうする？　と心配そうにこっちを見ていた。それがうっとうしくて、よけいに悔しくて、きみはそっぽを向いて椅子に座り直し、窓の外を見つめた。

「じゃあ……いまの中西くんの提案も入れて、どれがいいか……投票に、します」

細田くんが気まずそうに言った。きみは窓の外を見つめたまま、空に浮かぶ雲の輪郭を目でなぞる。勝てない。わかっていた。

五年三組、男女合わせて三十七人のうち、中西くん本人を含む二十三人が〈青になっても〉に投票した。きみの〈渡る前にも〉に手を挙げたのは十人――いつも「ブンちゃん、ブンちゃん」とまとわりついてくる連中ばかりだった。

きみは、中西くんの標語に手を挙げた。他の誰にも負けないぐらい右手をピンと伸ばして、高く掲げた。でも、中西くんは、「では、五年三組の標語は、中西くんが提案した……」と細田くんが言いかけるのを制して、最初と変わらない落ち着きはらった態度で言った。

「和泉君とぼくの合作です」

⑨ゴム印で軽く捺(お)されただけだった「負け」が、その瞬間(しゅんかん)、㊟2焼きゴテで強く胸に押(お)し付けられたような気がした。

（重松清「きみの友だち」新潮文庫刊）

㊟1　怪訝そうに……疑いを持っているような様子で。

㊟2　焼きゴテ……熱した金属を押し当てて革(かわ)製品などに印や模様をつけるために用いる、金属製のコテ。

㈠　――①「ブンちゃん――次は、きみの話だ」とあるが、作者は登場人物の「ブンちゃん」に対して「きみ」と語りかけている。この表現上の工夫(くふう)にはどのような効果があるか。その説明として最も適当なものを次から選び、記号で答えなさい。

ア　「ブンちゃん」に語りかけるような言葉によって、自分がクラスのヒーローであることに浮かれて舞(ま)い上がっている「ブンちゃん」を、現実に引き戻す効果がある。

イ　「ブンちゃん」に語りかけるような言葉によって、「ブンちゃん」の心の中には自分を冷静に見つめなおすもう一人の自分がいるということを示す効果がある。

ウ　主要な登場人物を「きみ」と言い表すことによって、読者は自分が「ブンちゃん」に語りかけているような気持ちになり、「ブンちゃん」を身近に感じられる効果がある。

エ　主要な登場人物を「きみ」と言い表すことによって、文中で語られている「ブンちゃん」に関する出来事が読者にとって他人事ではないように感じられる効果がある。

㈡　（ １ ）～（ ３ ）に入ることばとして、最も適当なものを次から選び、それぞれ記号で答えなさい。ただし同じ記号を二度使わないこと。

ア　すかさず　　イ　ひときわ　　ウ　とっさに　　エ　ますます

㈢　――②「ようやく学級委員の威厳を取り戻して」とあるが、「細田くん」が学級委員としての威厳を取り戻すことができたのはなぜか。次の形式に合うように本文中のことばを用いて二十五字以内で説明しなさい。ただし句読点や記号も一字と数える。

クラスの標語を投票で決めるということについて自信がなかったが、（　　　　二十五字以内　　　　）から。

㈣ ――③「そこまでは筋書きどおりだった」とあるが、以下に示すのは、「ブンちゃん」が考えていた「筋書き」について説明した文章である。［Ⅰ］～［Ⅳ］に入る適当なことばを、指定された字数に従って、それぞれ本文中から抜き出して答えなさい。

クラスの［Ⅰ（四字）］であった「ブンちゃん」は、自分の考えた標語がクラスの標語に決まるのは当然だと思っていた。けれども、はっきりと「勝ち」がわかるほうがよいと思い、どうせ選ばれるなら［Ⅱ（三字）］で決まるようにもっていこうと思っていた。というのは、クラスの男子のなかに「ブンちゃん」に［Ⅲ（十字）］のだから、［Ⅳ（八字）］という自信があったからである。

㈤ ――④「教室は一瞬静まり返った」、⑤「教室がざわついた」とあるが、この間の教室の様子についての説明として最も適当なものを次から選び、記号で答えなさい。

ア　これまでのクラスの雰囲気からすると、「ブンちゃん」の案に異論が出るはずがなかったため、みんな戸惑いつつ息をのんでいたが、「中西くん」の説明は筋の通ったものだったので、困惑は広がりながらも、「中西くん」の意見を正しいと思う人が増え始めている。

イ　どんな場合でも「ブンちゃん」の考えたことが一番であるのはわかりきっているのに、「中西くん」が恐れる様子もなく反対意見を発表し始めたので、「ブンちゃん」が怒り出すのではないかとみんなはらはらしていたが、「中西くん」の態度が堂々としていたので圧倒されている。

ウ　今まで誰も逆らえなかった「ブンちゃん」に、はじめて逆らう人物が出てきたので、とんでもないことが起こるのではないかという予感にみんな凍りついてしまったが、「中西くん」は穏やかな口調で考えを述べ、「ブンちゃん」の態度も落ち着き払っていたので安心している。

エ　いつも立派な意見を述べてクラスに貢献してきた「ブンちゃん」に対して、「中西くん」が馬鹿にした態度をとったので、みんな怒りを感じ、あきれていたが、「中西くん」の理路整然とした意見を聞くうち、正しいのは「中西くん」かもしれないと全員が思い始めている。

(六) ――⑥「だめだよ、変だよ、それ」とあるが、このときの「ブンちゃん」の気持ちとして最も適当なものを次から選び、記号で答えなさい。

ア 「中西くん」の指摘が下級生のことを考えない的外れなものであったため、きちんと筋道立てて自分の意見を述べることで、自分の正しさを理解してもらおうとしている。

イ 「中西くん」にクラスのリーダーの座を奪われてしまうと思ったため、「中西くん」の発言の間違いを落ち着いて指摘することで、崩れかけた自分の立場を守ろうとしている。

ウ 「中西くん」の指摘に一部の生徒や担任の先生が納得し始めたため、自分が転校生に負けてしまうのではないかとあせりを感じ、「中西くん」の案を否定しようとしている。

エ 「中西くん」の発言のせいでクラスの雰囲気が変わってしまったため、大きな声を出して注意を促すことでみんなが冷静さを取り戻し、考え直してくれるようにと思っている。

(七) ――⑦「信号は　青になっても　右左」という標語は、(1)「信号は　渡る前にも　右左」、(2)「交差点　渡る前にも　右左」と比較してどのような点が評価されたのか。それぞれ三十字以内で説明しなさい。ただし句読点や記号も一字と数える。

(八) ――⑧「三好くんが、ブンちゃんどうする？　と心配そうにこっちを見ていた」とあるが、このときの「三好くん」の様子の説明として最も適当なものを次から選び、記号で答えなさい。

ア このままでは「ブンちゃん」の提案が負けることになり、クラス内での「ブンちゃん」の位置が揺らいでしまうことを感じて不安そうに気づかっている。

イ はじめて「ブンちゃん」が負けることになりそうなので、いい気味だと思う気持ちがある一方で、かわいそうだとも思いながら「ブンちゃん」の様子をうかがっている。

ウ クラスの大半は「中西くん」の提案に傾きつつあるが、たとえ「ブンちゃん」が負けたとしても、この後もずっと自分は味方だということを知らせようとしている。

エ 思いがけず「中西くん」の提案がすばらしかったので、「ブンちゃん」が負けることを予想して、投票はやめさせた方がよいのではないかと目で合図している。

(九) ――⑨「ゴム印で軽く捺されただけだった『負け』が、その瞬間、焼きゴテで強く胸に押し付けられたような気がした」とあるが、これはどのようなことを表しているか。それを説明した次の文の［Ⅰ］・［Ⅱ］に入ることばとして最も適当なものをそれぞれ後のア～エから選び、記号で答えなさい。

「ブンちゃん」は「中西くん」の標語に手を挙げることによって［Ⅰ］が、「中西くん」が「和泉君との合作です」と言ったことによって［Ⅱ］になってしまった。

［Ⅰ］
ア 自ら敗北を認め、自分の考えを曲げようとしない「中西くん」を批判しようとした
イ 友好的な態度を示し、「中西くん」から向けられている敵意を和（やわ）らげようとした
ウ 自分の意見にこだわらない心の広さを示し、自分のプライドを守ろうとした
エ 自らの理解力の高さを示し、ふたたびクラスの主導権を取り戻そうと試みた

［Ⅱ］
ア 自らの作品が踏（ふ）みにじられたような気持ちになり、「中西くん」との対立を深める結果
イ 自分が負けた相手に情けをかけられたような立場になり、余計にみじめな気持ち
ウ 「中西くんに賛成する」という最後の抵抗（ていこう）すらも否定され、さらに恥（はじ）をかくこと
エ 標語の作成者が誰なのかあいまいになり、勝ち負けの決定が中途半端（ちゅうとはんぱ）な印象

二　次の文章を読んで後の問いに答えなさい。

インターネットは、世界中の情報を集めたり、世界中の人と話ができる便利な道具です。友だちと楽しい話をすることもできるし、逆に人の悪口を書き込むこともできます。

何でもできるから、じょうずに使うためのマナーを覚えることが大切です。

でも①インターネットに、何をどこまで書いたらマナー違反になるのでしょうか。迷ったときは次の言葉を思い出してください。

「自分がされていやなことは、相手にもしない」これがマナーの原点です。

悪口を書かれていやだったら、キミは人の悪口を書かないことです。こうすれば、楽しくインターネットを使いこなすことができます。何でもできる便利な道具だから、楽しいことやいいことのためだけに使うようにしよう。

インターネットのホームページや㊟掲示板に、②自分の悪口を書かれたら頭に来ますよね。負けずに言い返したくなります。でも、こんなときこそ「自分がされていやなことは、相手にもしない」という言葉を思い出しましょう。

ではこんなときはどうすればいいのでしょう。自分がされたらうれしいことを相手にしてあげるのです。悪口を言われたことは無視して、

「〇〇さんは絵がとってもじょうずです」

「文章もじょうず」

このように、その人のいいところをほめてやりましょう。ほめて、おだてて、悪口を言わせないようにしてしまうのです。ほめられて気を悪くする人はいません。これならケンカになりませんよね。

インターネットを使って、たくさんの友だちと楽しく話をしているとき、突然会話に割り込んできて、汚い言葉を投げたり、自分勝手なことを言い出す人がいます。

③わざと人のいやがることをする困った人です。こんな人が割り込んでくると楽しい会話がいっぺんにつまらなくなってしまいます。

なぜわざとこんなマナー違反をするのでしょうか。

5 兄と弟が同時に自宅を出発し，祖父の家へ向かいます。兄は自転車，弟は徒歩で移動します。兄は途中(とちゅう)にあるピザ屋でピザを買います。兄は出発してから3分後にピザ屋へ着き，弟はその12分後にピザ屋の前を通過しました。このとき，次の各問いに答えなさい

(1) 兄と弟の速さの比をもっとも簡単な整数の比で表しなさい。

弟がピザ屋の前を通過してから数分後，兄はピザ屋を出発し，はじめの $\frac{4}{5}$ の速さで祖父の家へ向かいました。その結果，兄はピザ屋を出発してから2分後に弟に追いつき，弟よりも3分30秒早く祖父の家に着きました。

(2) 兄がピザを買うのに何分かかりましたか。

(3) 自宅から弟に追いついた場所までと，弟に追いついた場所から祖父の家までの道のりの比をもっとも簡単な整数の比で表しなさい。

4 1辺の長さが 12 cm の正方形 ABCD について，次の各問いに答えなさい。

(1) 図1のように，辺 AD，BC の両端(りょうたん)と，この2つの辺の長さを3等分する位置に点をとりました。これらの8つの点から3つを選んで結び，それらを頂点とする三角形を作るとき，A を頂点の1つとする三角形は何個できますか。

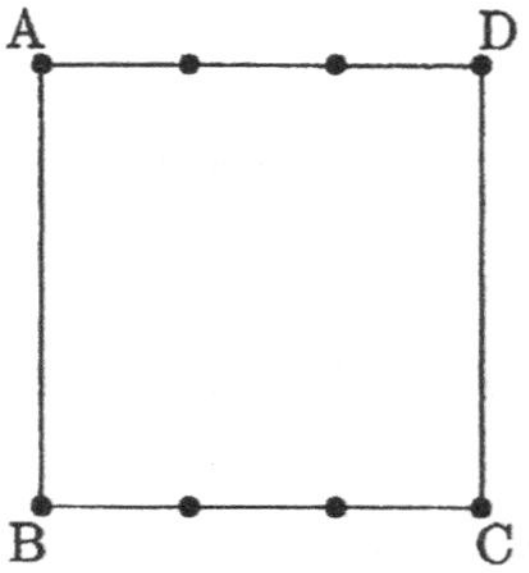

図1

図2のように，辺 BC の両端と辺の長さを3等分する位置に点をとり，さらに辺 AB，DC の真ん中の点をそれぞれ E，F とし，EF の真ん中に点をとりました。これらに A を加えた8つの点から3つを選んで結び，それらを頂点とする三角形を作ります。

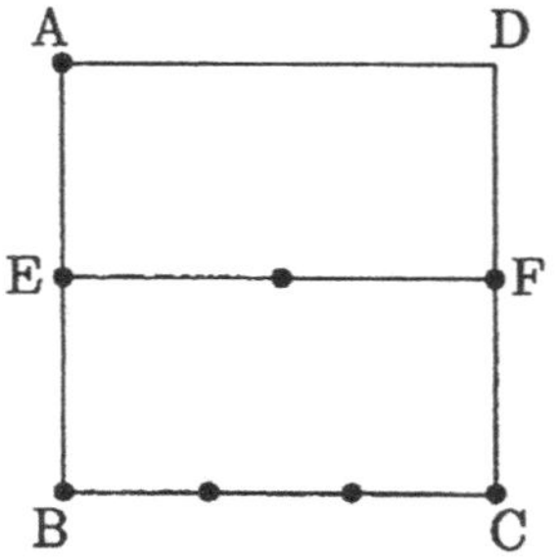

図2

(2) A を頂点の1つとする三角形は何個できますか。

(3) A を頂点の1つとする三角形のうち，面積が 36 cm^2 の三角形は何個できますか。

1次A

3 下の図のような直方体Aと，2つの直方体を組み合わせてできた立体Bがあります。また，直方体の容器Cには4 cmの深さまで水が入れてあります。このとき，次の各問いに答えなさい。

(1) 直方体Aを傾(かたむ)けずに容器Cの底につくまで沈(しず)めたとき，水面の高さは底から何cmになりますか。

(2) 立体Bを傾けずに容器Cの底につくまで沈めたとき，水面の高さは4 cm上がりました。㋐の長さは何cmですか。

A

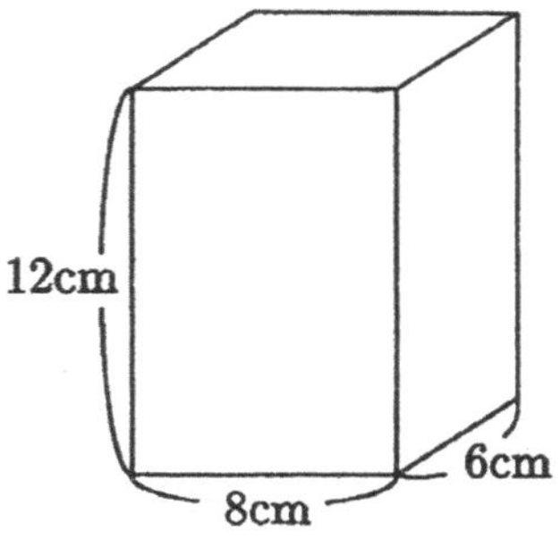

B

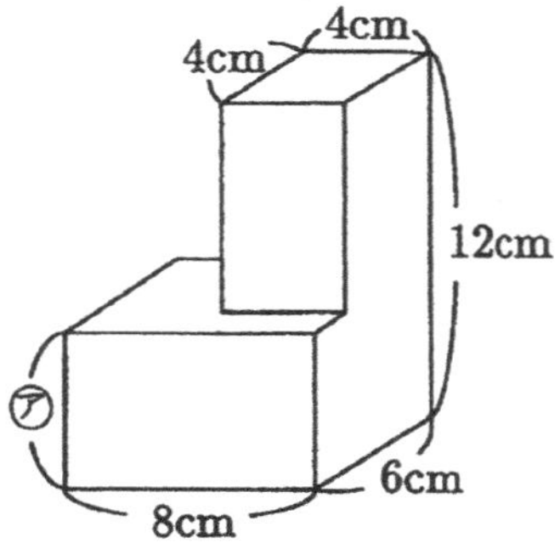

C

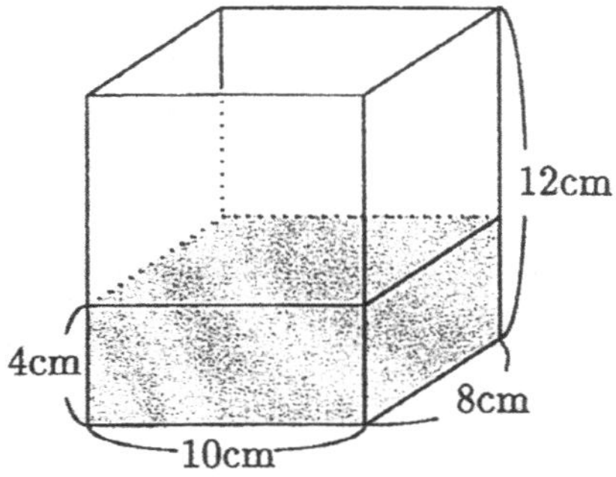

(6)　右の図のように正方形ABCDと正三角形EBCがあります。角㋐の大きさは何度ですか。

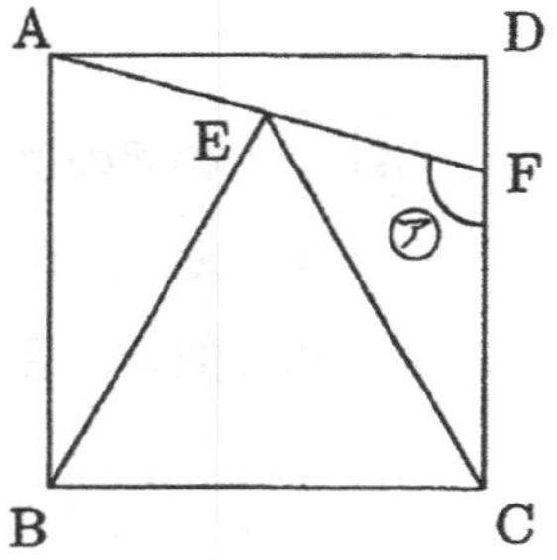

(7)　下の図のように長方形と2つの半円をつなげた図形があります。長方形の縦の長さは4 cm，横の長さは6 cmです。半径1 cmの円がこの図形の外側に沿って1周するとき，円の中心が通ってできる線の長さは何cmですか。ただし，円周率は3.14とします。

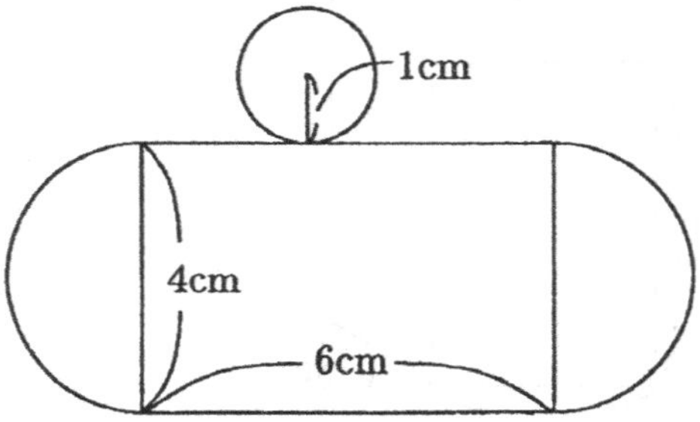

(8)　AかBで答える問題が8問あり，1問正解するごとに1点が与(あた)えられます。ゆりこさん，しげるさん，ふみおさんの3人がこの8問を解いたときの解答と得点は下の表のようになりました。この8問の正しい答えを書きなさい。

問題番号 / 名前	1	2	3	4	5	6	7	8	得点
ゆりこ	B	B	A	A	B	A	B	B	6点
しげる	A	B	B	A	B	B	B	B	7点
ふみお	A	B	B	B	B	A	B	A	6点

1次A

4 次の文中の下線部が正しければ○，間違っている場合は正しく書き直しなさい。

（1）下のア～ウの雲画像を日付順に並びかえると，3番目はウになる。

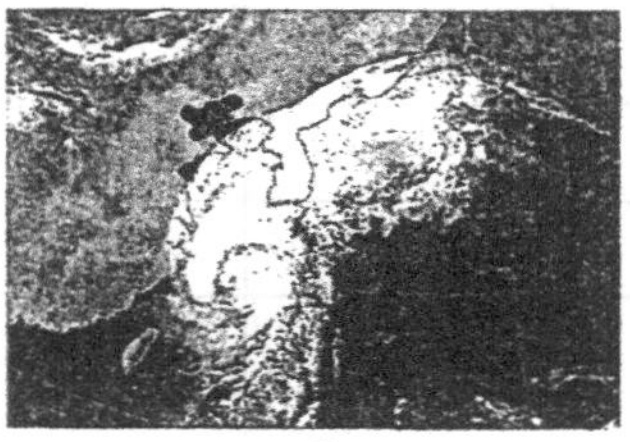
ア

イ

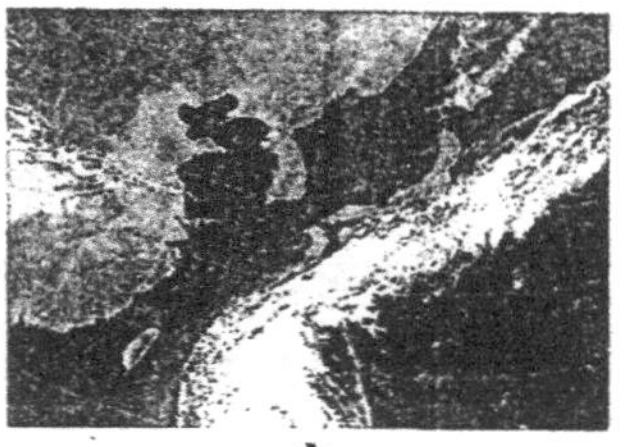
ウ

（2）太陽系で，太陽から4番目に近い位置で公転しているわく星は火星である。

（3）地上から空を見上げると，太陽は1時間に15°ずつ動いているように見える。

（4）地球と太陽の間の位置に月があるとき，月が太陽の光を隠しているように見える。この現象を月食と呼ぶ。

（5）月の表面には黒点と呼ばれる大小たくさんのくぼみが見られる。

（6）流れる水によって地面をけずるはたらきを風化と呼ぶ。

次に，おもりを全て外してから点イに40 g，点ウに20 gのおもりをつけると，ハンガー全体が大きくAB側に傾いた。

（3）30 gのおもりを1つつるしてハンガーをつりあわせたい。そのためには，ハンガーのどこにおもりをつるすと良いか。解答例にならって解答らんの図に「×」を1つ描きなさい。ただし，おもりをつるすことができるのは図の格子の交点のみである。

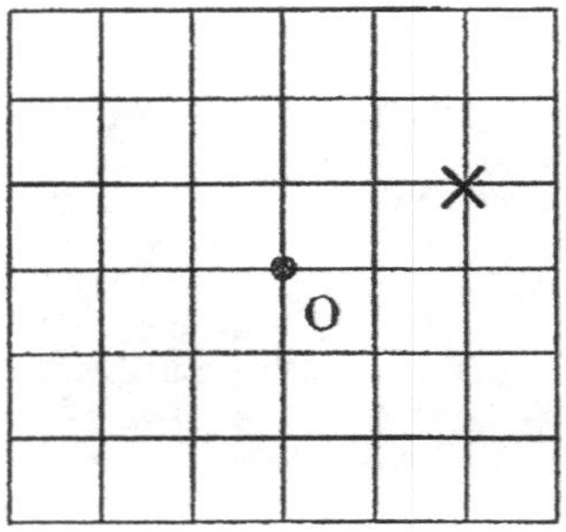

解答例

さらに，おもりを全て外してから点ウに10 gのおもりをつけなおした。

（4）ア，イ，エ，オに残りのおもりを全てつるすことでハンガーをつりあわせたい。そのとき，30 gのおもりはどこにつるすとよいか。また，おもりをつるさないのはどこか。ア，イ，エ，オから適当なものをそれぞれ1つずつ選び，解答らんの記号を○で囲みなさい。

最後に，物干しざおからハンガーをつるす点Oを，図4の位置Pにずらした。

（5）イに10 g，Bに20 g，Aに30 g，ウに40 gをつるしたところ，ハンガーはつりあわなかった。ここから，はじめに用意したおもりとは別のおもりを2つ追加してハンガーをつりあわせるには，どの点に何gのおもりをつるすとよいか。a～eからもっとも適当なものを1つ選び，解答らんの記号を○で囲みなさい。

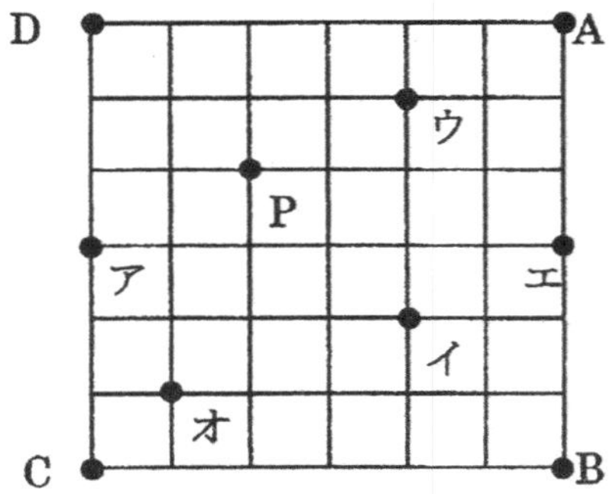

図4

a．Cに20 g，Dに30 g
b．アに40 g，オに10 g
c．オに70 g，Dに90 g
d．エに10 g，Cに150 g
e．アに100 g，Dに50 g

【B】てこの原理を利用した道具について，次の各問いに答えなさい。

（1） 図 1 の天びんがつりあっているときア，イにあてはまる長さ，重さをそれぞれ答えなさい。ただし，棒やひもの重さは考えないものとする。

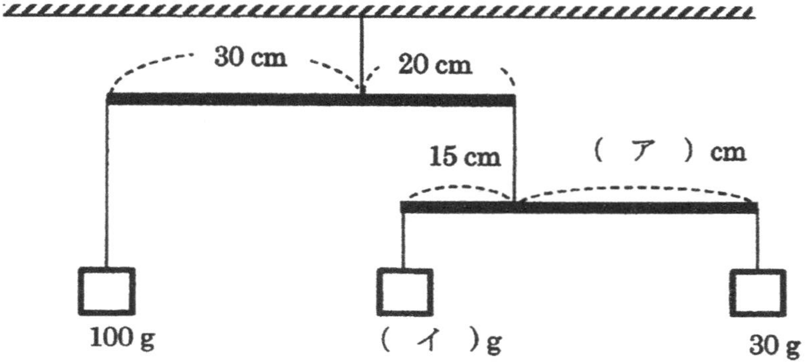

図 1

くつ下や下着などを同時にたくさん干す便利な道具として，ピンチハンガー（以下ハンガーとする）がある。いま，図 2 のような，正方形で一様な素材でできたハンガーABCD を考える。このハンガーは中心点 O でつるされており，10 cm ごとの格子の交点に各 1 個ずつ，すべて同じ洗濯(たく)ばさみが取り付けられている。バランスの取れた上手な干し方を探すため，10 g，20 g，30 g，40 g，のおもりをつるして，ようすを観察した。下の各問いに答えなさい。ただし，ハンガーと洗濯ばさみの重さは考えないものとし，各おもりは 1 つずつしかなく，1 つの洗濯ばさみにつけられるおもりは 1 つまでとする。

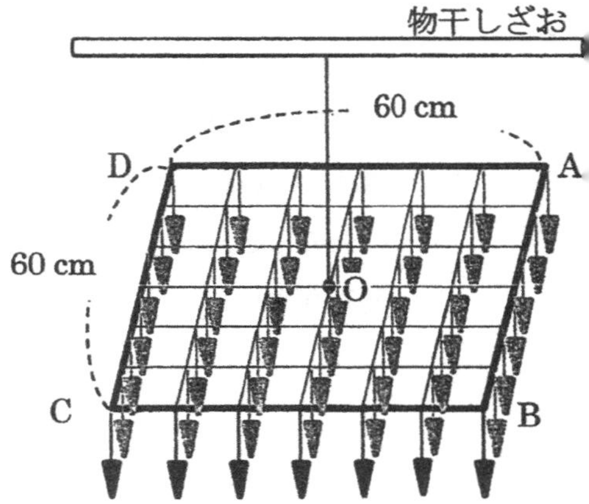

図 2

図 3 は，ハンガーを上から見たものである。点 A に 20 g のおもりをつるした。

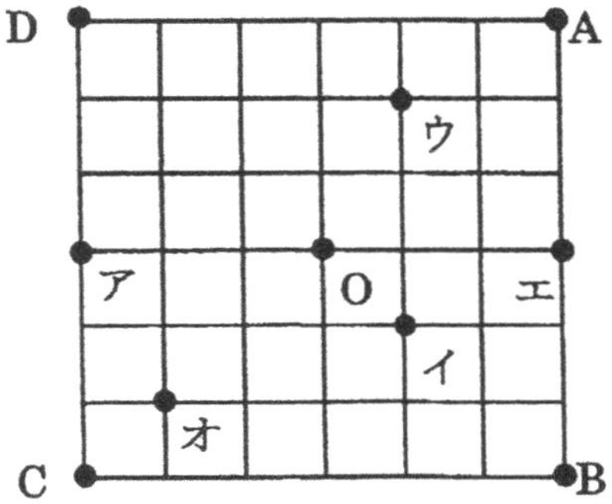

図 3

（2）おもりを 1 つだけ使ってハンガーをつりあわせるためには，点ア～オのどこに何 g のおもりをつけるとよいか。場所とおもりの重さをそれぞれ答えなさい。

2021(R3) 帝塚山学院泉ヶ丘中
教英出版

【実験 2】E～I の 5 つの回路を作った。

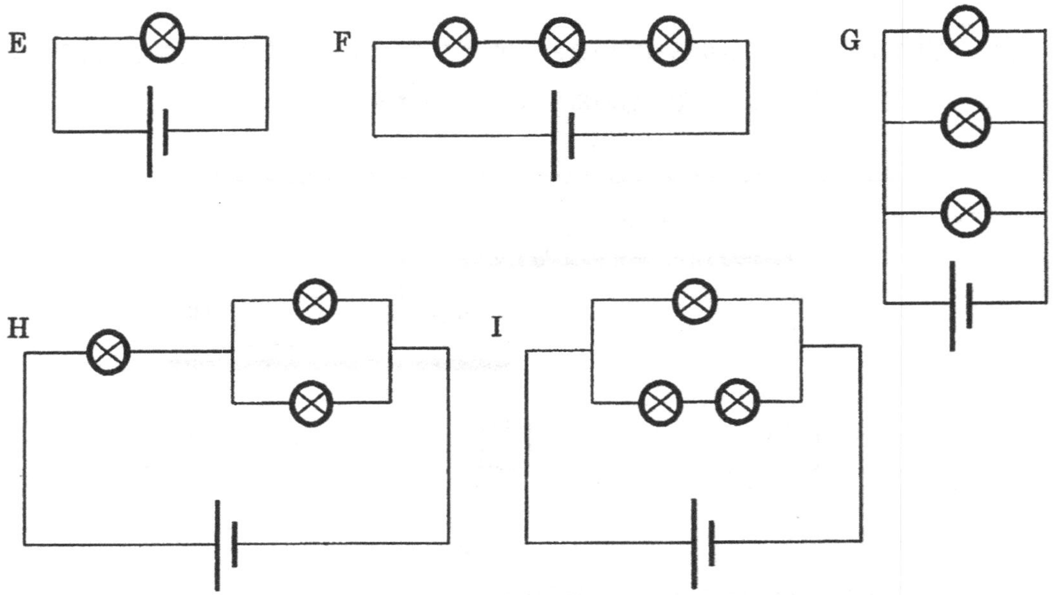

（3）各回路で，回路内のすべての豆電球が同じ明るさで光るものはどれか。F～I からすべて選び，解答らんの記号を○で囲みなさい。

（4）電池から流れていく電流が大きいほど電池の減りは早い。いちばん電池の減りが早いものはどれか。E～I からもっとも適当なものを 1 つ選び，解答らんの記号を○で囲みなさい。

3【A】電池と豆電球を用いた回路でいろいろな実験を行った。下の各問いに答えなさい。
ただし，豆電球と電池はすべて同じものを使っているものとする。また，豆電球はソケットにはめられているものとする。

豆電球　　　　　　電池

【実験 1】A～D の 4 つの回路を作り，豆電球の明るさを調べた。

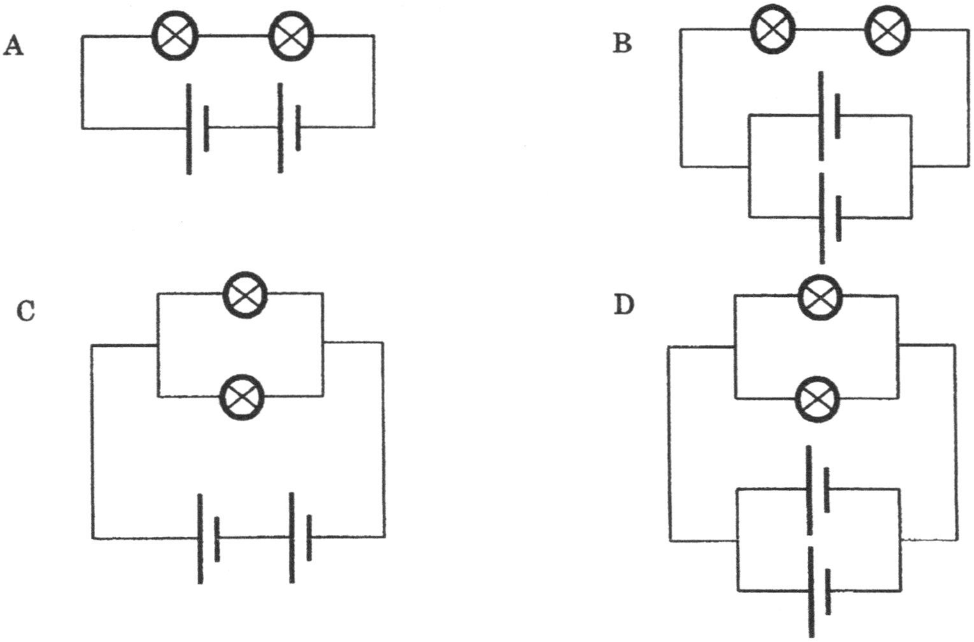

（1）【実験 1】で，豆電球がいちばん明るく光る回路はどれか。A～D からもっとも適当なものを 1 つ選び，解答らんの記号を○で囲みなさい。

（2）【実験 1】の A～D の回路で，片方の豆電球をソケットから外したとき，もう片方の豆電球のようすはどうなるか。ア～オからもっとも適当なものを 1 つ選び，解答らんの記号を○で囲みなさい。

ア．A は明るくなり，B は変化しない。
イ．B は消えて，C は明るくなる。
ウ．C は明るくなり，D は変化しない。
エ．C も D も変化しない。
オ．C も D も明るくなる。

【B】家庭でよく使われる燃料ガスには主にメタンやプロパンが含まれている。メタンやプロパンに気体Xを加えて火をつけると，完全に燃えて気体Yと水が生じる。メタンやプロパンの重さを変えて完全に燃やすと，必要な気体Xと生じる気体Yと水の重さは次の表1，表2のようになった。

表1

メタン	気体X	気体Y	水
16 g	64 g	44 g	36 g
24 g	96 g	66 g	54 g
32 g	128 g	88 g	72 g

表2

プロパン	気体X	気体Y	水
44 g	160 g	132 g	72 g
66 g	240 g	198 g	108 g
132 g	480 g	396 g	216 g

（3）表1，表2から分かることとしてア～エから適当なものをすべて選び，解答らんの記号を○で囲みなさい。

ア．燃えたメタンやプロパンの重さと気体Xの重さの合計は，生じた気体Yと水の重さの合計に等しくなる。

イ．完全に燃えたメタンやプロパンの重さが2倍になると，生じる気体Yの重さも2倍になる。

ウ．メタンを1g燃やすときに生じる気体Yよりも，プロパン1gを燃やすときに生じる気体Yの重さの方が小さい。

エ．同じ重さの気体Xがあるとき，プロパンよりもメタンの方がより多くの量を燃やすことができる。

（4）メタン8gとプロパン110gを混ぜて十分な量の気体Xを加えて完全に燃やすと，生じる気体Yの重さの合計は何gですか。ただし，気体を混ぜても，それぞれが燃えるのに必要な気体Xや生じる気体Y，水の重さに影響はないものとする。

（5）プロパン132gにある量の気体Xを加えて完全に燃やすと，水が108g生じた。気体Xを何g入れましたか。また，このとき気体Yは何g生じますか。

（6）メタンとプロパンを混ぜた気体100gに，十分な量の気体Xを加えて完全に燃やすと，気体Yが286g，水が198g生じた。はじめ，混ぜた気体100g中にメタンは何g含まれていましたか。

第７６条　三項　すべて裁判官は、その良心に従い独立してその職権を行い、この憲法及び法律にのみ拘束される。

問８　裁判官は、重大な犯罪に関する裁判では、裁判員と共に裁判をおこないます。裁判員制度について述べた文として正しいものを次から１つ選び、解答欄の記号に○をつけなさい。

ア：裁判員制度は、日本国憲法が施行された時期からおこなわれている。

イ：裁判員は20歳以上の国民の中から選ばれる。

ウ：裁判員制度は、原則として４名の裁判官と６名の裁判員が担当する。

エ：裁判員が下した判決に納得できなくても上級の裁判所に訴えることはできない。

第１００条　一項　この憲法は、公布の日から起算して６箇月を経過した日から、これを施行する。

問９　日本国憲法が公布されたのは西暦何年の何月何日ですか。

第６６条　一項　内閣は、法律の定めるところにより、その首長（しゅちょう）たる内閣総理大臣及びその他の国務大臣でこれを組織する。

問７　第６６条について、以下の問いに答えなさい。

①　現在の内閣総理大臣として正しい人物を次から１つ選び、解答欄の記号に○をつけなさい。

ア

イ

ウ

エ

②　国政を担っている内閣について述べた文として**誤っているもの**を次から１つ選び、解答欄の記号に○をつけなさい。

ア：内閣を組織する国務大臣は、内閣総理大臣によって任命される。

イ：内閣の会議である閣議の決定は、全員一致を原則としている。

ウ：内閣は、法律案を国会に提出することができる。

エ：内閣を組織する国務大臣は、全員が国会議員でなければならない。

中１次Ａ

第２６条　二項　すべて国民は、法律の定めるところにより、その保護する子女に［X］を受けさせる義務を負う。（以下略）
第２７条　一項　すべて国民は、［Y］の権利を有し、義務を負う。
第３０条　国民は、法律の定めるところにより、［Z］の義務を負う。

問５　第２６条、第２７条、第３０条には国民の義務について書かれている。国民の義務が書かれている［X］～［Z］にあてはまる内容の組み合わせとして正しいものを次から１つ選び、解答欄の記号に○をつけなさい。

ア：X－普通教育　　Y－勤労　　Z－納税
イ：X－文化的生活　　Y－団結　　Z－投票
ウ：X－文化的生活　　Y－投票　　Z－団結
エ：X－普通教育　　Y－納税　　Z－勤労

第４２条　国会は、衆議院及び参議院の両議院でこれを構成する。

問６　以下の図は、衆議院と参議院の違いについてまとめたものです。表の（　F　）～（　J　）のうち、（　F　）、（　H　）、（　J　）にあてはまる数字の組み合わせとして正しいものを次から１つ選び、解答欄の記号に○をつけなさい。

	衆議院	参議院
任期	（　F　）年	（　G　）年
解散	あり	なし
投票できる年齢	（　H　）歳以上	
立候補できる年齢	（　I　）歳以上	（　J　）歳以上

	ア	イ	ウ	エ	オ	カ
F	6	4	6	4	6	4
H	２０	１８	２０	２０	１８	１８
J	２５	３０	２０	２５	３０	２０

第９条　一項　日本国民は、正義と秩序を基調とする国際平和を誠実に希求し、国権の発動たる［ X ］と、武力による威嚇又は武力の行使は、国際紛争を解決する手段としては、永久にこれを［ Y ］する。

問３　第９条について、以下の問いに答えなさい。

①　悲惨な戦争を二度とくり返さないという強い決意のもと、第９条の原則をかかげました。日本国憲法の三大原則の１つであり、第９条の原則を条文の［ X ］と［ Y ］を使って**漢字**で答えなさい。

②　第二次世界大戦において、アメリカ軍が上陸し、住民をまきこんだ激しい戦闘がおこなわれました。アメリカ軍が上陸した都道府県を**漢字**で答えなさい。

③　第二次世界大戦では、広島県と長崎県にアメリカ軍の強力な爆弾が投下され、多くの命が奪われました。当時「新型爆弾」とよばれたこの爆弾を何といいますか。**漢字４字**で答えなさい。

第１４条　一項　すべて国民は、法の下に平等であって、人種、信条、性別、社会的身分又は門地により、政治的、経済的又は社会的関係において、差別されない。

問４　法の下の平等について、この考えが**守られていない事がら**を次から１つ選び、解答欄の記号に○をつけなさい。

ア：ある会社の定年退職の年齢は全員65歳である。

イ：ある会社の採用条件に「経験者優遇」と書かれている。

ウ：ある会社で働く女性は休日労働や時間外労働をすることができない。

エ：ある会社の入り口にスロープや手すりが設置されている。

3 次の日本国憲法の条文を読んで、あとの設問に答えなさい。

第１条　天皇は、日本国の（　A　）であり日本国民統合の（　A　）であって、この地位は、（　B　）の存する日本国民の総意に基く。

問１　天皇の地位について、条文の（　A　）と（　B　）にあてはまる語句の組み合わせとして正しいものを次から１つ選び、解答欄の記号に○をつけなさい。

ア：A－元　首　　B－基本的人権
イ：A－元　首　　B－主　権
ウ：A－象　徴　　B－基本的人権
エ：A－象　徴　　B－主　権

第６条　一項　天皇は、国会の指名に基いて、内閣総理大臣を任命する。 二項　天皇は、内閣の指名に基いて、最高裁判所の長たる裁判官を任命する。

問２　第６条の条文について、下の図を見て以下の問いに答えなさい。
① 国会、内閣、裁判所といった機関は、国の重要な役割を分担しています。このように国の重要な役割を分担するしくみを**漢字**で答えなさい。
② 以下の図は①のしくみをあらわしたものです。図の（　C　）～（　E　）にあてはまる語句を**漢字**で答えなさい。

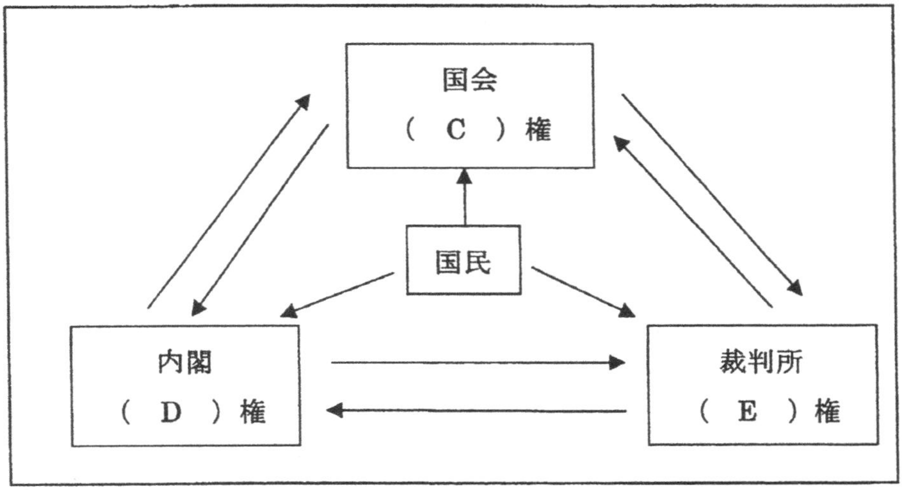

Ⅶ　(k)江戸時代の鎖国政策が完成したのは、(l) 3代将軍徳川家光の時代であった。日本は中国・朝鮮など一部の国以外との交渉を閉ざしたことによって、国内では(m)キリスト教の禁止が徹底され、外国との戦争のない平和な時代が200年あまり続いた。

問16　下線部(k)について、江戸時代の農具や肥料について説明した文として正しいものを次から１つ選び、解答欄の記号に○をつけなさい。

ア：草木を焼いた灰を肥料として使い始めた。

イ：石包丁で稲の穂をかり取り始めた。

ウ：備中ぐわを使って土を深く耕すことができるようになった。

エ：稲をかりとったあとに麦などをつくる二毛作を開始した。

問17　下線部(l)について、以下の問いに答えなさい。

①　3代将軍徳川家光の時代を説明した文として正しいものを次から１つ選び、解答欄の記号に○をつけなさい。

ア：シャクシャインを指導者とする人たちが加賀藩と戦った。

イ：九州の島原や天草でキリスト教徒の農民たちが一揆をおこした。

ウ：平戸のポルトガル商館を出島に移した。

エ：大塩平八郎が江戸で反乱を起こした。

②　3代将軍徳川家光が追加した武家諸法度の内容として正しいものを次から１つ選び、解答欄の記号に○をつけなさい。

ア：大名が幕府の許可なく城を修理してはいけない。

イ：大きな船をつくってはならない。

ウ：大名の家どうしが、幕府に無断で結婚してはいけない。

エ：学問や武芸を身につけ、常にこれにはげまなければならない。

問18　下線部(m)について、役人の前でイエスの像などをふませ、キリスト教徒でないことを証明させることを、何といいますか。

V　13世紀に（　D　）によって統一されたモンゴル民族は、ユーラシア大陸の大部分におよぶ大帝国を築いた。その後、（　D　）の孫のフビライ・ハンは国号を元と定め、日本を従えようと、たびたび使者を送ってきたが、執権の（　E　）がこれをしりぞけた。そのため元は日本に(h)二度襲来（しゅうらい）したが、失敗して引き上げた。元の襲来の様子を伝える『蒙古（もうこ）襲来絵巻』には、(i)元軍と戦う御家人の様子が描かれている。

問11　空欄（　D　）・（　E　）にあてはまる人物名をそれぞれ答えなさい。

問12　下線部(h)について、一度目の蒙古襲来である「文永の役」がおこった年として正しいものを次から1つ選び、解答欄の記号に○をつけなさい。

ア：1221年	イ：1274年	ウ：1281年	エ：1297年

問13　下線部(i)について、御家人が戦時に将軍のために一族を率いて命がけで戦うことなどを、御恩に対して何といいますか。**漢字2字**で答えなさい。

VI　14世紀の後半、3代将軍となった足利義満の時代には、京都北山に（　F　）という山荘が建てられた。義満の時代は社会が安定し、(j)中国との貿易もおこなわれ、各地で産業がさかんになった。

問14　空欄（　F　）にあてはまる語句を**漢字2字**で答えなさい。

問15　下線部(j)について、足利義満が貿易をおこなっていたころの中国の王朝を何といいますか。次から1つ選び、解答欄の記号に○をつけなさい。

ア：隋（ずい）	イ：宋（そう）	ウ：清（しん）	エ：明（みん）

Ⅳ　平安時代半ばの貴族たちは、(f)日本の風土や生活、感情などにあった文化を生み出していった。これを（　C　）文化という。また、この世での幸福と社会の安定を願って、仏教の祈とうなどにたよるようになった。しかし、(g)10世紀半ばになると社会が乱れ、人々の心に不安な気持ちが高まったため、極楽浄土へ生まれ変わることを願うような考えが広まった。

問８　空欄（　C　）にあてはまる語句を**漢字**で答えなさい。

問９　下線部(f)について、この文化を説明した文として正しいものを次から１つ選び、解答欄の記号に○をつけなさい。

ア：書院造の住居がつくられた。

イ：かな文字が発達した。

ウ：紀貫之が『万葉集』などの和歌集を編集した。

エ：紫式部が『枕草子』などの随筆を書いた。

問10　下線部(g)について、このころからさかんに阿弥陀堂がつくられるようになりました。下の写真の建物を造った人物を**漢字４字**で答えなさい。

中１次A

しまった結果

㈣

㈤

㈥

㈦
1
2
3

㈧
Ⅰ
Ⅱ
Ⅲ
Ⅳ

㈨

㈩

二
(一) 3点
(二) 4点
(三) 7点
(四) 2点
(五) 3点
(六) 4点
(七) 2点×3
(八) 2点×4
(九) 4点
(十) 4点

三

(1)
(2)
(3)
(4)
(5)
(6)
(7)
(8)
(9)
(10)

三　1点×10

四

(1) 誤　正　記号
(2) 誤　正　記号
(3) 誤　正　記号
(4) 誤　正　記号
(5) 誤　正　記号

四　1点×10（漢字は正誤両方で1点）

五

(1)
(2)
(3)
(4)
(5)

五　2点×5

令和3年度	帝塚山学院泉ヶ丘中学校 入学者選抜試験問題	算数(解答用紙)	受験 番号		A

1 6点×4

(1)	
(2)	
(3)	
(4)	

2 6点×8

(1)	球
(2)	円

3 6点×2

(1)	cm
(2)	cm

4 6点×3

(1)	個
(2)	個
(3)	個

5 6点×3

【解答用

令和３年度	帝塚山学院泉ヶ丘中学校 入学者選抜試験問題	理科(解答用紙)	受験番号		A

※80点満点
(配点非公表)

1

A	(1)	A　B　C　D　E　F　G　H	
	(2)	A　B　C　D　E　F　G　H	
	(3)		
	(4)	A　B　C　D　E　F　G　H	
	(5)	a　b　c	
	(6)	ア　イ　ウ　エ	
B	(1)		
	(2)	物質 X	
		器官 C	
	(3)		
	(4)	a　b　c	
	(5)	ア　イ　ウ　エ	

3

A	(1)	A　B　C　D			
	(2)	ア　イ　ウ　エ　オ			
	(3)	F　G　H　I			
	(4)	E　F　G　H　I			
B	(1)	ア	cm		
		イ	g		
	(2)	場所	点	重さ	g
	(3)	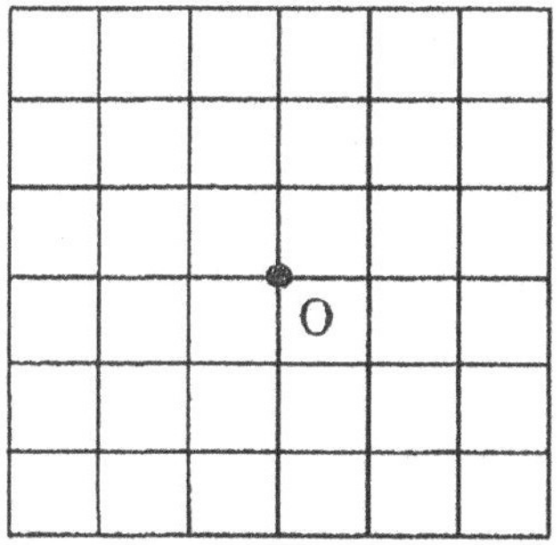 濃くはっきり描くこと			

令和3年度	帝塚山学院泉ヶ丘中学校 入学者選抜試験問題	社会（解答用紙）	受験番号		A

※80点満点

1			
問1	①	ア イ ウ エ	
	②		
	③		
	④	ア イ ウ エ	
	⑤	ア イ ウ エ	
問2	①		
	②	ア イ ウ エ	
	③	ア イ ウ エ	
	④		
問3	①	ア イ ウ エ オ カ キ ク	
	②	ア イ ウ エ	

2		
問1		
問2		ア イ ウ エ
問3		ア イ ウ エ
問4		墳
問5	①	
	②	
問6		
問7	①	ア イ ウ エ
	②	ア イ ウ エ
	③	
問8		文化

3			
問1			ア イ ウ エ
問2	①		
	②	C	権
		D	権
		E	権
問3	①		
	②		
	③		
問4			ア イ ウ エ
問5			ア イ ウ エ
問6			ア イ ウ エ オ カ

【解答用

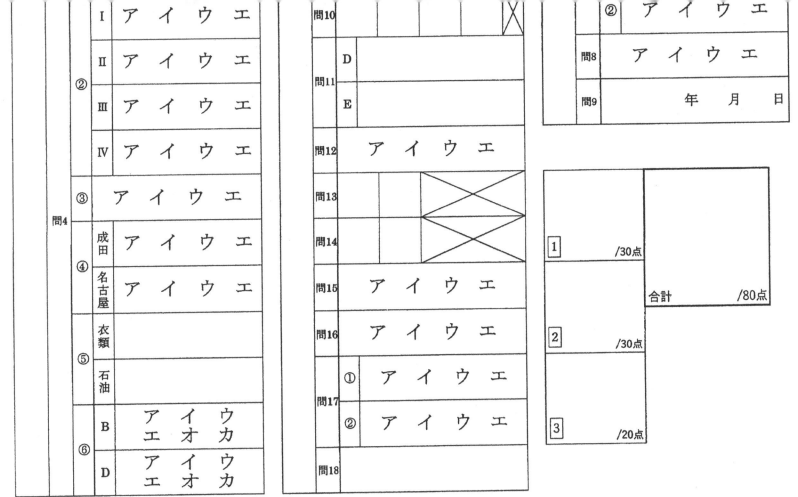

問4	②	Ⅰ	ア イ ウ エ
		Ⅱ	ア イ ウ エ
		Ⅲ	ア イ ウ エ
		Ⅳ	ア イ ウ エ
	③		ア イ ウ エ
	④	成田	ア イ ウ エ
		名古屋	ア イ ウ エ
	⑤	衣類	
		石油	
	⑥	B	ア イ ウ エ オ カ
		D	ア イ ウ エ オ カ

問10		
問11	D	
	E	
問12		ア イ ウ エ
問13		
問14		
問15		ア イ ウ エ
問16		ア イ ウ エ
問17	①	ア イ ウ エ
	②	ア イ ウ エ
問18		

	②	ア イ ウ エ
問8		ア イ ウ エ
問9		年 月 日

1 /30点	合計 /80点
2 /30点	
3 /20点	

1 問1②，③，問2①，④，問4①，⑤…2点×7　他…1点×16
2 問1，問4，問6，問7③，問10，問13，問14…2点×7　他…1点×16
3 問3①，問4，問5，問6，問8…2点×5　他…1点×10

(1)	温度	A　B　C　D
(2)	①	ア　イ　ウ　エ
	②	ア　イ　ウ　エ
	③	ア　イ　ウ
	④	

B

(3)	ア　イ　ウ　エ	
(4)	g	
(5)	X	g
	Y	g
(6)	g	

(5)	a　b　c　d　e

4

(1)	
(2)	
(3)	
(4)	
(5)	
(6)	

(4)	人			
(5)	A 点	B 点	C 点	D 点
(6)	度			
(7)	cm			

	1	2	3	4	5	6	7	8
(8)								

(2)	分
(3)	：

小計	1	2	3	4	5

合計	

※120点満点

令和三年度

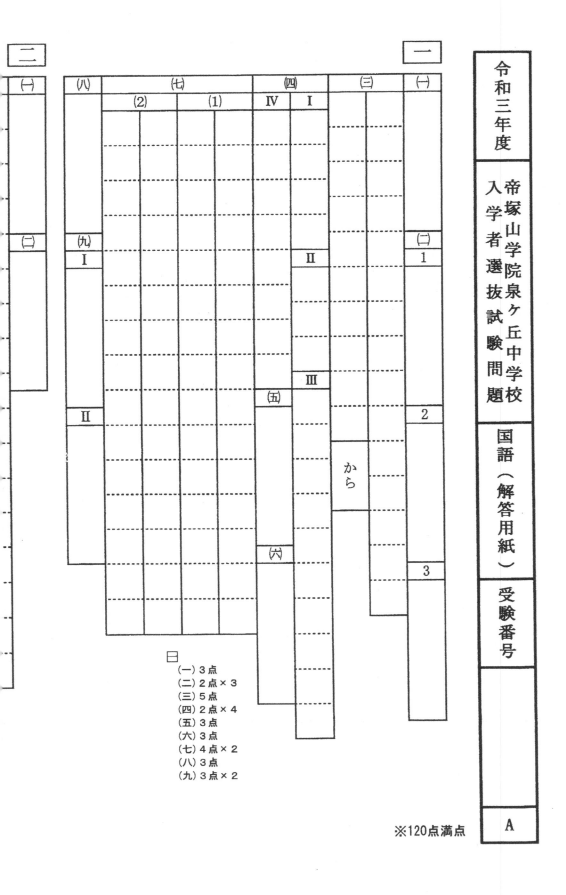

帝塚山学院泉ケ丘中学校
入学者選抜試験問題

国語（解答用紙）

受験番号

A

一

(一)

(二) 1 2 3

(三)

から

(四) I II III IV

(五)

(六)

(七) (1) (2)

(八)

(九) I II

二

(一)

(二)

㈠
(一) 3点
(二) 2点×3
(三) 5点
(四) 2点×4
(五) 3点
(六) 3点
(七) 4点×2
(八) 3点
(九) 3点×2

※120点満点

問５　下線部(d)について、以下の問いに答えなさい。

①　古墳の周りや頂上に置かれた、円筒型（えんとうけい）や人物・馬などをかたどった土製の焼き物を何といいますか。

②　稲荷山（いなりやま）古墳から「ワカタケル大王」の名前が刻（きざ）まれた鉄剣が見つかっています。これは5～6世紀ごろに大和朝廷の力が各地に広がっていることをしめしていると考えられています。稲荷山古墳がある都道府県名を**漢字**で答えなさい。

Ⅲ　8世紀の初めには、中国の法律にならった律令（りつりょう）がつくられ、全国を支配するしくみが細かく定められた。さらに、唐の都である（　B　）にならい、710年には、奈良に(e)<u>平城京</u>がつくられ、以後約70年の間、都が置かれた。

問６　空欄（　B　）にあてはまる都市名を**漢字**で答えなさい。

問７　下線部(e)について、以下の問いに答えなさい。

①　平城京に都がおかれていた時期の天皇として正しいものを次から１つ選び、解答欄の記号に○をつけなさい。

ア：聖武（しょうむ）天皇	イ：醍醐（だいご）天皇	ウ：推古（すいこ）天皇	エ：白河（しらかわ）天皇

②　平城京に都がおかれていた時期のできごととして正しいものを次から１つ選び、解答欄の記号に○をつけなさい。

ア：『古今和歌集』がつくられた。

イ：遣唐使が停止された。

ウ：大化の改新がおこなわれた。

エ：全国に国分寺が建てられた。

③　平城京からは、当時、都に運ばれてきたさまざまな品物につけられていた木の札がたくさん出土しています。この札のことを何といいますか。**漢字２字**で答えなさい。

2 次のⅠ～Ⅶの文章を読んで、あとの設問に答えなさい。

Ⅰ　(a)稲作がさかんになると、いくつかのむらがまとまって小さなくにに発展した。(b)中国の歴史書によれば、3世紀には邪馬台国が30あまりのくにを従え、邪馬台国の女王（　A　）は、中国に使節を派遣し、贈り物を献上した。

問1　空欄（　A　）にあてはまる語句を漢字で答えなさい。

問2　下線部(a)について、日本で最初に稲作がさかんになったと考えられる地方として正しいものを次から1つ選び、解答欄の記号に○をつけなさい。

ア：沖縄地方　　イ：九州地方　　ウ：近畿地方　　エ：東北地方

問3　下線部(b)について、この歴史書として正しいものを次から1つ選び、解答欄の記号に○をつけなさい。

ア：魏志倭人伝　　イ：宋書倭国伝
ウ：漢書地理志　　エ：後漢書東夷伝

Ⅱ　奈良盆地を中心とする地域に、王や豪族たちで構成する(c)大和朝廷が生まれた。王や豪族をほうむるために(d)古墳がつくられ、しだいに全国各地につくられるようになった。

問4　下線部(c)について、大和朝廷に従った豪族たちは右の写真のような形の古墳を各地に築き、儀式を行ったと考えられますが、この古墳の形を□□□□墳といいます。□□□□にあてはまる語句を漢字4字で答えなさい。

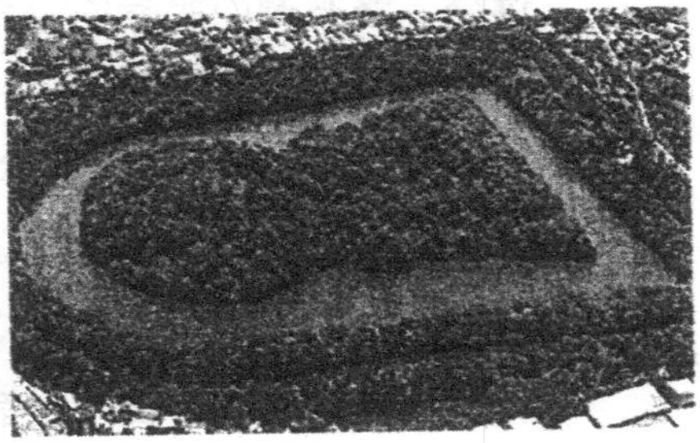

中1次A

⑥　次の資料は、４班が日本の都道府県についていくつかの指標ごとに上位５県までをまとめたものです。表中のＡ～Ｆには下のア～カのいずれかが入ります。このうち、Ｂ・Ｄにあてはまる都道府県名を下のア～カからそれぞれ選び、解答欄の記号に○をつけなさい。

	人口（2018年）	１年間の農業産出額（2017年）	１年間の工業出荷額（2016年）	１年間の商品販売額（2016年）	第３次産業人口の割合（2015年）
１位	Ａ	鹿児島県	Ｄ	Ａ	Ａ
２位	Ｂ	茨城県	Ｂ	Ｃ	沖縄県
３位	Ｃ	Ｅ	Ｃ	Ｄ	Ｂ
４位	Ｄ	宮崎県	静岡県	Ｆ	Ｅ
５位	埼玉県	熊本県	兵庫県	Ｂ	Ｆ

〔出典：日本国勢図会 2020/21〕

ア：千葉県	イ：東京都	ウ：神奈川県
エ：愛知県	オ：大阪府	カ：福岡県

④　次のア～エは、東京港・成田国際空港・横浜港・名古屋港の４つの港のいずれかの貿易品目（2019 年、単位は％）を示しています。このうち、成田国際空港・名古屋港にあたるものをそれぞれ１つずつ選び、解答欄の記号に○をつけなさい。

ア	輸出品目 123 068 億円	自動車 26.3　自動車部品 16.7　内燃機関 4.3 金属加工機械 3.9　電気計測機器 3.4
	輸入品目 50 849 億円	液化ガス 8.4　石油 7.8　衣類 7.1 絶縁（ぜつえん）電線・ケーブル 5.1　アルミニウム 4.5

イ	輸出品目 69 461 億円	自動車 19.6　自動車部品 4.5　内燃機関 4.5 プラスチック 4.0　金属加工機械 3.2
	輸入品目 48 920 億円	石油 12.0　液化ガス 4.5　アルミニウム 3.5 衣類 3.3　有機化合物 3.0

ウ	輸出品目 58 237 億円	半導体等製造装置 6.7　自動車部品 6.5 ｺﾝﾋﾟｭｰﾀ部品 5.4　内燃機関 5.0　プラスチック 4.2
	輸入品目 114 913 億円	衣類 8.9　コンピュータ 5.3　肉類 4.6 魚介類 4.5　音響（おんきょう）・映像機器 3.5

エ	輸出品目 105 256 億円	半導体等製造装置 8.1　科学光学機器 6.2 金（非貨幣（かへい）用）5.7　電気回路用品 3.9　集積回路 3.6
	輸入品目 129 560 億円	通信機 13.7　医薬品 12.3　コンピュータ 8.8 集積回路 8.4　科学光学機器 6.4

〔出典：日本国勢図会 2020/21〕

⑤　④の表の波線部「衣類」、下線部「石油」を日本が最も多く輸入している国（2019 年）はどこか。それぞれ国名を答えなさい。

中１次Ａ

② 下線部bの伝統工芸品と産地の組み合わせとして**誤っているもの**を1つ選び、解答欄の記号に○をつけなさい。

ア：有田焼—岡山県	イ：伝統こけし—宮城県
ウ：西陣織—京都府	エ：和紙—高知県

4班　日本の交通について

・現在日本では交通網（こうつうもう）も通信網も全国に広がっています。中でも関東から東海を経て京阪神・瀬戸内・九州にいたる□□□□□□□に集中しています。

・日本の〔　Ⅰ　〕は早くから国が整備を進め、現在本州は北海道、九州、四国とそれぞれ結ばれています。

・日本の〔　Ⅱ　〕は1963年の名古屋・神戸を結ぶ路線の一部開通を最初に整備が進み、今日では青森から鹿児島まで結ばれ、四国とも結ばれています。

・日本の〔　Ⅲ　〕は、旅客輸送、貨物輸送ともに伸びています。特に貨物輸送は軽量で高価な品物の輸送が急増しています。

・日本の〔　Ⅳ　〕は、近年の陸上交通の発達によって、その役割は小さくなりましたが、海外からの輸入（鉱石（こうせき）・原油・木材など）には欠かせないものです。

問4　4班の発表について、以下の問いに答えなさい。

① □□□□□□□にあてはまる語句を答えなさい。

② 4班の発表の〔　Ⅰ　〕～〔　Ⅳ　〕にあてはまる語句をそれぞれ1つずつ選び、解答欄の記号に○をつけなさい。

ア：海上輸送	イ：自動車輸送	ウ：航空輸送	エ：鉄道輸送

③ ②のア～エのうち、環境の問題からも再び注目され、通勤・通学・大都市間の輸送を中心に利用されている輸送手段を1つ選び、解答欄の記号に○をつけなさい。

3班　日本の伝統工芸品について

・a 主に雪深い地域で、冬の間の副業から発達したものが多い。
・江戸時代に藩の保護で発達したものが多く、b陶磁器(焼物)をはじめ、漆器(塗物)、織物、染物、家具、和紙、刃物など各種の伝統工芸品が、各地の特産物として知られています。
・近年は後継者が少なく、原料の不足などのさまざまな問題を抱えています。

問３　３班の発表について、以下の問いに答えなさい。

①　下線部aについて、次のⅠ～Ⅳの写真は、石川県・新潟県・秋田県・岩手県のいずれかでつくられている伝統工芸品の制作時の様子です。組み合わせとして正しいものを下のア～クから１つ選び、解答欄の記号に○をつけなさい。

Ⅰ　小千谷ちぢみ

Ⅱ　南部鉄器

Ⅲ　輪島塗

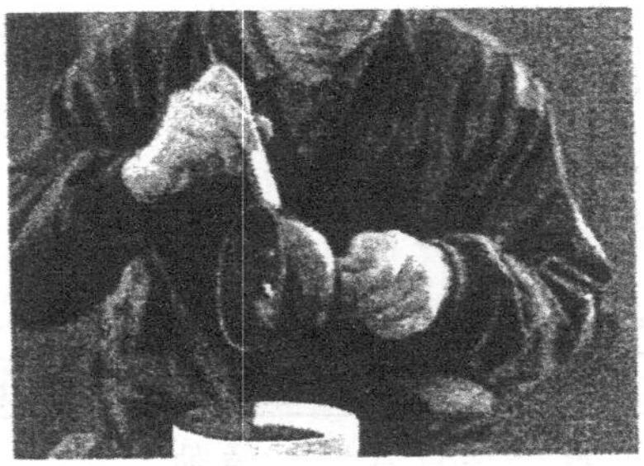

Ⅳ　大館曲げわっぱ

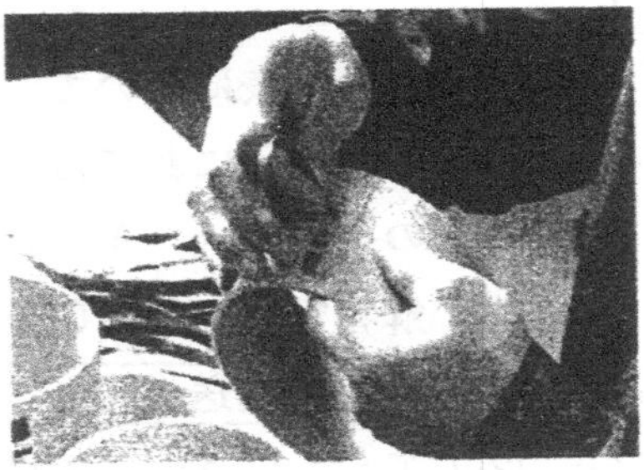

	ア	イ	ウ	エ	オ	カ	キ	ク
石川県	Ⅳ	Ⅰ	Ⅲ	Ⅱ	Ⅰ	Ⅳ	Ⅲ	Ⅱ
新潟県	Ⅱ	Ⅳ	Ⅰ	Ⅲ	Ⅱ	Ⅰ	Ⅳ	Ⅲ
秋田県	Ⅲ	Ⅱ	Ⅳ	Ⅰ	Ⅲ	Ⅱ	Ⅰ	Ⅳ
岩手県	Ⅰ	Ⅲ	Ⅱ	Ⅳ	Ⅳ	Ⅲ	Ⅱ	Ⅰ

中１次Ａ

2班　日本の野菜栽培について

・大消費地に近いところでは、立地をいかして新鮮な野菜を輸送費をかけずに出荷(しゅっか)できるa□□農業がさかんです。

・交通が整備されると、気候の違いを生かして、b <u>大都市周辺での出荷の減る時期に多く出荷する産地も出てきました</u>。

例1：c <u>高原野菜</u>の生産…八ヶ岳山ろく

例2：施設(しせつ)を使った野菜のd□□栽培…宮崎平野や高知平野

問2　2班の発表について、以下の問いに答えなさい。

①　a□□農業の□□にあてはまる語句を**漢字2字**で答えなさい。

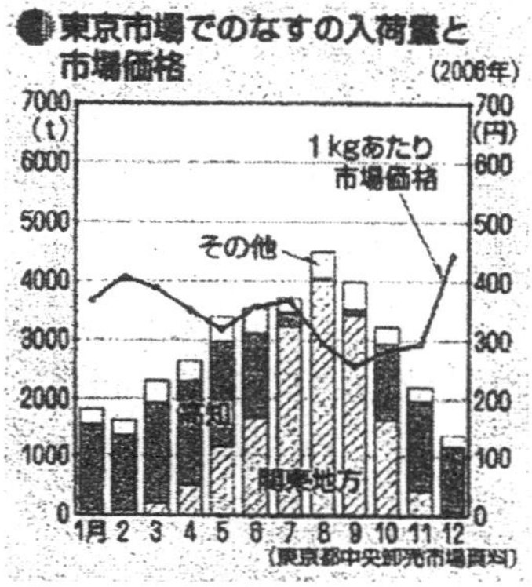

②　下線部bについて、右のグラフは東京都中央卸売市場におけるなすの入荷(にゅうか)量と市場価格を示しています。このグラフの説明として**誤っているもの**を1つ選び、解答欄の記号に○をつけなさい。

ア：12月はなすの入荷量が最も少ないため、価格が高くなる。

イ：8月はなすの入荷量が最も多いため、価格が安くなる。

ウ：高知県では暖房(だんぼう)などの施設を使って、野菜の出荷時期をずらしているため夏以外の入荷量が多いが、価格は安い。

エ：関東地方で生産されるなすの入荷量は冬は少なく、価格が高い。

③　下線部cについて、次のア～エのうち**高原野菜ではないもの**を1つ選び、解答欄の記号に○をつけなさい。

ア：キャベツ	イ：レタス	ウ：きゅうり	エ：白菜

④　d□□栽培の□□にあてはまる語句を**漢字2字**で答えなさい。

1 泉さんのクラスでは、4つの班に分かれてグループワークの発表を行いました。それぞれの班の発表を読んで、あとの設問に答えなさい。

1班　日本の河川（かせん）について

・日本の河川は、海外のものに比べて一般に（　a　）です。

・日本の河川のうち最も長いのがb<u>信濃川</u>で、流域面積が広いのがc<u>利根川</u>です。

問1　1班の発表について、以下の問いに答えなさい。

①（　a　）にあてはまる語句を、右のグラフを参考にして次のア～エから1つ選び、解答欄（らん）の記号に○をつけなさい。

ア：長くてゆるやか

イ：短くてゆるやか

ウ：長くて急

エ：短くて急

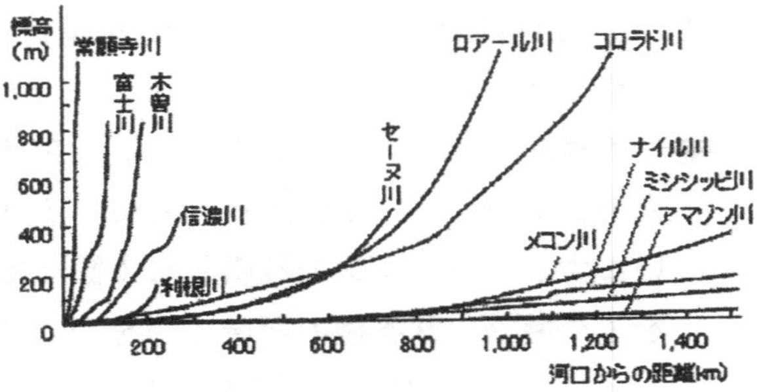

〔資料：　高橋裕「河川工学」東京大学出版会〕

②　下線部b・cについて、1班は日本の河川の長さ・流域面積の統計を右のようにまとめました。（　X　）に共通してあてはまる河川の名前を漢字で答えなさい。

	長さ	流域面積
1位	信濃川	利根川
2位	利根川	（　X　）
3位	（　X　）	信濃川

③　下線部bについて、信濃川の河口に位置する県の名前を漢字で答えなさい。

④　下線部cについて、利根川の河口に位置する銚子（ちょうし）市は古くからあるものが特産品として知られています。あてはまるものを次のア～エから1つ選び、解答欄の記号に○をつけなさい。

ア：ろうそく　　イ：しょう油　　ウ：木綿（もめん）　　エ：茶

⑤　日本の平野は、河川が運んだ土砂でできた平野（沖積（ちゅうせき）平野）がほとんどです。このうち、最上川によって形成された平野の名前を次のア～エから1つ選び、解答用紙に○をつけなさい。

ア：庄内（しょうない）平野　　イ：仙台（せんだい）平野　　ウ：越後（えちご）平野　　エ：筑紫（つくし）平野

中1次A

令和３年度

帝塚山学院泉ヶ丘中学校
入学者選抜試験問題

１次Ａ入試

社会

（試験時間４０分）

受験番号	

【実験2】図5のように，石灰水の入った水そうに火のついたろうそくをうかべ，その上にさかさまにしたビーカーをかぶせた。

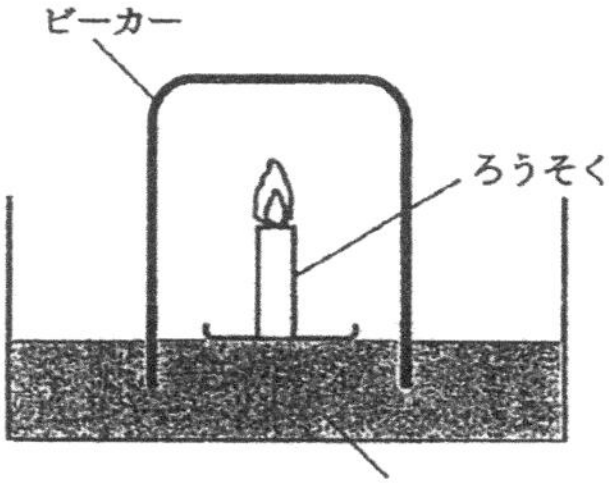

図5

③しばらくすると，ろうそくの火は消えた。ろうそくの火が消えたあと，水そうの石灰水はどのようになっているか。ア～ウからもっとも適当なものを1つ選び，解答らんの記号を○で囲みなさい。

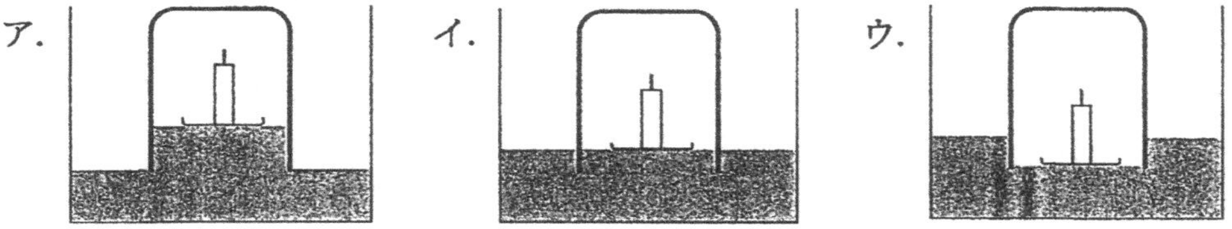

④③の結果となる理由はいくつか考えられる。そのうちの1つを以下のように考えた。空らんに当てはまる文章を酸素，二酸化炭素という言葉を用いて書きなさい。

『この現象は，(　　　　　　　　　　　　　　　　　　)ために，
ビーカー内の水面は③の結果となる。』

2021(R3) 帝塚山学院泉ヶ丘中
K 教英出版

2 物の燃え方について，次の各問いに答えなさい。

【A】（1）物が燃えるためには燃える物，酸素，温度の3つの条件が必要である。この3つの条件のうちどれか1つでも欠けると，物は燃え続けることができない。次の①～③の文中A～Dには「燃える物・酸素・温度」のいずれかが入る。「酸素」と「温度」が入るものをA～Dからそれぞれすべて選び，解答らんの記号を○で囲みなさい。ただし，同じものを繰り返し選んでよいものとする。

①天ぷら油に火がついた場合，ぬらしたタオルをかけることで火を消すことができる。これは（　A　）と（　B　）の条件がなくなるためである。しかし，火が消えてすぐにタオルを取るとまた天ぷら油が燃えだしてしまう可能性がある。これはぬらしたタオルで十分に（A）の条件を取り除くことができなかったためである。

②江戸時代，火事が起きた時は，風下にある家屋を壊すことで火がこれ以上燃え広がらないようにしていた。これは（　C　）の条件を取り除いていると言える。

③紙製の鍋に水を入れて火にかけると，紙は燃えずに湯を沸かすことができる。これは，（　D　）の条件が足りないからである。

（2）物が燃えるようすを調べるために，【実験1】と【実験2】を行った。

【実験1】図1～図4のろうそくに火をつけた。図2，4には下部にすきまがある。

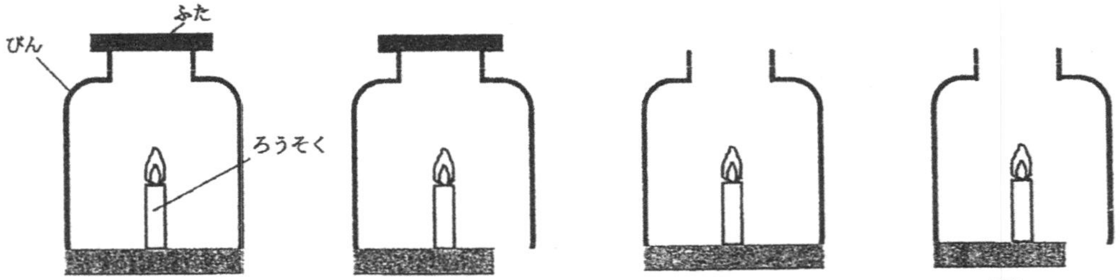

図1　図2　図3　図4

①ろうそくが燃え続けるのはどれか。ア～エから適当なものをすべて選び，解答らんの記号を○で囲みなさい。

ア．図1　イ．図2　ウ．図3　エ．図4

②物の燃え方について述べた文のうち，誤りを含むものはどれか。ア～エから1つ選び，解答らんの記号を○で囲みなさい。

ア．空気の出入りができないびんでは，ろうそくは燃え続けることができない。

イ．ちっ素や二酸化炭素には，物を燃やすはたらきはない。

ウ．酸素には物を燃やすはたらきがある。

エ．あらゆる物は燃やすと必ず二酸化炭素が発生する。

（1）小腸や器官B，Cの各部分では，血管は細かく枝分かれしている。このような細かい血管の名前を答えなさい。

（2）物質Xの名前と器官Cの名前をそれぞれ答えなさい。

（3）酸素と物質Yは，それぞれ器官Cと小腸以外では減少し続けている。この理由について，下の文の（　　　）に入る語句を漢字2字で答えなさい。

酸素や物質Yは，細胞が（　　　）を行うことによって，消費されるため。

（4）心臓の右心室は，図中のa～cのどの区間にあると考えられるか。a～cから適当なものを1つ選び，解答らんの記号を○で囲みなさい。

（5）下線部について，空腹時（小腸に栄養分がない状態）は物質Yの量を表すグラフはどのようになると考えられるか。次のア～エからもっとも適当なものを1つ選び，解答らんの記号を○で囲みなさい。

ア

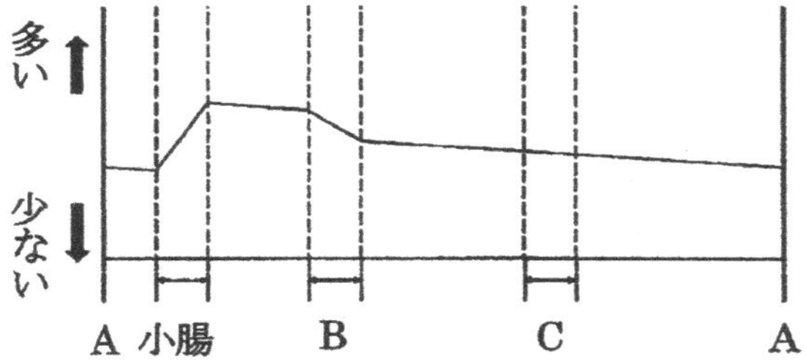

イ

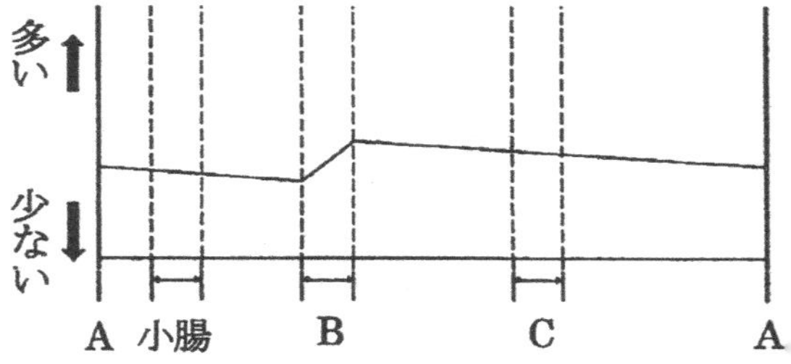

ウ

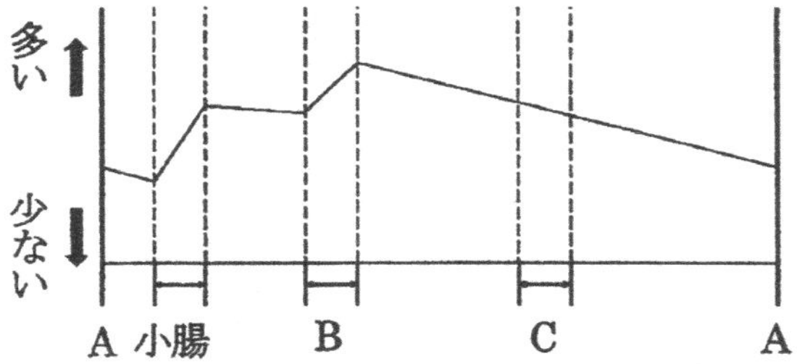

エ

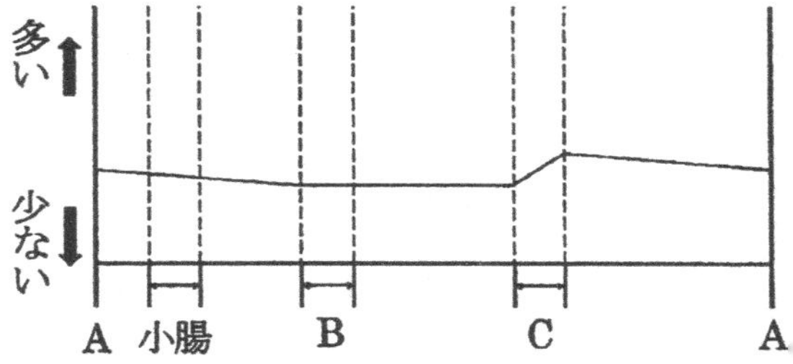

【B】図1は，ヒトの血管のある地点Aから，血液が体の中をまわってもとの地点までもどってくる間に，血液にふくまれる3つの物質（酸素，X，Y）の量がおおよそどのように変化したかを示している。図中のB, Cは体の中の特徴(ちょう)のある器官を示す。ただし，地点Aは小腸に入るすぐ直前の地点である。物質Yは器官Bに蓄えられ，必要な時には全身に送り出されることにより血液中に含まれる物質Yの量は一定に保たれる。さらに，<u>このときは食後（小腸に栄養分がある状態）</u>とする。次の各問いに答えなさい。

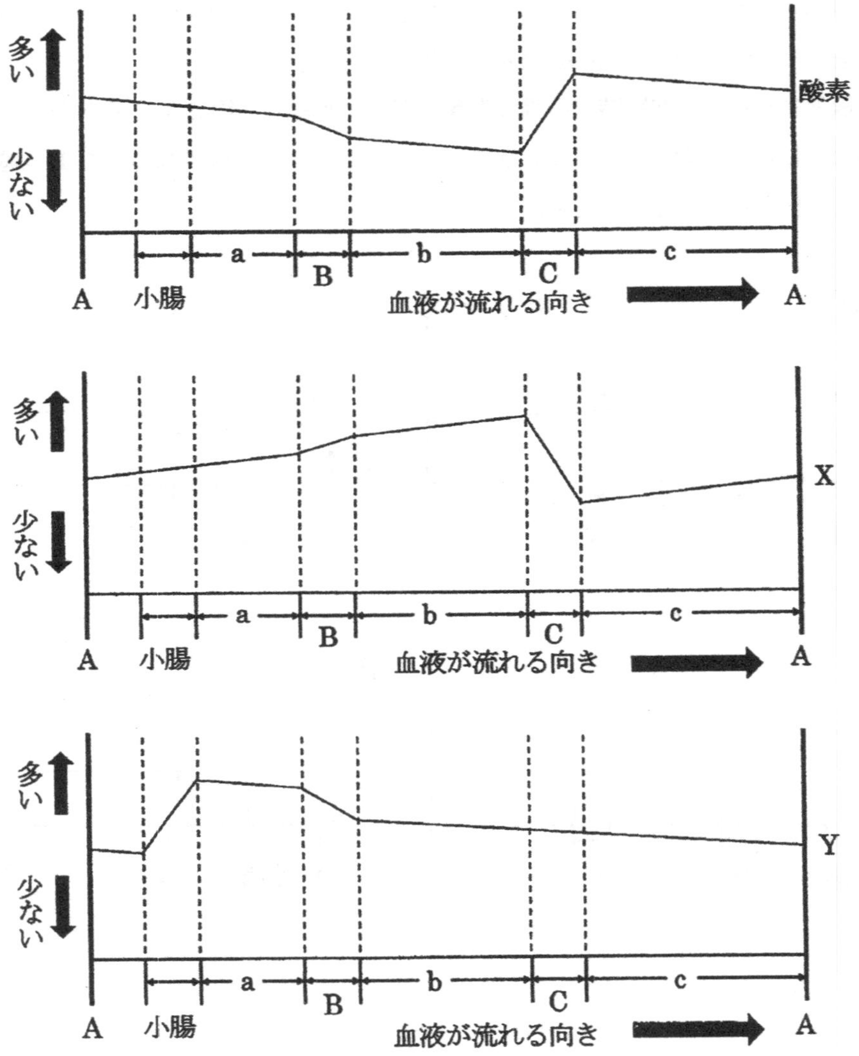

図1

（6）（5）の結果から分かることとしてア～エからもっとも適当なものを 1 つ選び，解答らんの記号を○でかこみなさい。

ア．a が光合成をしてデンプンを作り出した。

イ．発芽前，b と c では，c の方が多くのデンプンが蓄（たくわ）えられていた。

ウ．発芽後，種子に蓄えられたデンプンを用いて成長した。

エ．a が光合成をして作り出したデンプンを吸収した。

1 【A】インゲンマメの種子が発芽する条件を調べるために，さまざまな条件A～Hにして，室温（25℃）の部屋で実験を行った。表はそれぞれの条件を示している。下の各問いに答えなさい。

表

	条件
A	かわいただっし綿の上に種子を置き，冷蔵庫（5℃）に入れる。
B	かわいただっし綿の上に種子を置き，日当たりのよい場所に置く。
C	かわいただっし綿の上に種子を置き，段ボール箱をかぶせて箱の中を暗く保った。
D	水をしみこませただっし綿の上に種子を置き，冷蔵庫に入れる。
E	水をしみこませただっし綿の上に種子を置き，日当たりのよい場所に置く。
F	水をしみこませただっし綿の上に種子を置き，段ボール箱をかぶせて箱の中を暗く保った。
G	だっし綿の上に種子を置き，水がたくさん入った容器にだっし綿と種子をしずめる。それを日当たりの良い場所に置く。
H	だっし綿の上に種子を置き，水がたくさん入った容器にだっし綿と種子をしずめる。その容器を冷蔵庫に入れる。

（1）種子が発芽したものを表のA～Hからすべて選び，解答らんの記号を○でかこみなさい。

（2）発芽と温度の関係を調べるには，どの2つの実験を比べるとよいか。A～Hからもっとも適当な組み合わせを選び，解答らんの記号を2つ○で囲みなさい。

（3）EとGの結果を比べると，発芽と何の関係について調べることができますか。

（4）（1）で発芽したものを，そのまましばらく育てると，葉が黄色くなってやがてかれてしまったものがあった。それはどれか。A～Hからもっとも適当なものを1つ選び，解答らんの記号を○で囲みなさい。

（5）インゲンマメの種子をカッターナイフで図1のように切った。発芽後成長する部分をa，aを含まない部分をb，aを含む部分をcとする。種子が発芽した条件にbとcをしばらくおくと，aが成長していた。その後，a～cにヨウ素液をたらすと，一番青むらさき色が濃くなるのはどれか。a～cからもっとも適当なものを1つ選び，解答らんの記号を○で囲みなさい。

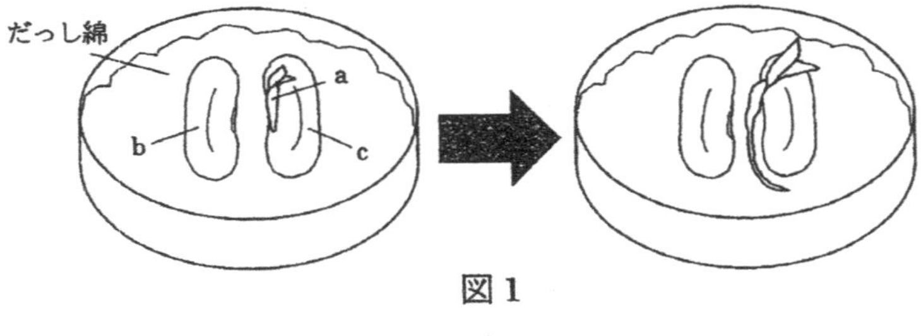

図1

令和３年度

帝塚山学院泉ヶ丘中学校
入学者選抜試験問題

１次入試

理科

（試験時間４０分）

受験番号	

2 次の各問いに答えなさい。

(1) ボールを部員全員で運びます。1人10球ずつ運ぶと7球残ります。1人11球ずつ運ぶと，1人だけ7球しか運ばない人がいます。ボールは全部で何球ありますか。

(2) ある品物に仕入れ値の3割の利益を見込(みこ)んで定価をつけましたが，売れなかったので定価の25％引きの値段で販売(はんばい)したところ，35円の損失になりました。この品物の仕入れ値は何円ですか。

(3) 10円玉，100円玉，500円玉の3種類の硬貨(こうか)が全部で22枚あり，その総額は2280円です。100円玉と500円玉はそれぞれ何枚ありますか。

(4) あるバス停は，午前8時ちょうどに1便目のバスが出発し，その後は8分ごとに次のバスが出発します。1便目が出発したときバス停には90人が並んでおり，さらに1分間に4人ずつの割合で人が並んでいきます。その日の午前9時12分のバスが出発したとき，バス停で待っている人はいなくなりました。バスには1便あたり何人乗車しましたか。ただし，どのバスにも同じ人数が乗車したとします。

(5) A，B，C，D 4人のテストの平均点は76.5点でした。A，B，C 3人の平均点は75点で，B，C，D 3人の平均点は78点でした。また，Bの得点はCの得点より7点高い得点でした。A，B，C，D 4人の得点はそれぞれ何点ですか。

1 次の計算をしなさい。

(1) $2 \times 376 \div 8 + (2021 - 283) \div 79$

(2) $0.04 \times 3.45 + (0.2947 \div 0.7 - 0.28) \div 0.5$

(3) $\dfrac{11}{30} \div \left\{\left(\dfrac{5}{6} - \dfrac{1}{3}\right) \times 2\dfrac{1}{2} - \dfrac{1}{3}\right\} \times 1\dfrac{2}{3}$

(4) $\left(2.125 + \dfrac{1}{12}\right) \div \left(6.65 - 4\dfrac{1}{4}\right) - \dfrac{7}{12} \times 0.625$

令和３年度

帝塚山学院泉ヶ丘中学校
入学者選抜試験問題

１次Ａ入試

算数

（試験時間６０分）

受験番号	

楽しい会話をしたいけれど、話せる人がいないからだと思います。楽しい話をしている人を見ると、うらやましくなってわざとみんながいやがることをするのでしょう。

わざと悪い言葉を使って、いかにも自分が悪者のような書き込みをしたりします。でもこんな人にかぎってほんとうは、ひとりぼっちの寂(さび)しがり屋さんなのです。

ひとりぼっちの寂しがり屋さんはいつも、何か楽しいことはないかと考えています。パソコンのスイッチを入れるときも、誰(だれ)かと楽しい会話ができないかと思っているはずです。【A】

でも、みんなが自分を無視して楽しい会話をしているように思えて、わざと悪い言葉を使ってしまいます。【B】

もちろんこれでうまくいくはずがありませんよね。

ひとりぼっちの寂しがり屋さんが間違っているのは、［　X　］と考えていることなのです。これは順番が逆で、自分が楽しくなりたかったら、まず人を楽しませなくてはなりません。一所懸命(いっしょけんめい)人を楽しませているうちに、自分が楽しくなっていくのです。【C】

「人を楽しませる」というと、おもしろいギャグを連発して、相手を笑わせなくてはならないと思う人がいるかもしれません。

④でも、そんな無理はしない方がいいのです。

相手を笑わそうと無理をすると、自分だけ浮(う)いてしまったり、誰かの悪口に発展してしまうこともあります。（　1　）、笑いをとる一番簡単な方法は、人の失敗や欠点をあげることだからです。でもこれではマナーも何もありません。【D】

マナー違反をすると楽しい会話は続きません。おもしろいギャグを書こうと無理をするのではなくて、人の失敗や悪口を書かないように注意するだけでいいのです。

こういうマナーを守るだけで、楽しい会話は自然に広がっていきます。もちろんこれはインターネットだけではなく、ふだんの会話でも大切なことです。

（　中　略　）

何度も繰(く)り返しますが、「自分がされていやなことを人にしない」のがマナーの基本です。だから⑤悪口を言われても言い返さない方がいい。グッと我慢(がまん)するのです。

悪口を言った人は、せいせいしたという顔をするかもしれません。それでもグッと我慢です。なぜかと言えば、悪口を言って気持ちがいいのは、言ったあとの一瞬だけなのです。少し時間がたつと、自分がとてもいやな人間のように思えてきます。（　２　）「なんであんなひどいことを言ったのだろう」と後悔します。でも、一度言った言葉は「削除」することはできません。

（　３　）言いたい悪口をグッと我慢するのも一瞬です。そのときは、悔しくてもそのあとは、悪口を言わなかったという爽快感が残ります。こっちの方がいいでしょう？

何でも話し合えるメール友だちがいることはすばらしいことです。

でも、何でも気軽に言い合えるからこそ、マナーを忘れがちになるということにも注意してください。

それほど親しくない人なら、気を使って自分が言われたくないことを言わないでしょうし、されたくないことはしないでしょう。でも、親しくなると冗談のつもりで、言われたくないことを言ったり、されたくないことをしてしまいがちです。

それが⑥気を許すということなのですが、度を越すとケンカになってしまいます。昔の人は「親しき仲にも礼儀あり」と言いました。

礼儀とはマナーのことです。何でも話し合えるようなメール友達だからこそ、大切にしなければならないマナーがあるということを忘れないようにしましょう。

インターネットやケータイのメールを通じて親しくなる人もたくさんいることでしょう。こうした道具を使えば、遠く離れた所に住んでいる人と友だちになることもできます。

でも、せっかく仲よくなれたとしても、⑦ずっと友だちのままいられるかどうかはわかりません。一所懸命メールを書いても返事が来なくなることもあります。

こんなときは、何か気にさわるようなことを言わなかったかどうか思い出してみましょう。もしかしたら、ふざけたつもりで相手の心を傷つけてしまったかもしれません。思い当たることがあったら、ちゃんと謝ることです。

それでも心が離れてしまったら、それは仕方ないことなのです。失敗は誰にでもあります。いつまでもくよくよ後悔するより、同じ失敗を繰り返さないことが大切です。

（多湖輝「12歳からのマナー集」）

(注) 掲示板……インターネットのなかで利用者がお互いに自由に意見を書き込むことができる場所。

(一) ――①「インターネットに、何をどこまで書いたらマナー違反になるのでしょうか」とあるが、マナー違反になる例として、本文の内容と合わないものを次から一つ選び、記号で答えなさい。
ア インターネットの意見交換の場で、人の投稿をあれこれとからかった。
イ 電車内で見た知らない人の写真を無断で撮って、面白い人がいたと公開した。
ウ オンライン授業のやりとりの中で、疑問に思ったことがあったので質問した。
エ インターネット上で注目されようと、他人についてありもしないことを言った。

(二) ――②「自分の悪口を書かれたら頭にきますよね」とあるが、どのように対処すればよいと筆者は考えているか。その説明として最も適当なものを次から選び、記号で答えなさい。
ア 自分がされていやなことは、相手にもしないというマナーが大切であると相手に教えて、悪口をやめさせる。
イ 相手の悪いところは無視してしまって、その人のいいところだけに目をむけることで腹を立てないようにする。
ウ 自分を怒らせるような発言は無視して、うれしくなるような発言だけに注目して怒りをためないようにする。
エ 相手が自分の悪口を言ったことは無視して、相手のいいところをほめることで悪口を言わせないようにする。

(三) ――③「わざと人のいやがることをする困った人」とあるが、この「困った人」がそのような行動をとる理由を筆者はどのように考えているか。次の形式に合うように本文中のことばを用いて五十字以内で説明しなさい。
このような人は（　　　五十字以内　　　）しまった結果、みんなの会話に割り込んできて、汚い言葉を投げたり、自分勝手なことを言って目立とうとする、と筆者は考えている。

(四) 次の文を本文中にもどすとすると【A】～【D】のどこが最も適当か。記号で答えなさい。
こうしてみんなから注目されたいと思ってしまうのです。

2021(R3) 帝塚山学院泉ヶ丘中
教英出版

(五) [X] に入ることばとして最も適当なものを次から選び、記号で答えなさい。

ア　誰か自分を楽しませてくれる人はいないか
イ　誰かが楽しんでくれるのではないだろうか
ウ　誰かと一緒に楽しむことが大切ではないか
エ　誰かを楽しませないとだめなのではないか

(六) ――④「でも、そんな無理はしない方がいいのです」とあるが、なぜ筆者はそのように考えるのか。その説明として最も適当なものを次から選び、記号で答えなさい。

ア　楽しい会話を続けるために相手を笑わせなくてはならないと無理にギャグを連発すると、相手は発言することができず自分だけが浮いてしまい、楽しい会話ではなくなってしまうから。
イ　楽しい会話を続けるために相手を笑わせようとして無理をすると、人を笑わせる簡単な方法である悪口を言って人を嫌な気分にさせてしまい、楽しい会話ではなくなってしまうから。
ウ　楽しい会話を続けるためには人の失敗や悪口を書かないようにすればよいとだけ考えて、ギャグを書いて相手を笑わせたりしなくなると、楽しい会話ではなくなってしまうから。
エ　楽しい会話を続けるためにはマナー違反をしてはいけないと思うあまり、誰かの悪口になる可能性がある話題を無理に避けようとすると、楽しい会話ではなくなってしまうから。

(七) （ 1 ）～（ 3 ）に入ることばとして、最も適当なものを次から選び、それぞれ記号で答えなさい。ただし同じ記号を二度使わないこと。

ア　やはり　　イ　一方　　ウ　なぜなら　　エ　そして

(八) ――⑤「悪口を言われても言い返さない方がいい」とあるが、なぜ筆者はそのように考えるのか。その理由を説明した次の文章の [Ⅰ] ～ [Ⅳ] に入る適当なことばを、指定された字数に従って、それぞれ本文中から抜き出して答えなさい。

[Ⅰ（十二字）] のも、[Ⅱ（十四字）] のも同じ一瞬のことであるが、その一瞬 [Ⅰ] と感じたとしても、その後 [Ⅲ（十八字）] しまい悔やむことになり、またその気持ちはずっと続く。反対に、[Ⅱ] ことによって得られた

Ⅳ（三字） はずっと残り続けるからである。

(九) ――⑥「気を許すということ」とあるが、どういうことか。最も適当なものを次から選び、記号で答えなさい。

ア 気軽に冗談を言える関係になった人に、相手が言われたくないと思っていることを指摘（してき）すること。

イ 親しくなった間柄（あいだがら）の人に、冗談のつもりで自分が言われたらいやなことを、言ってしまうこと。

ウ それほど親しくない人に対して、気軽に冗談を言って距離（きょり）を詰（つ）めようと度を越えたことを言うこと。

エ 気軽に冗談を言い合える関係の人に対しても、マナーを意識してしまって距離をとってしまうこと。

(十) ――⑦「ずっと友だちのままいられるかどうかはわかりません」とあるが、親しくなった人と友だちでいられなくなったときどのようにすればよいと筆者は考えているか。その説明として最も適当なものを次から選び、記号で答えなさい。

ア 友人を怒らせてしまったかもしれない発言を思い返して、ふざけて言ったものであるとわかってもらえるように説明し、相手がわかってくれない場合はあきらめて、同じ失敗を繰り返さないようにすることが大切であると考えている。

イ 友人の気分を害してしまったという事実を思い返して、相手に謝罪の気持ちをはっきり伝えると同時に、相手に納得してもらうためには失敗を後悔するだけではなく、同じ失敗を繰り返さないようにすることが大切であると考えている。

ウ 友人の気を悪くするようなことを言っていないか思い返して、もしあった場合は謝罪をし、それでも友人との関係を修復できなければ、いつまでも後悔するのではなく、同じ失敗を繰り返さないようにすることが大切であると考えている。

エ 友人の気に入らなかった発言を思い返して、きちんと謝罪するが、失敗は誰にでもあることなので仕方ないということを相手にも理解してもらうことで許してもらい、同じ失敗を繰り返さないようにすることが大切であると考えている。

2021(R3) 帝塚山学院泉ヶ丘中
K 教英出版

三　次の(1)〜(10)の――をつけたカタカナを漢字に直しなさい。

(1) 将来(しょうらい)はケンサツ官になりたい。
(2) 予定していた飛行機はケッコウになった。
(3) 列車がケイテキをならす。
(4) 外国とジョウヤクを結ぶ。
(5) 病院でホウタイをかえてもらった。
(6) ※イマだに古いやり方を続けている。　※小学校では習わない漢字の為、学校当局により問題削除
(7) 木のミキにつかまる。
(8) チらかった部屋をかたづける。
(9) 彼の態度はアツかましい
(10) アサはかな考えを指摘(してき)される。

四　次の(1)〜(5)の四字熟語で、誤って用いられている漢字が一字ある。誤字と正しい漢字をそれぞれ書きなさい。また、その四字熟語が（　　）にあてはまる文を、後のア〜オから選び、それぞれ記号で答えなさい。（ただし、同じ記号を二度使わないこと）。

(1) 電行石火　(2) 無病息才　(3) 明鏡詩水　(4) 青天白実　(5) 品行法正

ア　神社に行って八十歳(さい)をこえる祖父の（　　）を願う。
イ　長年にわたる裁判の結果、彼(かれ)は（　　）の身となった。
ウ　ボールをパスされた選手は（　　）の早業(はやわざ)でゴールを決めてしまった。
エ　彼の（　　）な人柄(ひとがら)は、信用に値(あたい)するものの、少し退屈(たいくつ)でもある。

オ　晩年の彼は（　　　）の境地に到達していたと、弟子たちは語った。

五　次の文章中の(1)～(5)の ―― を引いたことばと同じ働きをしているものを、後のア～オの 〰〰 を引いたことばから選び、それぞれ記号で答えなさい。（同じ記号を二度使用しないこと）

日本人が外国語をきちんと学ぼうと(1)思えば、まずはふだん使用している日本語への理解を深める必要が(2)ある。しかし一方で、外国語を学ぶことは日本語のユニークさを改めて(3)考え直す助けにもなるということもできる。というのも、日本語で「当たり前」だと思われている言葉のルールは、外国語では(4)まったく当たり前ではないということも多く、そしてほとんどの(5)日本人はこのことに気づいていないのである。

ア　サルも簡単な道具を使ってエサをとる。
イ　お金がないので、何も食べずに帰る。
ウ　非常に強い風がふきあれている。
エ　太郎の発言が、花子を怒らせた。
オ　「もう寝よう」と決断した。

（以下余白）

（以下余白）

令和二年度

帝塚山学院泉ヶ丘中学校
入学者選抜試験問題

１次入試Ａ

国語

（試験時間 60 分）

受験番号	

2020(R2) 帝塚山学院泉ヶ丘中
K 教英出版

一　次の文章を読んで後の問いに答えなさい。

「溝口文香の病室はどこですか？　うちのものですけど」

おばあちゃんのどなり声が、看護師詰め所のほうからひびいてきた。［ 1 ］、ダイがドアを開けてさけんだ。

「おばあちゃん！　ここだよ！」

「まあ、まあ、いったいどういうこと？」おばあちゃんが、廊下を［ 2 ］駆けてきた。「文香、文香、どうしたの」寝ている母親のほっぺたを両手ではさんで、軽くはたいている。

「なにがあったの？」ふりかえってたずねられた。①目がつり上がって、いつものおばあちゃんとは顔が違って見えた。

「起きてこないから部屋をのぞいたら、薬のゴミが散らばってて……」まくらもとに散らばってた薬のプラスチックゴミを思い出したとたん、あたしののどがつまった。「このごろずっと、ねむれないって、いってて……」そこまでいうのがやっとだった。②あとは言葉にならなかった。あたしは母親のベッドの横に立ち尽くして、激しくしゃくり上げた。

「わかった、わかった。……きっと薬を飲みすぎたんだよ。もうだいじょうぶ、だいじょうぶだからね」

背の低いおばあちゃんの場合、あたしを抱くというより、しがみつくかっこうになった。だけど、おばあちゃんにしがみつかれ、背中をとんとんしてもらっていると、朝からこわばっていた体から少しずつ力がぬけていった。そうだよね、お母さん、きっと、薬飲みすぎちゃっただけだよね。病院にいるからもう安心だよね。

「それにしても、ふたりとも、えらかったね。すぐに救急車呼んで、お母さんを助けたんだもんね。処置が早かったからよかったって、看護師さんがいってたよ。ああ、ほんとうに子どもは宝だ」

おばあちゃんは鼻声で何度も、「子どもは宝だ」とくりかえしていた。その言葉が、③フリーズしていたあたしの心に点滴みたいに落ちてきた。——そうか。あたしたちって、宝なんだ。

三時前になって父親が駆けつけてきた。いつもは見慣れない作業着姿で、髪の毛はぼさぼさに立っていた。

「おい、だいじょうぶか？」と荒い息づかいで病室にとびこんできた父親の大声に、それまでずっと閉じられていた母親のまぶたがうすく開いた。ゆれるまなざしの先に父親の姿をとらえると、［ 3 ］「ふーっ」と長く吐き出した。そして、「ごめんなさい」と小さくつぶやいた。

1次Ａ
2020(R2) 帝塚山学院泉ヶ丘中
教英出版

「なんも」④父親は怒ったようにいうと、「家族じゃないか。謝ることなんかない」と、ふとんから出ていた母親の手をにぎった。

「睡眠導入剤飲んで寝たのに、夜中に目が覚めて、追加してもやっぱりねむれなくて、また飲んで……ごめんなさい。……今日は支店の後始末だったんでしょ」

「だーいじょうぶだ。会社のみんながいるから」父親は、話しているうちに高ぶってきた母親を安心させるように、ふとんの上からとんとんとたたいた。やっぱりそうだったんだ。⑤心の底からほっとしたあたしは、ひざから崩れそうになった。

「ちちー」ダイが父親の両足にしがみついて泣き出した。きっとダイも朝から緊張しっぱなしだったに違いない。その日はじめて見せた涙だった。病室にダイの大きな泣き声がひびいた。

「よし、よし」父親はダイを背中におんぶして、赤ちゃんにするみたいにゆすり上げた。

「ふたりとも、えらかったんだよ。自分たちで救急車呼んだんだよ」

おばあちゃんの報告に、

「そうなのか。すごいな、おまえたち」

㊟1相好を崩す父親に、とたんに泣きやんだダイが、

「でも、ねえちゃんは、救急車の番号、忘れたんだよ」と背中からあたしのことをチクった。

「110番か119番か、わからなくなっただけじゃん」

くちびるを思い切りとがらせ抗議すると、部屋中に笑いが起こった。ベッドの母親までうすく笑った。病室の空気がなごんだのがうれしくて、あたしの顔に血が集結した。

「ほんとうに子どもは宝だよ」

まぶたをぬぐいながら、おばあちゃんがまたくりかえした。すると、シーツの中から母親の腕が伸びて、ひらひらとあたしたちに向かってふられた。父親の背中からとび降りたダイが、弾丸みたいに母親の腕にとびこんでいった。

「おかーかん」

聞いているこちらの胸がきゅんとくるほど、情感のこもった声だった。あたしは今日一日のダイの奮闘ぶりを思って、涙ぐんだ。

軽いノックの音とともに看護師さんが、「先生からお話があるそうです」と呼びにきた。
「はい」父親とおばあちゃんは緊張した面持ちで出て行った。
三人だけになった病室で、「遊も来て」と母親から声をかけられた。細い腕に㊟2ちりめんじわが寄っている。きっと病室の空気が乾燥しているせいだ。あたしはおずおずとベッドに近寄った。すると⑥いきなり、ダイとふたり、ぎゅっと頭を抱きかかえられた。なにをするのかと思ったら、母親はあたしたちの髪の毛に鼻を突っ込んで、かわりばんこにくんくん匂いをかいだ。そうしてようやくほっとしたように、
「ああ、この匂いが世界で一番好き」とつぶやいたのだ。そういえば幼稚園のころ、園から帰るといつも頭の匂いをかがれた。そして、「ああ、おひさまの匂いがする、いっぱい遊んだんだね」と、いかにもうれしそうに、ほっぺたを寄せてきた。「遊」というあたしの名前も、いっぱい遊ぶ子になってほしくて、つけたのだそうだ。
母親があんまり力を入れて抱きしめるものだから、ダイの石頭とあたしの耳がこすれて痛かった。それでも動いちゃ悪い気がして、ずっと我慢していた。
「遊、ゆうべシャンプーしたでしょ」突然顔を上げた母親に聞かれ、こくんとうなずくと、「やっぱり。桃のシャンプーの匂いがする」といって、さもいとおしそうに髪の毛をなでられた。頭をなでてもらうなんて、いつ以来だろう。耳がこすれて痛いせいか、あたしのまぶたに涙がにじんだ。目の前のシーツがぼわっとにじんで見えた。
「もう、きゅうくつ」ダイがとうとう逃げ出した。あたしもほっとして頭を上げた。
手持ちぶさたになった腕をぼとりとふとんの上に落とすと、母親は心の底からわき上がるような低い声でつぶやいた。
「ああ、生きててよかった」
それを聞いたとたん、あたしの全身に鳥肌が立った。
――そうだよね。お母さん、そうだよね。
自分にも母親にも確認するように、何度も胸の中でつぶやいた。
そのとき急に、窓の外が真っ暗になったと思ったら、ガラスを横切って稲妻が走った。同時に床がゆれ、ドーンという激しい雷鳴がした。その直後、ザーッと、空の天井がやぶけたかと思うような雨が降り出した。窓ガラスにたたきつけられた雨つぶが、バチバチと音を立てながら滝のように流れていく。

「雷？　この季節にめずらしいね」

不安そうにつぶやく母親の手を、ダイがぎゅっとにぎった。そして、「ぼくがついてるから、だいじょうぶ」と、くちびるを真一文字に結んでいった。あたしは小さな弟を見直す思いだった。あたしの胸に、ダイと母親に対するいとおしさが、さわさわと波のように押し寄せてきた。何分もたたないうちに、ふたたび雷光が空をよぎって走った。今度はクロスするように二本。そしてドドーン。そのとたん、雷に打たれたようにあたしの胸に言葉が落ちてきた。

――覚えておこう。

この窓ガラスを切り裂く稲妻も、「生きててよかった」という母親の言葉も、そして今、あたしの胸にうずまいている感情のすべても。そうすれば、いつかそれを言葉に変換できる日がくる。言葉には力がある。力のある言葉は、きっとあたしをささえてくれる。黒いスクリーンとなった窓の稲妻を見すえながら、あたしはまばたきするのも忘れて、体を熱くしていた。根拠なんてまったくない。だけど、⑦この決心が自分にとって大切なものだということだけは、心のどこかで感じ取っていた。

（八束澄子「明日のひこうき雲」）

㊟1　相好を崩す……にこやかな表情になること。

㊟2　ちりめんじわ……ちりめん（縮ませて表面に細かいしわを作った絹織物）のような細かいしわのこと。

㈠　1 ～ 3 に入ることばとして最も適当なものを次から選び、それぞれ記号で答えなさい。

ア　ほっとしたように　　イ　転がるように　　ウ　はじかれたように　　エ　詰め寄るように

㈡　――①「目がつり上がって、いつものおばあちゃんとは顔が違って見えた」とあるが、「おばあちゃん」の「顔が違って見え」るのはなぜか。その説明として最も適当なものを次から選び、記号で答えなさい。

ア　娘が病院に運ばれて、入院生活が長引きそうなのではないかと気が気ではないから。

イ　娘が病院に運ばれる理由がわからず、何か隠し事があるようだと興奮しているから。

ウ　娘が病院に運ばれる前に異常に気がつかなかったことで、自分自身を責めているから。

エ　娘が病院に運ばれて、命に関わるような状態なのではないかと不安に駆られているから。

㈢ ――②「あとは言葉にならなかった」とあるが、どのような内容を続けようとしていたと考えられるか。二十五字以上三十字以内で説明しなさい。

㈣ ――③「フリーズしていたあたしの心に点滴みたいに落ちてきた」とあるが、どういうことか。それを説明した次の文章の Ⅰ ～ Ⅳ に入る適当なことばを、指定された字数に従って、それぞれ本文中から抜き出して答えなさい。

「母親」が目を覚まさなかったことで、最悪の状況を想定した「あたし」は、体が Ⅰ（七字） ところに、「おばあちゃん」から事情を聞かれたけれども、「母親」の様子を説明できずにしゃくりあげるばかりで Ⅱ（六字） いたが、救急車を呼んで「母親」を助けたことを「おばあちゃん」に褒められ、抱きしめられながらとんとんとしてもらったり、 Ⅲ（六字） と繰り返し言ってもらうことで、恐怖に襲われていた状態から Ⅳ（十二字） ということ。

㈤ ――④「父親は怒ったようにいうと」とあるが、なぜ「怒ったように」言ったのか。その説明として最も適当なものを次から選び、記号で答えなさい。

ア 「母親」のせいで仕事を放り出して病院に駆けつけたのに、症状が軽そうでいらだちを覚えたため。

イ 家族を心配させた「母親」を迷惑だとは思いつつも、「母親」にはそれをさとられないようにするため。

ウ 自分のことで心配をかけて申し訳なく思って謝る「母親」に、自分を責めないようにさせるため。

エ 大事に至らなくて安心したという「母親」への思いを「母親」に気づかれまいとする照れ隠しのため。

1次A
2020(R2) 帝塚山学院泉ヶ丘中
教英出版

(六) ――⑤「心の底からほっとしたあたしは、ひざから崩れそうになった」とあるが、このときの「あたし」の様子の説明として最も適当なものを次から選び、記号で答えなさい。

ア　病院での処置が早かったおかげで「母親」が無事に助かったことに安心するとともに、睡眠導入剤を多量に飲んだのは、なかなか寝つけなかったからだと「母親」の口から聞き、死のうとしたわけではないと知って胸をなで下ろしている。

イ　病院に運ばれた後も眠(ねむ)ったままの「母親」を心配していたが、目を覚まして事情を説明する「母親」にあきれるとともに、子どもだけで心細かったところに「父親」が駆けつけてくれたので、張り詰(つ)めていた気持ちが一気にゆるんでいる。

ウ　病院で「おばあちゃん」が呼びかけても返事をしない「母親」を心配するとともに、駆けつけた「父親」が、不用意な薬の飲み方をした「母親」を叱(しか)りつけるのではなく、安心させるように励(はげ)ましたので、心からうれしく思っている。

エ　病院での処置が早かったとはいえ、大量の睡眠導入剤を飲んだので何か悪い影響(えいきょう)が残るのではないかと心配だったが、駆けつけた「父親」に薬を飲んだいきさつをしっかりと説明する「母親」の様子にもう大丈夫(だいじょうぶ)だと確信している。

(七) ――⑥「いきなり、ダイとふたり、ぎゅっと頭を抱きかかえられた」とあるが、このときの「母親」の様子の説明として最も適当なものを次から選び、記号で答えなさい。

ア　すぐに救急車を呼んでくれなかったら死んでいたかもしれないと思い、速(すみ)やかに対応してくれた子どもたちに感謝するとともに、これからは罪滅(つみほろ)ぼしのためにうんとかわいがってやろうと決意している。

イ　自分の軽はずみな行為(こうい)のせいで危(あや)うく子どもたちと会えなくなってしまうところだったと思うと、心の底から助かってよかったと思うと同時に、子どもたちへの愛情をあらためて強く感じている。

ウ　生きるのが嫌(いや)になって大量の薬を飲んでしまったことを子どもたちに申し訳なく思うとともに、どんなにつらくても自分には子どもたちがいるのだと思い、今後はがんばって生きていきたいと願っている。

エ　寝つくことができないからといってむやみに薬を飲み足してしまった自分を、誰(だれ)も責めないことに感謝し、「おばあちゃん」や夫に対してはともかく、子どもたちには心から謝罪しなくてはならないと思っている。

(八) ――⑦「この決心が自分にとって大切なものだ」とあるが、「あたし」がそのように考えたのはなぜか。次の形式に合うように本文中のことばを用いて五十字以内で説明しなさい。

（　　　五十字以内　　　）と考えたから。

(九) 本文中における「ダイ」についての説明として最も適当なものを次から選び、記号で答えなさい。

ア 「母親」のために自分の不安や恐怖を押し殺して頑張り、大好きな「母親」にだけは認めてもらおうと努力をしている。

イ 家族全員が「母親」の容体のことで不安になる中で、姉のことで冗談を言い、家族みんなのことを気遣っている。

ウ 「父親」や「母親」には甘えようとしたり、まだ幼さが見受けられるが、姉がいる前では強そうな自分を演じている。

エ 本当は自分も不安で誰かに甘えたいとは思うが、「母親」のために気丈にふるまわなければいけないと考えている。

二　次の文章を読んで後の問いに答えなさい。なお設問の都合上、一部省略した部分があります。

コンピュータのネットワークは、便利で、いろいろなことができます。が、①三つほど、まずい点があります。

まずい点の第一。中心がない。

中心がない。ということは、明確な発信者がいない。責任がない、ということです。誰かがメッセージを送っているのではないから、そこからは何も伝わってこない。

中心がないのなら、自分を中心にするしかありません。

［1］、今晩のおかずを何にしようか、考える。㊟1クッキング・サイトをのぞくと、レシピの提案がいくつも載っている。たまたま特売のサーモンを買って帰ってきた。検索すれば、サーモンの料理がいくつも出てくる。

情報は中心も秩序もないのだけれど、検索をかけるということは、結局、私がそれを使って何かをしたいということ。自分中心の秩序を、画面に表示させるということです。

これを、みんながせっせとやっている。アニメが好きなひとはアニメ。サッカーが好きなひとはサッカー。それがお互いに、邪魔しないで矛盾なく共存している。ほかのひとがなにに関心を持とうと、自分はこれに関心をもつ。他者がいなくて、自分だけがいるかのような世界。

でも、他者なしに、人間は生きていません。情報も、他者が生み出しているんだけど、その他者の影はもう見えなくなっている。情報は、本でもないし、口うるさいおじさん・おばさんでもない。どっちでもない。これがいちばん、まずい点です。

②まずい点の第二。データでできている。

データは、つまり情報です。メッセージじゃなくて、責任がない。

メッセージは前提がある。その前提には、そのひとの価値観が隠れている。メッセージを受け取った側は、それに対する態度を取ることを迫られます。

子どもが最初に出会うのは、親。親は情報ではありません。生きているおじさん・おばさんで、こうしろ、ああするな、と迫ってくる。子どもは、それと関係をとりながら、生きていく。それから、幼稚園や学校に行って、もっとおおぜいの大人に

(このページは計算に用いてよい)

5 立方体とその展開図について，次の各問いに答えなさい。

(1)　立方体の各辺の真ん中の点を結んで下の図のように線を引きました。この立方体の展開図に結んだ線の一部がかかれています。残りの線を完成させなさい。ただし，点線（⋯⋯⋯）の部分も実線（――――）でかくこと。

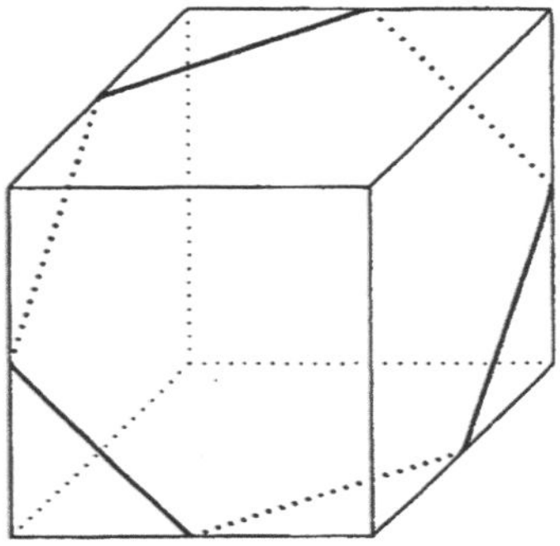

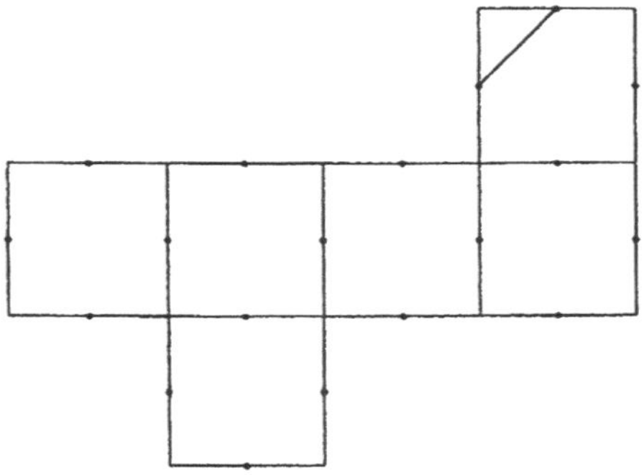

(2)　次に，立方体の各辺を3等分する点を結んで下の図のように線を引きました。この立方体の展開図に結んだ線の一部がかかれています。残りの線を完成させなさい。ただし，点線の部分も実線でかくこと。

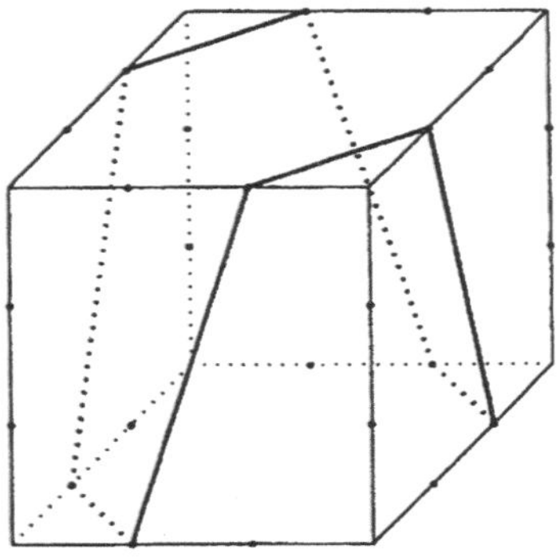

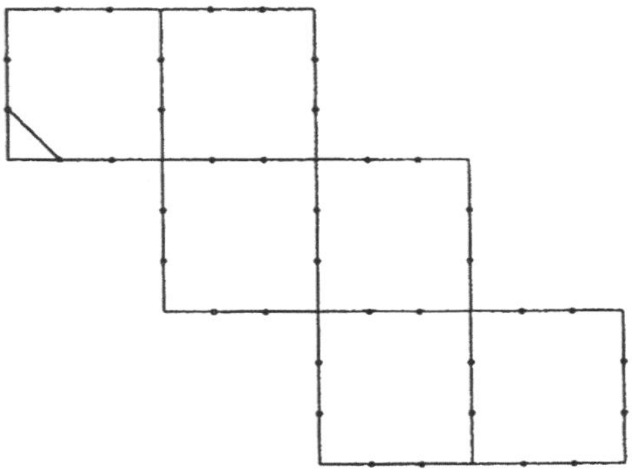

(このページは計算に用いてよい)

4　正確な時計Aと，一定の割合でAより進む時計B，一定の割合でAより遅れる時計Cがあります。ただし，BもCも1時間あたり15分以上は進んだり遅れたりしないものとします。ある日の時計A，B，Cについて，次の(ア)～(エ)のことが分かりました。

(ア)　Aが午前7時を指したとき，Bも午前7時を指していた。
(イ)　Aが正午を指したとき，BとCは同じ時刻を指していた。
(ウ)　Aが午後4時を指したとき，CはBと比べて1時間遅れていた。
(エ)　Aが午後10時を指したとき，Bは午後11時30分を指していた。

このとき，次の各問いに答えなさい。

(1)　BはAより，1時間あたり何分早く進みますか。

(2)　Aが午前7時を指したとき，Cは午前何時何分を指していますか。

(3)　AとCが同じ時刻を指すのは，午後何時何分ですか。

(このページは計算に用いてよい)

3 下の図のような直角二等辺三角形㋐と，縦の長さが 6 cm の長方形㋑があり，㋐が矢印の向きに毎秒 2 cm の速さで移動します。㋐と㋑が重なっていたのは，㋐が動き始めて 3.5 秒後から 18 秒後まででした。このとき，次の各問いに答えなさい。

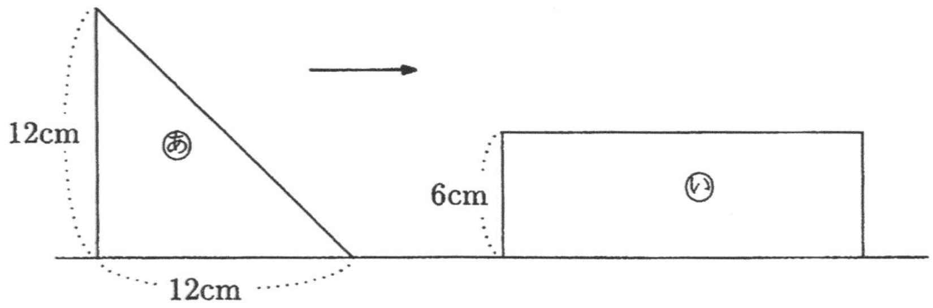

(1) 長方形㋑の横の長さは何 cm ですか。

(2) ㋐が動き始めてから 7.5 秒後に，㋐と㋑が重なっている部分の面積は何 cm^2 ですか。

(3) ㋐と㋑が重なった部分の面積が 36 cm^2 となるのは，㋐が動き始めてから何秒後と何秒後ですか。

2020(R2) 帝塚山学院泉ヶ丘中
K 教英出版

(このページは計算に用いてよい)

4 次の文中の下線部が正しければ○，間違っている場合は正しく書き直しなさい。

（1）月は地球の周りを１回公転する間に2回自転する。

（2）太陽の表面にある黒点は，まわりより温度が低く，約4000～4500℃である。

（3）日本の夏は，北西の季節風が吹く。

（4）川がまっすぐな所は，川の中央がいちばん水の流れが速い。

（5）台風によって海面が持ち上げられる現象を，津波という。

（6）北の空の星は，北極星を中心に反時計回りに動く。

（7）支えている手をはなすと，2本の棒（あ），（い）はどのようになるか。次のア～クからもっとも適当なものを1つ選び，解答らんの記号を○で囲みなさい。

ア．棒（あ），棒（い）ともに右にかたむく。

イ．棒（あ），棒（い）ともに左にかたむく。

ウ．棒（あ）は右に，棒（い）は左にかたむく。

エ．棒（あ）は左に，棒（い）は右にかたむく。

オ．棒（あ）は水平になるが，棒（い）は右にかたむく。

カ．棒（あ）は水平になるが，棒（い）は左にかたむく。

キ．棒（あ）は右にかたむくが，棒（い）は水平になる。

ク．棒（あ）は左にかたむくが，棒（い）は水平になる。

（8）支えている手をはなして，棒を2本とも水平にするために，棒（あ）・（い）のそれぞれ1か所ずつにおもりが1個のった皿をつるした。それぞれの棒のどのフックに皿をつるしたか。（あ）・（い）ともにH～Nから1つずつ選び，解答らんの記号を○で囲みなさい。

【実験7】図6のように，この棒を2本つるし，手で支えて水平にした。

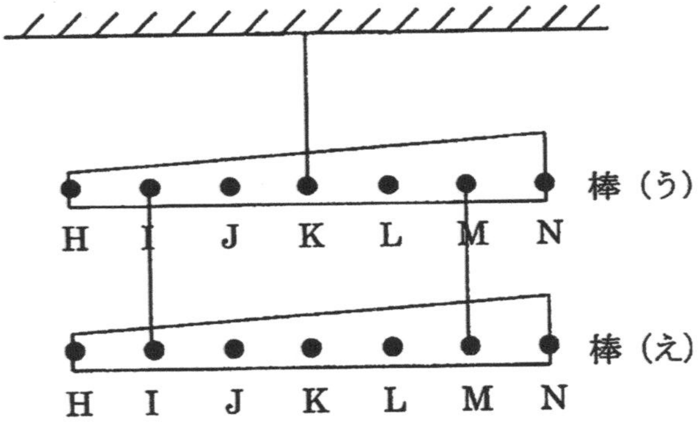

図6

（9）支えている手をはなして，棒を2本とも水平にするために，棒（う）の1か所にいくつかのおもりがのせられた皿をつるした。棒（う）のどのフックに皿をつるしたか。また，その皿には何個のおもりをのせたか。その組み合わせとしてもっとも適当なものを，次のア～カから1つ選び，解答らんの記号を○で囲みなさい。

ア．フックH，おもり5個　　イ．フックH，おもり8個

ウ．フックI，おもり3個　　エ．フックI，おもり12個

オ．フックJ，おもり5個　　カ．フックJ，おもり8個

【B】太さが一様でない重さ120 gで長さ60 cmの棒2本，30 gの皿2枚，1個10 gのおもり数個を用いて【実験5】～【実験7】を行った。これについて，下の各問いに答えなさい。なお，棒には10 cmおきにH～Nのフックがつけられており，フックやおもり・皿をぶら下げる糸の重さは考えないものとする。また，すでに糸が結ばれているフックに，さらにおもりや皿をつるすことはできるものとする。

【実験5】図4のように，棒を地面に置き，フックHをばねはかりで支えると40 gを示した。

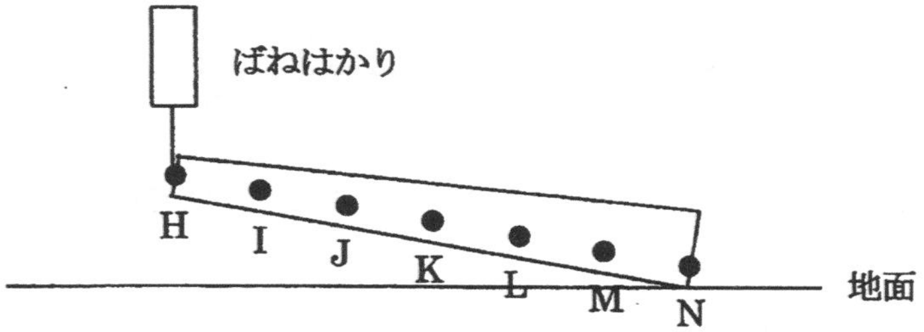

図4

（5）棒を地面に置き，フックNをばねはかりで支えると何gを示しますか。

（6）あるフックに糸を結んで天じょうから棒をつるしたところ，棒は水平になった。どのフックに糸を結んだか。H～Nから1つ選び，解答らんの記号を○で囲みなさい。

【実験6】図5のように，この棒を2本つるし，手で支えて水平にした。

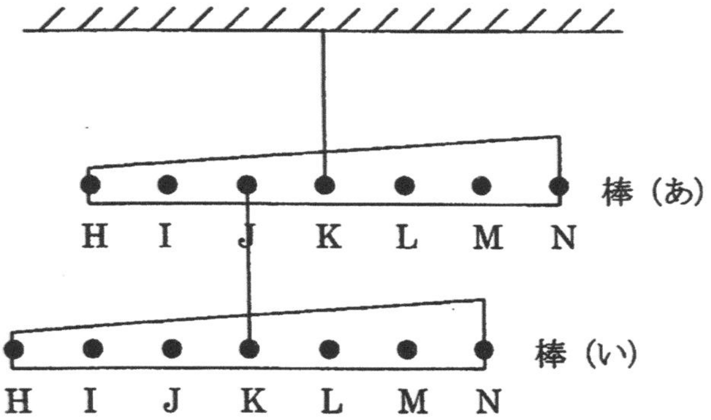

図5

【実験3】図3のように，フックDに糸をむすんで天じょうからつるし，フックAに皿をつるし，おもりを1個のせた。このとき，棒がかたむいたので，フックEに皿をつるし，おもりを何個かのせたところ，棒は水平になった。

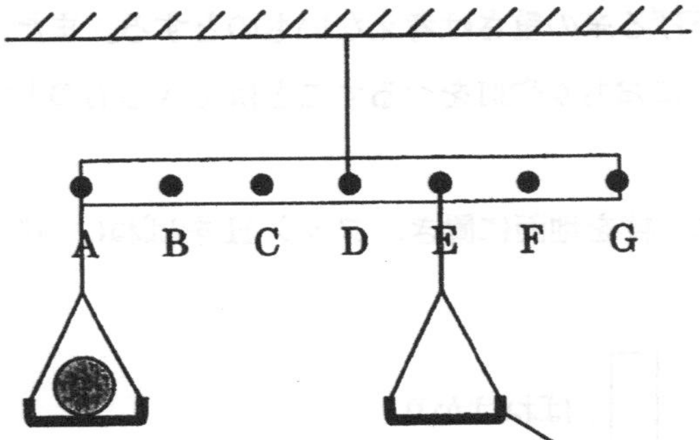

図3

（3）【実験3】で，フックEにつるした皿にのせたおもりは何個ですか。

【実験4】【実験3】のあと，フックEにつるした皿を外し，かわりにフックE におもりを1個つるした。このとき，ふたたび棒がかたむいたので，棒を天じょうにつるす位置をフックDからかえたところ，棒は水平になった。

（4）【実験4】で，棒を天じょうにつるした位置はどこか。A~Gから1つ選び，解答らんの記号を○で囲みなさい。

3 【A】太さが一様で重さのわからない長さ 60 cm の棒，30 g の皿 2 枚，1 個 10 g のおもり数個を用いて【実験 1】～【実験 4】を行った。これについて，下の各問いに答えなさい。なお，棒には 10 cm おきに A～G のフックがつけられており，フックやおもり・皿をつるす糸の重さは考えないものとする。

【実験 1】図 1 のように，フック D に糸をむすんで天じょうからつるし，フック A におもりを 2 個つるした。このとき，棒がかたむいたので，フック F におもりを何個かつるしたところ，棒は水平になった。

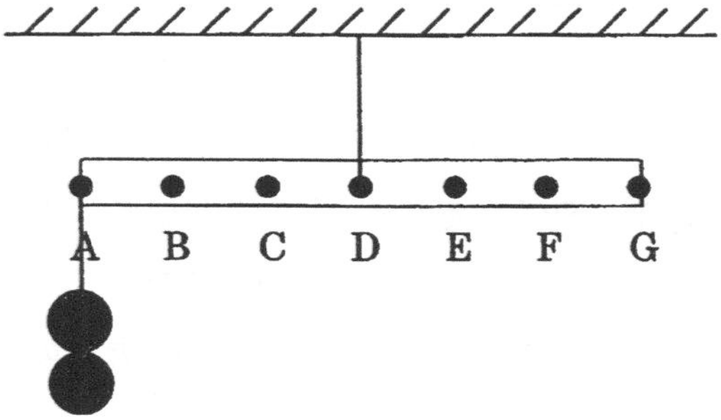

図 1

（1）【実験 1】で，フック F につるしたおもりは何個ですか。

【実験 2】図 2 のように，フック E に糸をむすんで天じょうからつるすと，棒がかたむいたので，フック G におもりを 3 個つるしたところ，棒は水平になった。

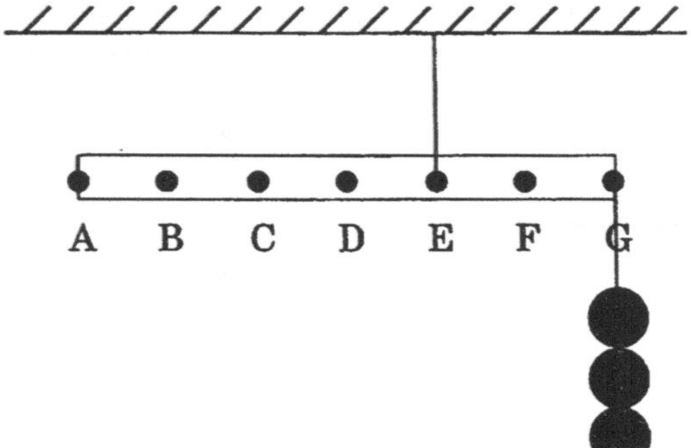

図 2

（2）この実験で用いた棒の重さは何 g ですか。

2020(R2) 帝塚山学院泉ヶ丘中
K 教英出版

次に，7本の試験管L～Rを用意し，用いる塩酸および水酸化ナトリウム水溶液のこさはそのままで，加えるアルミニウムはくを0.2 gにして，先ほどと同じ実験を行った。そのときの結果を表に書きこんだ。

試験管	L	M	N	O	P	Q	R
塩酸の体積［cm^3］	5	10	10	10	10	20	20
水酸化ナトリウム水溶液の体積［cm^3］	30	10	20	25	30	20	30
発生した気体の体積［cm^3］	240	25	0	160	③	50	④

（8）空らん③，④に適当な数字を答えなさい。

（9）塩酸 10 cm^3に，水酸化ナトリウムを少しずつ 50 cm^3まで加えていった。その水溶液に0.2 gのアルミニウムはくを反応させたとき，加えた水酸化ナトリウム水溶液の体積と発生する気体の体積の関係を表すと，どのようなグラフになるか。次のア～エからもっとも適当なものを1つ選び，解答らんの記号を○で囲みなさい。ただし，塩酸および水酸化ナトリウム水溶液のこさは，実験で用いたものと同じであるとする。

ア
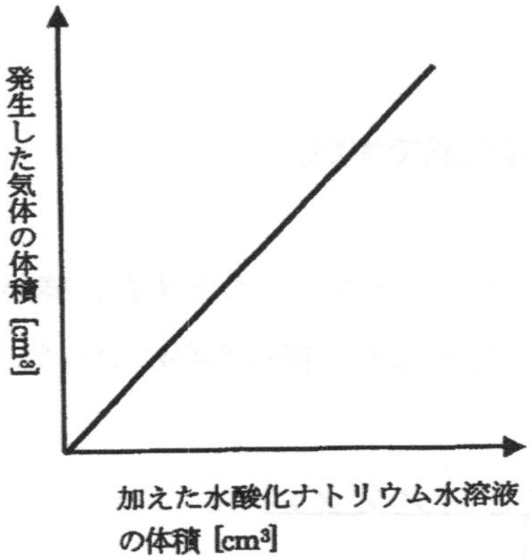

イ
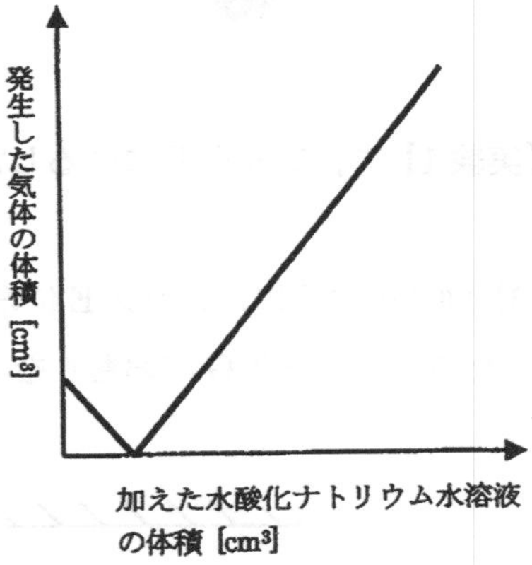

ウ
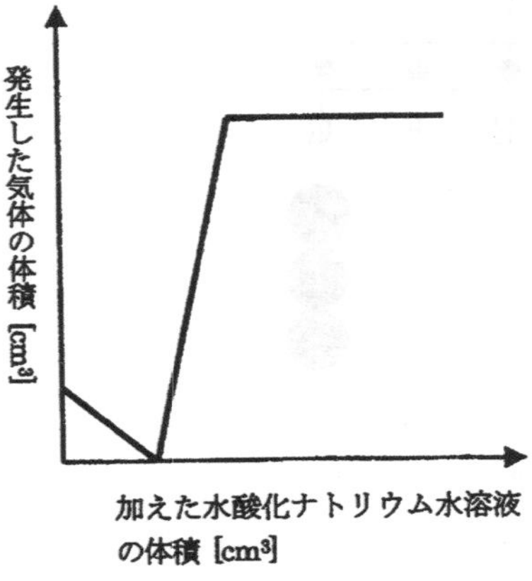

エ
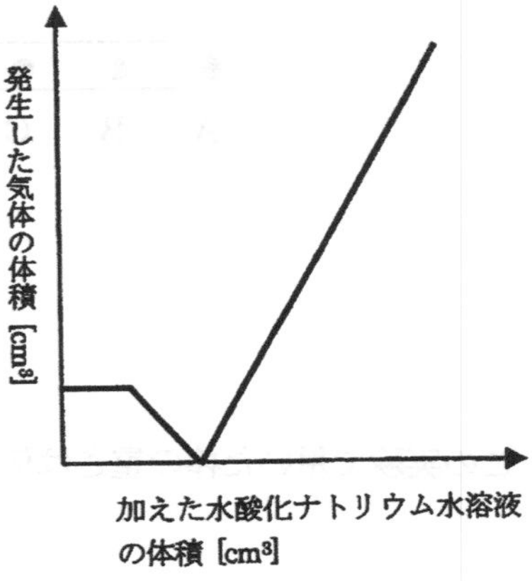

問14　下線部(14)について、以下の問いに答えなさい。

①　日清戦争について説明した以下の文章中の空欄(らん)にはいる地名を、それぞれ漢字２字で答えなさい。

1894 年、(　X　)で農民反乱がおこり、これを鎮圧(ちんあつ)するために日本と清が軍を派遣した。これをきっかけとして日清戦争がおこった。戦争は日本の勝利に終わり、日本は講和条約で(　Y　)やリアオトン半島などの領土とばく大な賠償金(ばいしょうきん)を獲得した。

②　日清戦争以後のできごととして**誤っているもの**を、次から１つ選び、記号で答えなさい。

ア：朝鮮で日本の植民地支配に反対する民族運動がおこった。
イ：ドイツの憲法を参考にして大日本帝国憲法がつくられた。
ウ：北九州に近代的設備をもつ八幡(やはた)製鉄所がつくられた。
エ：25 歳以上の男子すべてに選挙権が認められた。

問15　下線部(15)について、大陸に領土を拡大しようとした日本が、中国東北地方の線路を爆破(ばくは)し、これを中国軍のしわざであるとして中国東北地方を占領したできごとを何といいますか。漢字４字で答えなさい。

問16　下線部(16)について、第二次世界大戦について説明した文として**誤っているもの**を、次から１つ選び、記号で答えなさい。

ア：ドイツがポーランドを攻撃したことをきっかけにしてはじまった。
イ：日本はドイツ・フランスと三国軍事同盟(どうめい)を結んで戦った。
ウ：沖縄島にアメリカ軍が上陸し、一般の住民も戦争に巻きこまれた。
エ：日本は石油などの資源を手に入れようと、東南アジアに進出した。

問17　文章中の空欄(らん)［　A　］～［　C　］にあてはまる語句や人名を答えなさい。

(問題はここまでです。以下余白)

問11　下線部(11)について、以下の問いに答えなさい。

①　江戸時代について説明した文として正しいものを、次から１つ選び、記号で答えなさい。

ア：徳川秀忠(ひでただ)が武家諸法度に参勤交代の内容を付けくわえた。
イ：えぞ地の松前藩がアイヌの人たちとの交易をおこなった。
ウ：鎖国(さこく)後、外国貿易の相手を中国とポルトガルに限定した。
エ：キリスト教への取りしまりに対して、大塩の乱がおこった。

②　江戸時代、江戸から京都までの風景を描いた『東海道五十三次』の作者はだれですか。漢字で答えなさい。

問12　下線部(12)について、以下の問いに答えなさい。

①　このとき、日本はアメリカと日米和親条約を結び、開国しましたが、この条約で開かれることが決まった港の組み合わせを、次から１つ選び、記号で答えなさい。

ア：長崎と横浜　　イ：函館(はこだて)と横浜　　ウ：函館と下田　　エ：長崎と下田

②　日本は開国したあと、アメリカなど五か国と通商条約を結びました。この条約では、日本が輸入品(ゆにゅうひん)に自由に税金をかける権利が認められませんでした。のちに、この権利を回復した外務大臣はだれですか。漢字で答えなさい。

問13　下線部(13)について、明治政府は外国の制度を学ぼうと岩倉使節団を派遣(はけん)しました。この岩倉使節団とともにアメリカにわたり、帰国後、女子英学塾をつくるなど女性教育に力をつくした人物はだれですか。次から１つ選び、記号で答えなさい。

ア：津田梅子　　イ：与謝野晶子　　ウ：市川房枝(ふさえ)　　エ：平塚らいてう

問７　下線部(7)について、以下の問いに答えなさい。

①　鎌倉時代の政治について説明した文として**誤っているもの**を、次から１つ選び、記号で答えなさい。

ア：御家人は御恩として、先祖代々の領地をみとめてもらったり、新しい土地を与えられたりした。

イ：御家人は奉公として、幕府のために戦ったり、鎌倉や京都の警備をおこなったりした。

ウ：鎌倉幕府は全国に守護を置いて、警察や軍事の仕事をおこなわせた。

エ：鎌倉幕府は全国から年貢を徴収するために、各地の田畑に国司を置いた。

②　鎌倉時代、元の軍隊が日本に襲来しました。これについて説明した文として**誤っているもの**を、次から１つ選び、記号で答えなさい。

ア：元軍は火薬などの新兵器を使用した。

イ：戦いの後、御家人は多くの領地をもらった。

ウ：元軍は暴風雨にあい、引きあげた。

エ：幕府は博多湾沿岸に石るい(防るい)をつくり防衛した。

問８　下線部(8)について、室町文化について説明した文として**誤っているもの**を、次から１つ選び、記号で答えなさい。

ア：雪舟によって日本独自の水墨画(すみ絵)が完成した。

イ：床の間やふすま、しょうじなどを使った建築様式が完成した。

ウ：かな文字による日記文学や物語文学が花開いた。

エ：農民の田楽や猿楽などから能や狂言が生まれた。

問９　下線部(9)について、ある将軍のあと継ぎ争いから応仁の乱は起きました。ある将軍とはだれですか。漢字で答えなさい。

問10　下線部(10)について、以下の問いに答えなさい。

①　戦国時代、織田信長が桶狭間の戦いでやぶった駿河(静岡)の戦国大名はだれですか。漢字で答えなさい。

②　戦国時代、日本にキリスト教を伝えた宣教師はだれですか。

問５　下線部(5)について、以下の問いに答えなさい。

①　平安時代の貴族が住んだ屋しきの建築様式を何といいますか。漢字で答えなさい。

②　平安時代のできごとについて説明した文として**誤っているもの**を、次から１つ選び、記号で答えなさい。

ア：藤原氏が天皇をしのぐほどの権力を手にいれた。

イ：古今(こきん)和歌集など優れた和歌集がつくられた。

ウ：国風文化という日本独自の文化がうまれた。

エ：鑑真(がんじん)が唐招提寺(とうしょうだいじ)を開いて、仏教を発展させた。

問６　下線部(6)について、平氏がほろぼされた戦いがおこなわれた場所はどこですか。下の地図中から１つ選び、記号で答えなさい。

問１　下線部(1)について、以下の問いに答えなさい。

① はた織りや金属の加工の技術など、大陸から高度な技術をもたらした人々を何といいますか。漢字で答えなさい。

② ６世紀終わりごろから聖徳太子がおこなったこととして**誤っているもの**を、次から１つ選び、記号で答えなさい。

ア：隋(ずい)に留学生を派遣し、文化や制度を学ばせ、日本に取り入れようとした。

イ：蘇我(そが)氏と協力して、天皇中心の政治のしくみをつくろうとした。

ウ：仏教を敬うことを憲法で示し、全国に国分寺を建立(こんりゅう)した。

エ：朝廷の役人を、家がらではなく能力によって取り立てる制度をつくった。

問２　下線部(2)について、大仙(だいせん)古墳などにもみられるような形の古墳で、大和(奈良)や河内(大阪)を中心に、次第に地方に拡大していった古墳の形を何といいますか。漢字で答えなさい。

問３　下線部(3)について、青森県にある縄文時代の遺跡(いせき)で、500人以上の人々が暮らしていたとされ、巨大な掘立柱(ほったてばしら)の建物もあったとされている集落(しゅうらく)の遺跡を何といいますか。次から１つ選び、記号で答えなさい。

ア：板付遺跡	イ：三内丸山遺跡	ウ：登呂(とろ)遺跡	エ：吉野ケ里遺跡

問４　下線部(4)について、以下の問いに答えなさい。

① 奈良時代、農民に課(か)された税のうち、稲で支払う税を何といいますか。漢字で答えなさい。

② 次の史料は奈良時代に出された、ある法令を現代語訳したものです。この法令を出した人物はだれですか。漢字で答えなさい。

> 仏教をますます盛んにし、人々を救うために大仏をつくる決心をした。国じゅうの銅を使って大仏をつくり・・・わたしは天下の富(とみ)と力を持つものである。この富と力で大仏をつくるのである。

中一次

2 次の文章を読んで、あとの設問に答えなさい。

昨年5月、新たな天皇が即位し、元号も新たに令和と変更された。この天皇の交代は、先代の天皇の崩御(天皇が亡くなること)にともなうものではなく、先の天皇は上皇となり、皇太子に譲位をするという交代であった。

日本において「天皇」という称号が正式に使われ始めるのは、7世紀後半の天武天皇・持統天皇のころといわれている。それまでは、「大王」と呼ばれていた。「大王」の存在をさかのぼってみると、その起源は4世紀から5世紀ごろの(1)大和朝廷の時代にあるといわれている。大王がこのころ次第に勢力を拡大していったことは、(2)古墳の文化が奈良や大阪から地方に拡大していったことからもうかがえる。この時期、まだ(3)東北北部や南九州などの地域には大王の支配がおよんでいなかった。東北北部や南九州が朝廷の支配下にはいることになるのは(4)奈良時代、(5)平安時代をつうじてのことであった。

このように次第に天皇中心に日本は統一されていくが、平安時代の末に天皇中心の体制は変化していった。朝廷の警備などをおこなっていた(6)武士が力をつけ、中央の政治にかかわるようになってきた。武士のかしらであった源頼朝が、1192年に朝廷から A の称号を与えられ成立した(7)鎌倉幕府は、その後、朝廷と対立しはじめ、1221年、幕府と朝廷の戦いがおこった。これに勝利した鎌倉幕府は日本全国の実権をにぎり、これ以降、武士の政権である幕府が日本の実権をにぎることとなった。このことは、周辺の国が日本の実権をにぎっているのは朝廷ではなく、幕府であるとみていたことからもうかがえる。元が日本に軍を派遣する前に、鎌倉幕府の執権であった B のもとに使者を送ってきたことや、(8)室町時代、中国との貿易を始めた3代将軍の足利義満が、中国から「日本国王」と呼ばれていたことが、その例である。(9)応仁の乱以降も、(10)戦国大名が天下統一を目指し、そのなかから、再び武士の政権である(11)江戸幕府が成立することになった。

しかし、この江戸時代の末に、再び時代は変わることになる。ペリーの来航などの結果、(12)外国の圧力に屈して開国した幕府に対する不満がつのり、薩摩藩・長州藩が中心となって、天皇中心の世の中に戻そうと倒幕運動を始めた。その結果、最後の将軍であった C は天皇に政権を返し、再び天皇中心の時代がやってきた。これが明治維新である。明治時代、天皇を中心とした憲法がつくられ、(13)外国に負けない国づくりをしようと、富国強兵政策がとられた。その結果、(14)日本は大国の清に勝利するほどになった。その後、(15)海外に領土を拡張していく日本であったが、(16)第二次世界大戦の敗北で、アメリカを中心とする連合国に国家体制の改革をせまられた。そのなかで1946年に日本国憲法が定められ、天皇は日本の国や国民のまとまりの象徴とされることが決まった。

問17　下線部(17)について、次の表6は日本の貿易港と輸出品目の割合を示したものです。この表に関して、以下の問いに答えなさい。

表6　日本の貿易港と輸出品目の割合（%）

	成田国際空港	関西国際空港
第1位	科学光学機器… 6.2	【 a 】 …15.0
第2位	金（非貨幣）… 5.2	科学光学機器… 7.8
第3位	【 a 】 … 4.4	電気回路用品… 6.7
第4位	電気回路用品… 4.3	個別半導体 … 6.3

	名古屋港	横浜港
第1位	【 b 】 …25.0	【 b 】 …22.1
第2位	自動車部品 …17.5	自動車部品 … 4.9
第3位	金属加工機械… 4.4	内燃機関 … 4.3
第4位	内燃機関 … 4.2	プラスチック… 3.6

『日本国勢図会　2019/20』

① 成田国際空港と名古屋港が立地する都道府県名を、それぞれ漢字で答えなさい。

② 表中の空欄【 a 】・【 b 】にあてはまる貿易品目を、それぞれ1つずつ選び、記号で答えなさい。

ア：魚介類	イ：医薬品	ウ：集積回路	エ：コンピューター
オ：精密機械	カ：石油製品	キ：衣類	ク：自動車

中一次

三

(1)	(6)
(2)	(7)
(3)	(8)
(4)	(9)
(5)	(10)

四

(1)	(2)	(3)	(4)	(5)

五

(1)	(2)	(3)	(4)	(5)

(二) 1 2 3 4

(三)

(四)

(五)

(六)

(七) Ⅰ Ⅱ Ⅲ Ⅳ

(八)

三 1点×10　四 2点×5　五 2点×5

【解答用

令和２年度	帝塚山学院泉ヶ丘中学校 入学者選抜試験問題	算数(解答用紙)	受験番号		A

1 6点×4

(1)	
(2)	
(3)	
(4)	

小計	

2 6点×8

(1)	日
(2)	人

4 6点×3

(1)	分
(2)	午前　　時　　分
(3)	午後　　時　　分

小計	

5 6点×2

(1)

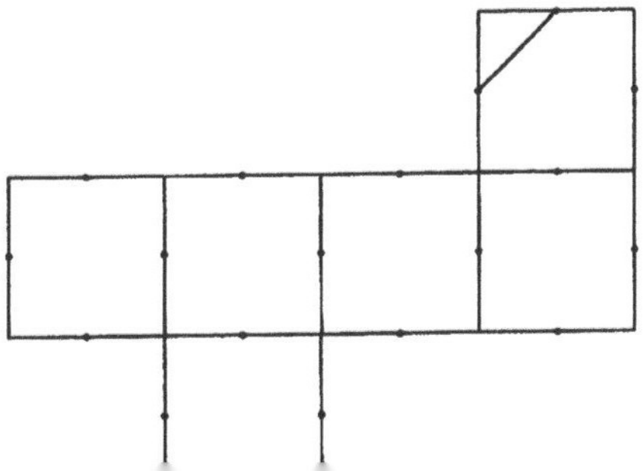

【解答用

※80点満点

令和2年度	帝塚山学院泉ヶ丘中学校 入学者選抜試験問題	理科（解答用紙）	受験番号		A

1

A	(1)	①	ア　イ　ウ
		②	あ　い　う　え　お　か
	(2)	メダカ	ア　イ　ウ
		か	ア　イ　ウ
	(3)		ア　イ　ウ
B	(4)	①	
		②	
	(5)		ア　イ　ウ　エ　オ　カ　キ
	(6)		ア　イ　ウ
	(7)		ア　イ　ウ　エ
	(8)		ア　イ　ウ
	(9)		

3

A	(1)		個
	(2)		g
	(3)		個
	(4)		A　B　C　D　E　F　G
B	(5)		g
	(6)		H　I　J　K　L　M　N
	(7)		ア　イ　ウ　エ　オ　カ　キ　ク
	(8)	あ	H　I　J　K　L　M　N
		い	H　I　J　K　L　M　N
	(9)		ア　イ　ウ　エ　オ　カ

4

(1)	
(2)	

【解答用

※80点満点

令和２年度	帝塚山学院泉ヶ丘中学校 入学者選抜試験問題	社会(解答用紙)	受験番号	

1

問1				
問2				
問3	①			
	②			
	③			
問4	a			
	b			
問5				
問6				
問7	県名			
	祭り			
問8				

1 のつづき

問17	①	成田	
		名古屋	
	②	a	
		b	

2

問1	①	
	②	
問2		
問3		
問4	①	
	②	
問5	①	

2 のつづき

問14	①	X		
		Y		
	②			
問15				
問16				
問17	A			
	B			
	C			

1 問３②，問４，問５，問９，問10③
問13①，問14①．２点×９　他．１点×22
2 問１②，問３，問５②，問６，問７，問８
問11①，問12①，問13，問14②，問16．２点×12
他．１点×16

【解答用

問10	①	X	
		Y	
	②		
	③		
問11	a		
	b		
問12			
問13	①		
	②		
問14	①		
	②		
問15			
問16			

問7	①	
	②	
問8		
問9		
問10	①	
	②	
問11	①	
	②	
問12	①	
	②	
問13		

1	／40点
2	／40点
合　計	／80点

2

A	(1)		ア　イ　ウ　エ
	(2)	A	あ　い　う　え
		B	あ　い　う　え
	(3)		ア　イ　ウ　エ
B	(4)		E　F　G　H　I　J　K
	(5)		ア　イ　ウ　エ
	(6)		ア　イ　ウ　エ
	(7)	①	
		②	
	(8)	③	
		④	
	(9)		ア　イ　ウ　エ

(4)	
(5)	
(6)	

2点×40

(4)	時速　　　km
(5)	度
(6)	cm^2
(7)	通り
(8)	個

小計	

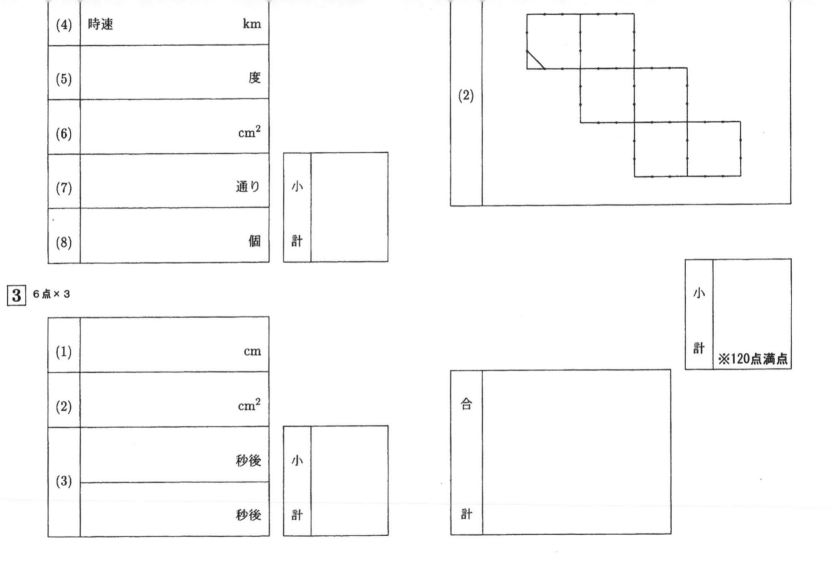

3 6点×3

(1)	cm
(2)	cm^2
(3)	秒後
	秒後

小計	

(2)	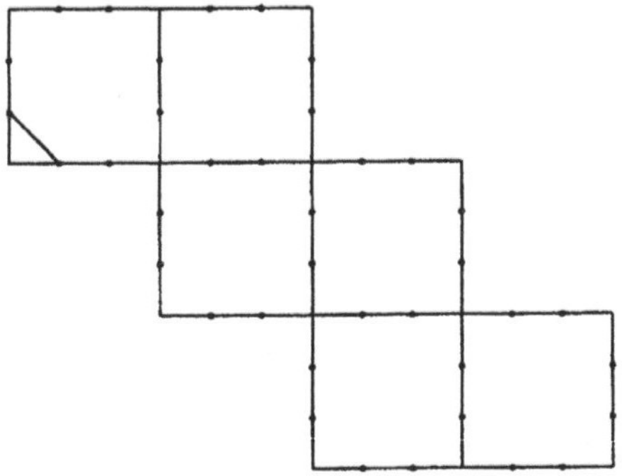

小計	※120点満点

合計	

令和二年度

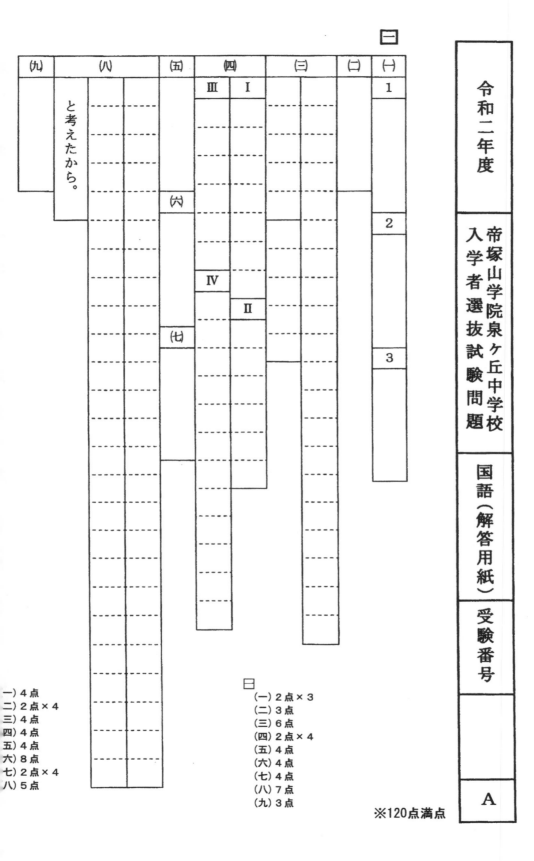

帝塚山学院泉ヶ丘中学校
入学者選抜試験問題

国語（解答用紙）

受験番号

A

※120点満点

一

(一)	(二)	(三)	(四)	(五)	(八)	(九)
1 / 2 / 3			I / II / III / IV	(五) / (六) / (七)	と考えたから。	

一
(一) 4点
(二) 2点×4
(三) 4点
(四) 4点
(五) 4点
(六) 8点
(七) 2点×4
(八) 5点

二
(一) 2点×3
(二) 3点
(三) 6点
(四) 2点×4
(五) 4点
(六) 4点
(七) 4点
(八) 7点
(九) 3点

問14　下線部(14)について、以下の問いに答えなさい。

①　北九州から関東地方にかけて、工業地帯や工業地域が連続して分布しますが、この地帯の総称を何といいますか。

②　次の表５は、京浜工業地帯、中京工業地帯、阪神工業地帯、瀬戸内工業地域の出荷総額と出荷割合を示したものです。この中から、瀬戸内工業地域にあてはまるものを１つ選び、記号で答えなさい。

表５　工業地帯・工業地域の出荷総額と出荷割合（%）

	ア	イ	ウ	エ
第１位	機械…69.2	機械…36.8	機械…36.2	機械…50.9
第２位	金属…　9.1	化学…20.6	金属…20.0	化学…16.6
第３位	化学…　6.1	金属…17.3	化学…17.2	食品…11.1
第４位	食品…　4.8	食品…　8.4	食品…11.6	金属…　8.3
出荷総額	551 211	290 989	314 134	245 079

出荷総額は億円　『日本国勢図会　2019/20』

問15　下線部(15)について、高度経済成長期に起こったことがらについて述べた文として、**誤っているもの**を１つ選び、記号で答えなさい。

ア：四国・中国地方や東北地方の一部では、過疎化が急速に進んだ。

イ：熊本県、愛知県、石川県、新潟県では四大公害病が発生し、大きな問題となった。

ウ：東京や大阪などの大都市では人口が急激に増加し、過密化が進行するようになった。

エ：交通網の整備がおこなわれ、東海道新幹線や東名高速道路などが建設された。

問16　下線部(16)について、半導体産業について述べた文の中から、**誤っているもの**を１つ選び、記号で答えなさい。

ア：半導体産業は「産業のコメ」ともよばれている。

イ：半導体産業は、九州でさかんなために、九州はシリコンアイランドともよばれている。

ウ：国内で製造された半導体の多くが輸出されるために、半導体工場の多くは、臨海部の港湾に隣接して建設されている。

エ：近年、半導体の生産は韓国などのアジアNIESや中国での生産が急増している。

第３班　テーマ：日本の工業や貿易について

● 日本の工業は(13)原料を輸入して製品を輸出する形態(けいたい)が中心でした。第二次世界大戦前は軽工業が中心で、中国などアジアの国から繊維(せんい)原料を輸入し、繊維製品を輸出していました。

● 1950年代なかばから高度経済成長がはじまり、重化学工業を中心に、(14)北九州から関東地方にかけて多くの工業地帯がつくられますが、(15)その反面数多くの問題も発生しました。

● 1980年代に入ると日本では円高が進み、産業の形態が大きく変わりました。造船や鉄鋼などの重工業が低迷し、それに代わって(16)半導体(はんどうたい)などの先端産業がさかんになりました。

● (17)日本で作られた多くの製品は、世界中に輸出されています。また、日本の企業は近年海外で多くの生産拠点(きょてん)を持つようになりました。

問13　下線部(13)について、以下の問いに答えなさい。

① このように、原料を輸入し、製品を輸出する貿易形態を何といいますか。漢字で答えなさい。

② 次の表４は、日本の原油、天然ガス、石炭、鉄鉱石の輸入先と輸入総額を示したものです。この中から、天然ガスにあてはまるものを１つ選び、記号で答えなさい。

表４　原油、天然ガス、石炭、鉄鉱石の輸入先（%）と輸入総額

	ア	イ	ウ	エ
第１位	オーストラリア…61.6	サウジアラビア…38.7	オーストラリア…49.6	オーストラリア…35.4
第２位	インドネシア…12.4	アラブ首長国…25.6	ブラジル…31.1	マレーシア…12.9
第３位	ロシア… 9.4	カタール… 7.9	カナダ… 6.6	カタール…12.0
第４位	アメリカ… 7.0	クウェート… 7.5	南ア共和国… 3.7	ロシア… 7.6
輸入総額	28 121	89 063	10 296	47 389

輸入総額は億円　　『日本国勢図会　2019/20』

表中の南ア共和国は南アフリカ共和国

中一次

問11　下線部(11)について、次の表２は、果実および家畜の生産割合に関するものです。表中の空欄【　a　】・【　b　】にあてはまる都道府県名を下からそれぞれ１つ選び、記号で答えなさい。

表２　果実および家畜の生産割合（%）

	もも	ぶどう	肉用牛	肉用若鳥
第１位	山　梨…31.4	山　梨…24.5	北海道…20.9	【 b 】…20.5
第２位	福　島…22.9	【 a 】…14.7	鹿児島…13.1	鹿児島…19.3
第３位	【 a 】…11.6	山　形… 9.5	【 b 】… 9.7	岩　手…16.2
第４位	和歌山… 8.2	岡　山… 9.5	熊　本… 5.1	青　森… 5.1
第５位	山　形… 6.9	福　岡… 4.7	岩　手… 3.6	北海道… 3.6
総　計	124 900　t	176 100　t	251.4 万頭	13 878 万羽

『日本国勢図会　2019/20』

ア：宮崎県	イ：長崎県	ウ：兵庫県	エ：奈良県
オ：岐阜県	カ：長野県	キ：千葉県	ク：栃木県

問12　下線部(12)について、次の表３は、日本の小麦、とうもろこし、野菜、果実の輸入先と輸入総額を示したものです。この中から、とうもろこしにあてはまるものを１つ選び、記号で答えなさい。

表３　小麦、とうもろこし、野菜、果実の輸入先（%）と輸入総額

	ア	イ	ウ	エ
第１位	中　国…49.7	アメリカ…48.3	アメリカ…91.9	アメリカ…21.3
第２位	アメリカ…15.7	カナダ…33.2	ブラジル… 4.6	フィリピン…19.0
第３位	韓(かん)　国(こく)… 5.7	オーストラリア…16.7	南ア共和国… 2.1	中　国…14.6
輸入総額	5 505	1 811	3 722	5 502

輸入総額は億円　　『日本国勢図会　2019/20』

表中の南ア共和国は南アフリカ共和国

② 日本の稲作への取り組みについて述べたA・Bの文の正誤の組み合わせとして正しいものを1つ選び、記号で答えなさい。

A：安全でおいしいコメを消費者に届けるため、農薬を使わず有機農法に取り組んでいる農家が増加してきている。

B：コメの安定供給をめざすために、政府は生産から流通、販売までをすべて管理している。

ア：A…正しい	B…正しい	イ：A…正しい	B…誤り
ウ：A…誤り	B…正しい	エ：A…誤り	B…誤り

問10 下線部(10)について、次の表1は農産物の生産割合に関するものです。この表について、以下の問いに答えなさい。

表1 農産物の生産割合（%）

	小麦	X	キャベツ	Y
第1位	【 a 】…67.0	静 岡…37.6	群 馬…18.3	高 知…13.5
第2位	福 岡… 5.5	鹿児島…32.4	愛 知…17.2	熊 本…10.2
第3位	佐 賀… 3.8	三 重… 7.5	千 葉… 7.8	群 馬… 8.0
第4位	愛 知… 2.9	宮 崎… 4.6	茨 城… 7.8	福 岡… 6.9
第5位	群 馬… 2.7	京 都… 3.9	神奈川… 5.4	茨 城… 5.8
総 計	906 700	82 000	1 428 000	307 800

総計の単位はt　　『データでみる県勢 2019』

① 表中のX・Yにあてはまる作物をそれぞれ1つずつ選び、記号で答えなさい。

ア：さつまいも	イ：なす	ウ：いちご	エ：だいこん
オ：茶	カ：たまねぎ	キ：タバコ	ク：じゃがいも

② 表中の空欄【 a 】に入る都道府県名を漢字で答えなさい。

③ 群馬県では、北西部に位置する標高1000mほどの高原地帯で、出荷時期を遅らせたキャベツの生産がさかんです。このような栽培方法を何といいますか。

中一次

第２班　テーマ：日本の農業について

● (8)日本の農業は、第二次世界大戦後大きく変化しました。それまでは、(9)稲作(いなさく)が中心でしたが、食生活の変化にともない、(10)野菜や(11)果実、家畜の生産などもさかんにおこなわれるようになりました。

● 農産物の自給率は戦後大きく低下し、(12)不足する食糧(しょくりょう)を多くの国から輸入しています。近年では漁獲量(ぎょかくりょう)も減少し、多くの魚介類も輸入しています。

問８　下線部(8)について、日本の農業の特徴(とくちょう)について述べた文として、**誤っているもの**を１つ選び、記号で答えなさい。

ア：日本の農業は、一戸あたりの耕地面積が小さく零細(れいさい)な農家が多い。

イ：専業農家は減少し、兼業農家(けんぎょうのうか)が多くみられる。

ウ：耕作放棄地(こうさくほうきち)の増加によって、耕地面積は減少している。

エ：農業の機械化により、農家の低年齢化(ていねんれいか)が進んでいる。

問９　下線部(9)について、以下の問いに答えなさい。

①　次の図Ⅱは、近畿地方中部のコメ作りのスケジュールを示したものです。図中の空欄【　a　】～【　c　】にあてはまる農作業の組み合わせとして、下から正しいものを１つ選び、記号で答えなさい。

図Ⅱ　　コメ作りのスケジュール

月	農作業	月	農作業
11～２月	たい肥・土つくり 種もみの選定	7～８月	【　c　】 農薬をまく
3～４月	育苗(いくびょう) 田起(お)こし 【　a　】	9～10月	稲刈(いねか)り だっこく 乾燥(かんそう)
5～６月	【　b　】 除草剤(じょそうざい)の散布(さんぷ)		

『全農京都ホームページ』より

	ア	イ	ウ	エ	オ	カ
a	田植(たう)え	田植え	代かき	代かき	中干し	中干し
b	代(しろ)かき	中干し	田植え	中干し	代かき	田植え
c	中干(なかぼ)し	代かき	中干し	田植え	田植え	代かき

問７　下線部(7)について、次の文は、東北地方のある県の特徴に関するものです。あてはまる県名を漢字で答えなさい。また、その県でおこなわれている祭りを、下の写真より１つ選び、記号で答えなさい。

> 人口は約 98 万人（2018 年）、人口の増減率(ぞうげんりつ)は全国最下位でマイナス 1.47%（2017～2018 年の１年間）である。県の北部には日本最大の干拓地(かんたくち)もあり、コメの生産は北海道、新潟(にいがた)県についで多い。また林業もさかんで、スギを材料として作られた「大館(おおだて)曲げわっぱ」は伝統工芸品としても有名である。

ア

イ

ウ

エ

③ Aの山地の特徴について述べた文の中から、正しいものを1つ選び、記号で答えなさい。

ア：周辺には豊かな自然が残っており、ヒグマなどが生息している。

イ：世界最大級のブナ林が残っており、豊かな自然環境が保全されている。

ウ：古代から育まれてきた、スギの巨木が多くみられる。

エ：江戸時代から藩によってヒノキの植林が進められ、美林地帯としても有名である。

問4 下線部(4)について、次の文は、森林のはたす役割に関するものです。文中の空欄【 a 】・【 b 】に入る語句を答えなさい。ただし、【 a 】は漢字2字で、【 b 】は漢字3字で答えなさい。

森林は、水をたくわえ土砂の流出を防ぐので、【 a 】の防止に大きな役割をはたしている。また、二酸化炭素を吸収し酸素を作るので、地球【 b 】の防止にも重要な役割をはたしている。

問5 下線部(5)について、国や地方自治体では、火山噴火を含む自然災害を予測し、その被害範囲を地図にしています。このような地図を何といいますか。カタカナで答えなさい。

問6 下線部(6)について、日本の世界遺産について述べた文の中から、正しいものを1つ選び、記号で答えなさい。

ア：熊本県にある軍艦島（端島）は、日本の近代化をささえた産業遺産の1つとして、世界遺産に登録されている。

イ：大阪府の堺市と岸和田市に位置する百舌鳥・古市古墳群は、4世紀後半～5世紀後半にかけての日本固有の古墳文化として、世界遺産に登録されている。

ウ：富山県の五箇山や新潟県北部の白川郷にみられる合掌造り集落は、豪雪地帯の大家族の生活を残すものとして、世界遺産に登録されている。

エ：岩手県の平泉にある中尊寺は、平安時代末期の奥州藤原氏が栄えた時代の仏教文化がうかがえるものとして、世界遺産に登録されている。

1 幸太郎さんのクラスでは、日本の地理についての発表がおこなわれました。まとめた内容と図を参考にして、あとの設問に答えなさい。

第1班　テーマ：日本の自然と文化

- 日本は(1)ユーラシア大陸の東の端(はし)に位置しており、日本海をはさんでロシアや(2)大韓民国(だいかんみんこく)と向きあっています。
- 国土の多くは、(3)山地や丘陵(きゅうりょう)で、スギやヒノキなどの豊かな(4)森林がみられます。東北地方や九州地方には火山が多く分布しており、(5)噴火(ふんか)による自然災害(さいがい)もたびたび発生しています。
- 日本の歴史は古く、大陸からの影響を強く受けていますが、世界に誇(ほこ)る独自の文化もあり、(6)世界遺産(せかいいさん)に登録(とうろく)されたものや(7)伝統芸能(でんとうげいのう)が各地に残っています。

図Ⅰ

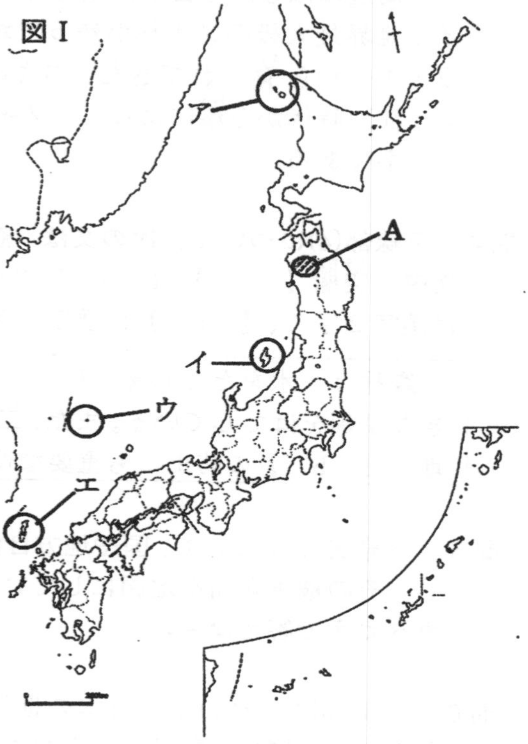

問1　下線部(1)について、次の国の中から、ユーラシア大陸に**位置していない国**を1つ選び、記号で答えなさい。

ア：ドイツ	イ：フランス	ウ：イタリア	エ：アメリカ合衆国

問2　下線部(2)について、図Ⅰ中のア～エの島のうち、大韓民国と領有権(りょうゆうけん)を争っている竹島はどれですか。正しいものを1つ選び、記号で答えなさい。

問3　下線部(3)について、以下の問いに答えなさい。

①　日本の山地や丘陵が国土に占(し)める割合はおよそ何％ですか。正しいものを1つ選び、記号で答えなさい。

ア：約35％	イ：約55％	ウ：約75％	エ：約95％

②　図Ⅰ中のAの山地の名前を漢字で答えなさい。

中一次

令和２年度

帝塚山学院泉ヶ丘中学校
入学者選抜試験問題

１次Ａ入試

社会

（試験時間４０分）

受験番号	

【B】7本の試験管E～Kを用意し，それぞれにあるこさの塩酸と水酸化ナトリウム水溶液を表に示した体積だけ加え，まぜ合わせた。そこに，BTB液を加えたときの溶液の色，および1gのアルミニウムはくを加えたときに発生した気体の体積を調べ，結果を表に書きこんだ。下の各問いに答えなさい。

試験管	E	F	G	H	I	J	K
塩酸の体積［cm^3］	5	10	10	10	10	20	20
水酸化ナトリウム水溶液の体積［cm^3］	30	10	20	25	30	20	30
BTB液を加えたときの色の変化			緑				
発生した気体の体積［cm^3］	640	25	0	160	①	50	②

※ 問いの都合上，表の一部は空らんのままになっている。

（4）BTB液を加えたときに，黄色に変化する試験管はどれか。E～Kからすべて選び，解答らんの記号を○で囲みなさい。

（5）この実験で発生した気体の性質を説明したものとして，次のア～エからもっとも適当なものを1つ選び，解答らんの記号を○で囲みなさい。

ア．空気より重く，下方置換(かん)で集めるのが適当である。

イ．マッチの火を近づけると，ポンと音を立てて燃える。

ウ．石灰水に通すと，白くにごる。

エ．水に溶けやすく，その水溶液はアルカリ性を示す。

（6）アルミニウムはくを加える前の試験管E～Kの水溶液を蒸発皿に少量とり，アルコールランプで加熱し水を蒸発させた。このとき，すべての蒸発皿において白い固体が残った。この実験について説明したものとして，次のア～エから適当でないものを1つ選び，解答らんの記号を○で囲みなさい。

ア．試験管FとGでは，まったく同じ種類の物質が残った。

イ．試験管EとHでは，まったく同じ種類の物質が残った。

ウ．1種類のみの物質が残った試験管は，3本であった。

エ．塩化ナトリウム（食塩）はすべての試験管で残った。

（7）表の空らん①，②に適当な数字を答えなさい。

2 【A】次の（あ）～（え）のいずれかの水溶液が１種類ずつ４本の試験管A～Dに入っている。これらの水溶液について，【実験1】～【実験3】を行った。下の各問いに答えなさい。

（あ）アンモニア水　（い）水酸化ナトリウム水溶液　（う）うすい塩酸
（え）食塩水

【実験1】試験管A～Dの水溶液を少量とり，それぞれ赤色リトマス紙につけた。このとき，A，Dの水溶液をつけた赤色リトマス紙は，青く変化した。

【実験2】試験管A～Dの水溶液を蒸発皿に少量とり，それぞれアルコールランプで加熱し水を蒸発させた。このとき，A，Bの水溶液を入れた蒸発皿は，固体が残った。

【実験3】試験管A～Dの水溶液のにおいをそれぞれかいだ。このとき，C，Dは鼻をさすようなにおいがした。

（1）実験をする上での注意点を説明したものとして，次のア～エから適当でないものを１つ選び，解答らんの記号を○で囲みなさい。

ア．水溶液が目に入ると危険なので，保護めがねをかけて実験をおこなう。
イ．アルコールランプの火を消すときは，炎の横からそっとふたをかぶせる。
ウ．水溶液のにおいをかぐときは，試験管の口から手であおぐようにする。
エ．試験管は，親指と人さし指の２本の指でつまむようにして持つ。

（2）試験管A，Bの水溶液は，（あ）～（え）のうちどれか。（あ）～（え）からそれぞれ１つずつ選び，解答らんの記号を○で囲みなさい。

（3）試験管Cの水溶液の性質を説明したものとして，次のア～エから適当でないものを１つ選び，解答らんの記号を○で囲みなさい。

ア．BTB液を加えると，黄色に変化する。
イ．スチールウールを加えると，あわを出しながらとける。
ウ．フェノールフタレイン液を加えると，赤色に変化する。
エ．胃液のおもな成分である。

【実験 3】【実験 2】と同じように準備した試験管を，図のように電球から 60 cm はなれた位置に置いた。さらに，試験管と電球の間に水そう B を置き，水そう B にオオカナダモをすりつぶした液体を入れた。その後，電球の光を十分当て，試験管の液の色を観察した。下の問いに答えなさい。なお，オオカナダモをすりつぶした液体には，光合成に必要な物質がふくまれているものとし，また，水そう A・B の表面の素材により光が弱くなることはないものとする。

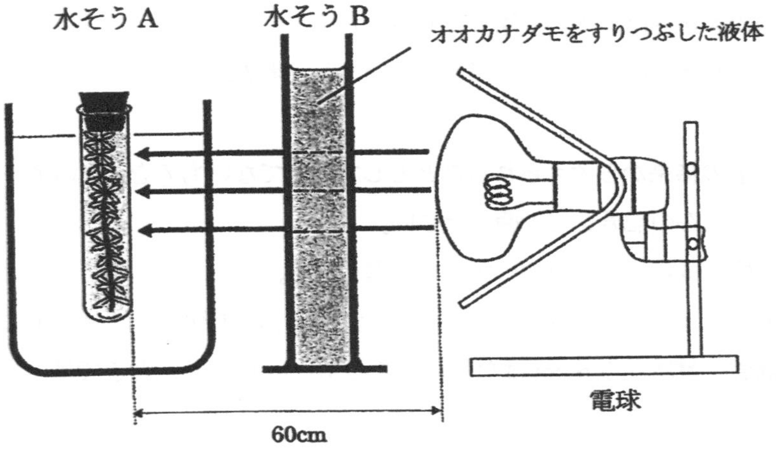

（8）試験管の液の色は何色になると考えられるか。もっとも適当なものを，次のア～ウから 1 つ選び，解答らんの記号を〇で囲みなさい。

ア．黄　　イ．緑　　ウ．青

（9）【実験 3】を行った後，水そう B の液体のみ水に入れかえ，電球の光の色を赤，緑，青に変えて同じ実験を行った。その結果，緑色の光をあてると（8）に近い結果になったが，赤色・青色の光をそれぞれあてると，試験管の液の色は（8）とは，ことなる結果になった。これらの結果から，光合成と赤，緑，青色の光の関係について考えられることを簡単に答えなさい。

表１　電球からのきょりと試験管の液の色および発生した泡の数の関係

電球からのきょり[cm]	5	10	20	40	60	80	100
試験管の液の色	こい青	こい青	青	うすい青	緑	黄緑	黄
発生した泡の数[個/分]	60	60	34	15	10	9	8

※発生した泡の大きさは，すべて同じであったとする。

※電球から発生した熱は水そうには伝わらないこととする。

（6）【実験 2】の結果から考えられることとして適当でないものを，次のア～ウから１つ選び，解答らんの記号を○で囲みなさい。

ア．光が弱いほど，光合成のはたらきは弱くなる。

イ．試験管を電球から 60 cm はなしたとき，光合成も呼吸も行われていない。

ウ．試験管を電球から 5 cm はなしたときと 10 cm はなしたときでは，光合成は同じ程度行われる。

（7）電球から 10 cm はなれた位置に試験管を 6 時間置くと，やがて泡の数が減少した。この理由としてもっとも適当なものを，次のア～エから１つ選び，解答らんの記号を○で囲みなさい。

ア．液中の酸素が少なくなり，光合成が行われなくなったため。

イ．液中の二酸化炭素が少なくなり，光合成が行われなくなったため。

ウ．液中の酸素が少なくなり，光合成と呼吸が行われなくなったため。

エ．液中の二酸化炭素が少なくなり，光合成と呼吸が行われなくなったため。

【B】光合成と呼吸について調べるために，大きさ，葉の数ともにほぼ同じオオカナダモを用い，【実験1】～【実験3】を行った。これについて，下の各問いに答えなさい。

【実験1】3本の試験管A～Cを用意した。A～Cに青色のBTB液を入れて，息をふきこんで緑色にした。AとBにはオオカナダモを入れ，Bの試験管をアルミはくで包んだ（右図）。その後，1時間光を当て，試験管の液の色を観察し，比較（ひかく）した。

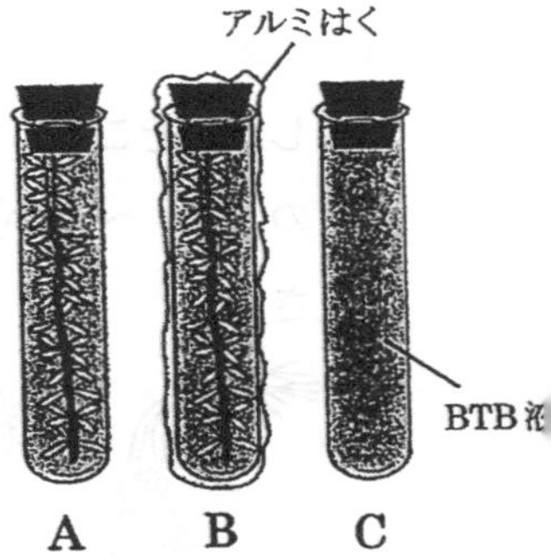

（4）【実験1】の結果，試験管Aの液の色は青色になった。

この理由について，以下の文の（　　）に入る語句を答えなさい。

オオカナダモは，光合成を行うことで，水と水にとけこんだ（　①　）を利用して，（　②　）と酸素を作るため。

（5）【実験1】の結果，試験管B，Cの液の色は，それぞれ何色になると予測されるか。もっとも適当な組み合わせを次のア～キから1つ選び，解答らんの記号を○で囲みなさい。

	ア	イ	ウ	エ	オ	カ	キ
B	青	緑	青	緑	緑	黄	黄
C	青	青	緑	緑	黄	緑	黄

【実験2】オオカナダモを入れた試験管を7本用意し，青色のBTB液を入れて，息をふきこんで緑色にした。これらを，図のように電球からのきょりを変えて置き，電球の光を当てて試験管の液の色の変化を観察した。また，オオカナダモの表面に泡が出てきたので泡の数を調べた。その結果を表1にまとめた。

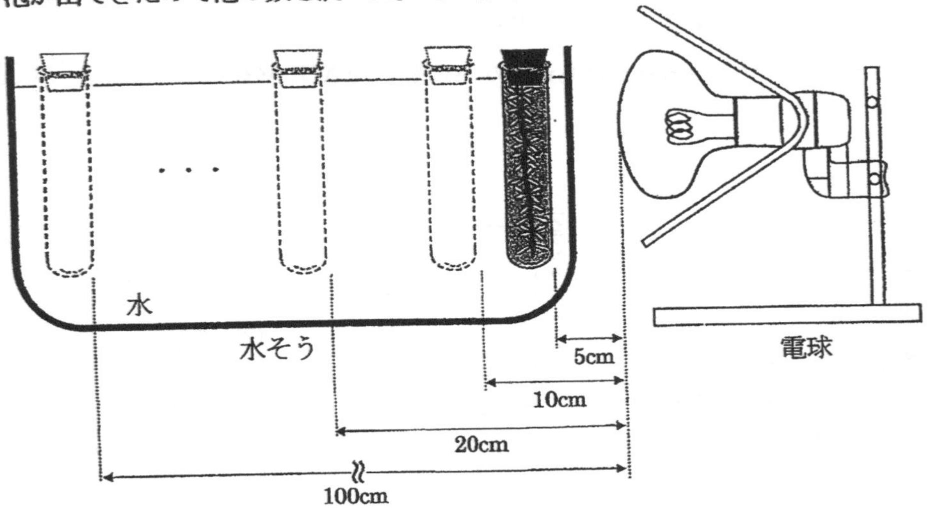

1次A
2020(R2) 帝塚山学院泉ヶ丘中
教英出版

1 【A】池から持ち帰ってきた水で，メダカを飼育した。水そうは，まどぎわの光が当たるところに置き，えさを与えなかった。次の各問いに答えなさい。

（1）メダカは3週間，生き続けていたので，水そう内にいる小さな生物を調べることにした。そこで，水そうの水をけんび鏡で調べたところ，以下の生物が観察された。次の（あ）～（か）は，それらの生物のスケッチである。下の①，②の各問いに答えなさい。

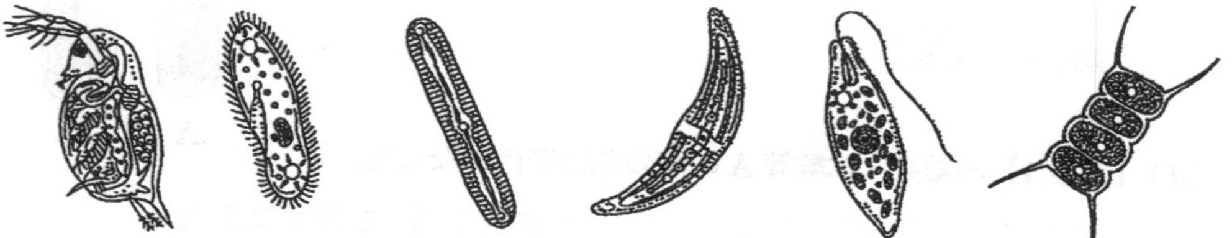

（あ）　（い）　（う）　（え）　（お）　（か）

① けんび鏡を使って観察を行うとき，低い倍率から観察する。その理由として適当でないものを次のア～ウから1つ選び，解答らんの記号を○で囲みなさい。

ア．ピントを合わせやすいため。

イ．広いはんいを観察することができるため。

ウ．細かい所までくわしく観察することができるため。

② （あ）～（か）の生物のうち，自分で移動できるものをすべて選び，解答らんの記号を○で囲みなさい。

（2）この水そうにいるメダカおよび生物（か）は，活動のために必要なエネルギーを何から得たか。それぞれ次のア～ウからすべて選び，解答らんの記号を○で囲みなさい。

ア．光　　イ．植物性プランクトン　　ウ．動物性プランクトン

（3）この水そうにいたメダカすべてが3週間後に死んだ。その後，①植物性プランクトンと②動物性プランクトンの数は，それぞれどのようになると考えられるか。次のア～ウのグラフからもっとも適当なものを1つ選び，解答らんの記号を○で囲みなさい。

ア

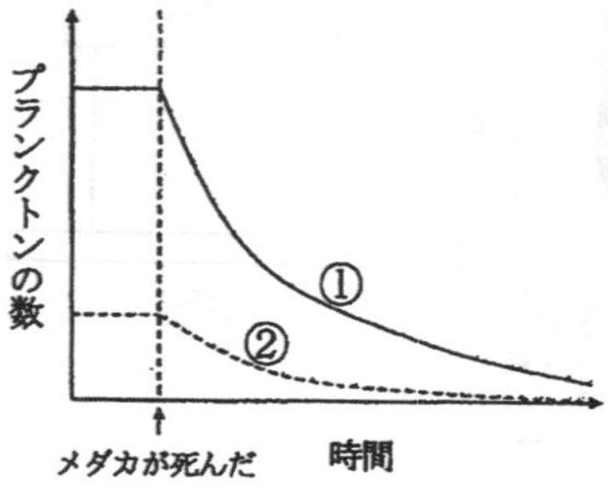

イ

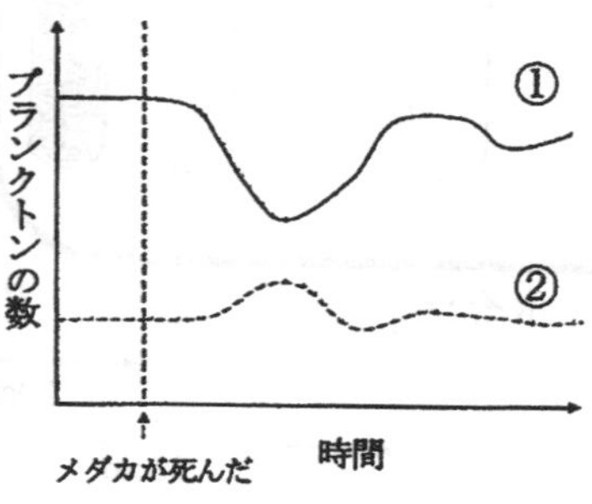

ウ

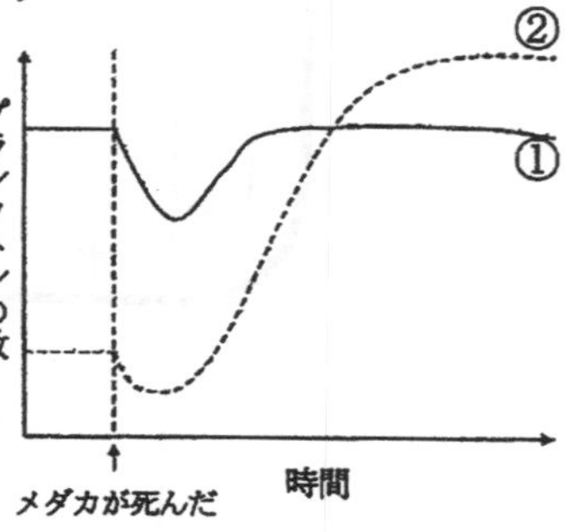

2020(R2) 帝塚山学院泉ヶ丘中
K 教英出版

令和２年度

帝塚山学院泉ヶ丘中学校
入学者選抜試験問題

１次Ａ入試

理科

（試験時間４０分）

受験番号	

(7) 1, 2, 3, 4の番号を1つずつ書いた4つの箱と1, 2, 3, 4の番号を1つずつ書いた4枚のカードがあります。箱の中に1枚ずつカードを入れるとき，箱の番号とカードの番号がすべて異なる入れ方は，全部で何通りありますか。

(8) 箱の中にボールが何個かあり，その中からAさんとBさんの2人が，①，②のようにして順番にボールを取り出しました。

① Aさんは1個と，その残りの$\frac{1}{8}$を取り出す。

② 次に，Bさんは3個と，その残りの$\frac{1}{8}$を取り出す。

このとき，2人が取り出したボールの個数は同じでした。はじめに箱の中にはボールが何個ありましたか。

(このページは計算に用いてよい)

(4)　川に沿って7km離(はな)れたA地点とB地点の間を船が往復します。上りと下りにかかった時間の比は7：5で，下りにかかった時間は25分でした。静水での船の速さと，川の流れる速さはそれぞれ一定とするとき，この川の流れる速さは時速何kmですか。

(5)　中心をOとする半円の紙があります。右の図のように，BとCを通る直線を折り目として折ると，DがOに重なりました。角㋐の大きさは何度ですか。

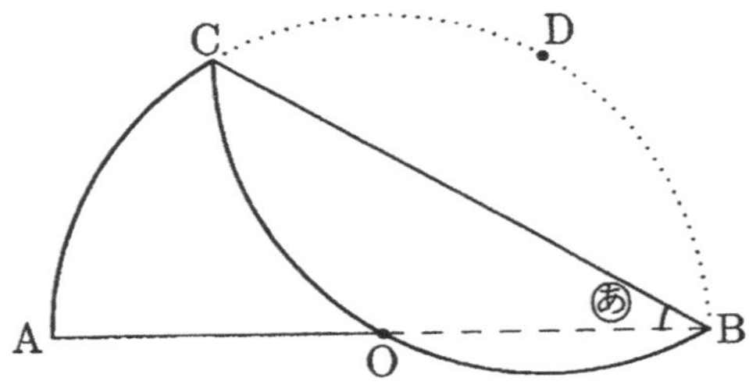

(6)　右の図は，正方形の中に半径5cmの円の4分の1を4つと，同じ半径の円を1つかいたものです。斜線(しゃせん)部分の面積の和は何cm^2ですか。ただし，円周率は3.14とします。

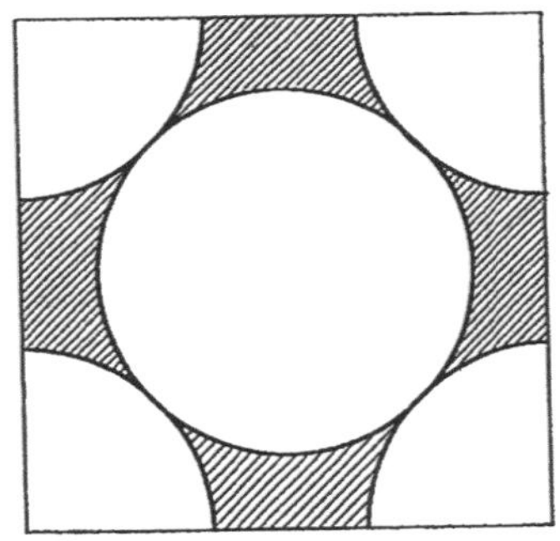

(このページは計算に用いてよい)

2 次の各問いに答えなさい。

(1) A，B，Cの3人ですると15日かかる仕事を，BとCの2人ですると18日かかります。この仕事をAだけですると何日かかりますか。

(2) あるクラスの人数は35人です。このクラスで算数と国語のテストを行ったところ，算数のテストでは18人合格し，国語のテストでは11人が合格しました。また，どちらも不合格だった人は9人いました。どちらも合格した人は何人ですか。

(3) 1枚20円の画用紙を何枚か買うつもりで，おつりがないようにお金を持っていきました。ところが，20円の画用紙は売り切れており，1枚16円の画用紙を買ったので，予定した枚数より6枚多く買うことができ，8円余りました。持っていったお金は何円ですか。

1 次の計算をしなさい。(4) は，$\square$ にあてはまる数を答えなさい。

(1) $1360 - 9 \times (6 + 111 \div 3 - 2 - 36 \div 6 \times 6)$

(2) $(0.49 \times 18 - 0.098) \div (1.09 - 0.025 \div 0.125)$

(3) $2\frac{1}{12} - (11 - 39 \div 4) \times 1\frac{1}{6}$

(4) $\left(2\frac{1}{3} - \square \div 1.5\right) \times 7 + 2.3 \times 5 = 22$

令和２年度

帝塚山学院泉ヶ丘中学校
入学者選抜試験問題

１次Ａ入試

算数

（試験時間６０分）

受験番号	

出会う。ここでいちばん大事なのは、ある価値、ある態度をそなえた他者がいる、ということです。情報は、そうじゃない。他者の脱け殻みたいなものです。アニメに人間みたいなものが出てきても、ただの他者のイメージだから、態度を明確にしなくてもいい。自分は㊟2傍観者でいられる。

結論。情報の中には、価値がない。情報から、価値を学ぶことはできない。

価値は、自分が生きていくのに、何かを選び、何かを捨てるという選択のこと。必ず㊟3コストがかかります。そういう構造が、情報にはない。情報は原則タダだから。

（　※　※　※　）

まずい点の第三。現在に縛られている。

ネットの情報は、いま電源が入っているコンピュータをつないだだけのものです。将来のコンピュータとは、つながるすべがない。ネットの中に、未来はありません。

（　Ａ　）

過去があり、現在があるとしても、将来はあるのでしょうか。

将来は、まだ起こっていない出来事だから、そもそも起こるかどうかわからない。将来はどこにもない、とも言えます。㊟4懐疑論哲学は、五分後の自分も、いるかどうかわからない、と言います。

［２］、世の中では、将来はあることになっている。学校は年間の㊟5カリキュラムを立てて授業を進め、企業は三年後の黒字を目指し、勤労者は万一に備えて生命保険に入る。人びとの行動は、将来が確実に存在することを、前提にしています。ゆえに、将来は存在するのです。

（　Ｂ　）

では、将来がどのようであるか、知ることができるか。

将来が、過去～現在の単なる延長なら、予測は容易だ。一昨年が12、昨年が13、今年が14なら、来年は15……。だが、このやり方は、時間が先になるほど、たちまち不確かになってしまう。

（　Ｃ　）

将来になっても変化しないものは、なんでしょうか。それは、人びとの態度。人間の考え方や行動様式や価値観は、急には

1次Ａ
2020(R2) 帝塚山学院泉ヶ丘中
K 教英出版

変わらないものなのです。［3］、これを㊟6定数とおいて、ほかの㊟7変数を予測する。このやり方だと、何十年も先の、長期的予測ができます。

③こういう予測は、コンピュータにはできません。本を何冊も読んで、人びとの態度や価値観に詳しくなった誰かが、予測できるだけ。情報に頼っているだけで、本を読まないと遅れをとってしまいます。

（　D　）

本には、情報にはない、メッセージがあります。この社会を生きている（いた）、おじさん・おばさんが命を削り、コストを払って、その本を届けてくれています。著者の人間を通り抜けたメッセージで、そこには価値が含まれています。

たとえば、④ある文学作品があるとしましょう。主人公が、こうなって、ああなった。その作品を、著者はなぜ書いたのか？よくあるストーリーかもしれません。でも、ほんとうによくあるストーリーだったら、わざわざ作品にする必要はないのではないか。

その著者にとって、いままで読んだことがない、でも自分が生み出した、この世界でたったひとつの大事な作品です。その作品でなければ伝えられないことがあると考えて、書いている。

さて、作品のなかに、この作品はこういうことを言いたいのです、と説明してありません。説明してしまえば、作品とは言えなくなってしまう。作品を読んだら、自然にわかるようになっている。作品以外のかたちで、伝えられるのなら、作品は書かなかった。

その作品を読むと、その作品のことがわかる。作品をうみ出した著者や価値観や時代背景についても、いろいろ伝わってくる。作品を前にした私の思いや価値観についても気づかされる。

文学作品の例をあげました。思想や哲学や、片づけの本でも、別にかまいません。人間はこう生きたらどうだろうという、メッセージが確かにそこにある。

もっとも、いま、本と情報は、分かちがたく絡みあって存在しています。はっきり区別しにくい。著者も㊟8校閲係も、確認のため、ウェブを参照するのですから。それでも、⑤本は、情報に㊟9還元できない生命をもっています。［4］それは、生身の人間が、かたちを変えたものだから。人間と付き合っていくように、本と付き合う。それこそ、「⑥正しい本の読み方」なのです。

（橋爪大三郎「正しい本の読み方」）

注1　クッキング・サイト……料理の作り方などについて書かれてあるインターネット上のホームページ。
注2　傍観者……何もせずに見ているだけの者。
注3　コストがかかります……ここでは「労力や時間がかかります」という意味。
注4　懐疑論哲学……世の中で真理とされていることがらは、すべて疑わしいものであるとする哲学。
注5　カリキュラム……教育を行う上での計画。
注6　定数……ここでは「変わらないもの」という意味。
注7　変数……ここでは「変わっていくもの」という意味。
注8　校閲係……文書などに目を通して、正しいかどうかを確かめる係。
注9　還元……もとにもどすこと。

(一)　――①「三つほど、まずい点があります」とあるが、三つの「まずい点」に共通して見られるものの説明として最も適当なものを次から選び、記号で答えなさい。

ア　こう生きるべきだというメッセージが含まれない点。
イ　自ら選択するという行為(こうい)がまったく行われない点。
ウ　生きている他者の存在をほとんど実感できない点。
エ　実際問題として人間の行動様式が急には変わらない点。

(二)　[1]～[4]に入ることばとして、最も適当なものを次から選び、それぞれ記号で答えなさい。ただし同じ記号を二度使わないこと。

ア　それとも　　イ　そこで　　ウ　たとえば　　エ　でも　　オ　なぜなら

㈢ ――②「まずい点の第二。データでできている」とあるが、「データでできている」ことはどのような点で「まずい」といえるのか。その説明として最も適当なものを次から選び、記号で答えなさい。

ア メッセージとは異なり、責任のないなかで態度を決めるように言われるから。

イ たくさんの情報の中から何かを選び、何かを捨てることにはコストがかかるから。

ウ ある価値や態度を持った相手とのやりとりがなく、価値を学ぶことができないから。

エ 自分が態度を明確にしないことで、他者をまるで脱け殻のようにあつかってしまうから。

㈣ 次の一文は、本文中から抜き出したものである。正しい位置にもどすとすればどこがよいか。（A）～（D）の中から最も適当なものを選び、記号で答えなさい。

このように、将来は、人びとの態度のなかにあります。

㈤ ――③「こういう予測」とあるが、どのような「予測」のことか。その説明として最も適当なものを次から選び、記号で答えなさい。

ア 本を何冊も読むことで、将来になっても変わらないものを予測すること。

イ 過去から現在の変化を基準として、将来の変化の度合いを予測すること。

ウ 人間の行動様式や価値観を数値に置きかえて、機械的に予測すること。

エ 人々の価値観を変わらない基準として、他の変わりゆくものを予測すること。

㈥ ――④「ある文学作品があるとしましょう」とあるが、「ある文学作品」とはその作品の著者にとってどのようなものであると本文で考えられているか。五十字以内で説明しなさい。

(七) ――⑤「本は、情報に還元できない生命をもっています」とあるが、なぜそう言えるのか。その理由を説明した次の文章の Ⅰ ～ Ⅳ に入る適当なことばを、指定された字数に従って、それぞれ本文中から抜き出して答えなさい。ただし、Ⅰ・Ⅲ・Ⅳ については、（※※※）より前の文中から、Ⅱ については、（※※※）より後の文中から抜き出すこと。

本には、単なる Ⅰ（三字） ではない、作り手の Ⅱ（六字） にもとづく Ⅲ（五字） がこめられており、その Ⅲ を受け取る者は傍観者でいることを許されず、何らかの Ⅳ（七字） を求められる。その意味では、本は生身の人間が形を変えたものだと言えるから。

(八) ――⑥「正しい本の読み方」とあるが、その説明として最も適当なものを次から選び、記号で答えなさい。

ア 著者のメッセージと向き合いながら、本との関係を深めていくこと。
イ その情報が本当に正しいものか、ウェブを参照しながら読んでいくこと。
ウ メッセージと情報の区別に注意しながら、本の生命を感じ取ること。
エ 知識を蓄（たくわ）えて満足するだけでなく、生身の人間ともつきあっていくこと。

三 次の(1)～(10)の――をつけたカタカナを漢字に直しなさい。

(1) 二カ国語を自由にアヤツる。
(2) ユウエキな時間を過ごす。
(3) 健康をソコなう。
(4) 国のケイザイを立て直す。
(5) 税金をオサめる。
(6) 対立する両者をチョウテイする。
(7) 太陽の光をアびる。
(8) 将来は親コウコウをしたい。
(9) 知恵をカりる。
(10) 政治家としてのシシツを問う。

1次A
2020(R2) 帝塚山学院泉ヶ丘中
K 教英出版

四 次の(1)～(5)のそれぞれの場面に最もふさわしいことわざ・慣用句を後から選び、それぞれ記号で答えなさい。

(1) 私は好きな俳優のサインをもらうついでに、欲張って写真も撮ろうとしたが、「写真を撮るのは事務所の許可を得てからにしてください」とマネージャーに断られた。マネージャーと押し問答をしているうちに時間がなくなってしまい、結局サインをもらう機会も失ってしまった。

ア あぶはち取らず　イ 漁夫の利　ウ 兜を脱ぐ　エ 弘法も筆の誤り

(2) 社会科が好きで得意でもあった健一君は、普段の授業も理解できるし、テストもきっとできたはずだという自信があった。しかし、自信があったにもかかわらず、どういうわけか、よい点をとることができなかった。

ア 習うより慣れろ　イ 水の泡になる　ウ 大船に乗る　エ 猿も木から落ちる

(3) たかし君は自分勝手にふるまうことが多かったが、これまで誰にも注意されなかった。ある日、たかし君がわがままを言って後輩たちをひどく困らせていた。それを見かねた先輩から強く注意されたため、たかし君はひどく落ち込んだが、自分の欠点を痛感し、反省するよい機会になった。

ア 二階から目薬　イ 弱り目にたたり目　ウ 良薬は口に苦し　エ 灯台もと暗し

(4) 岸本はある日たまたまジュースの自動販売機の釣り銭受けのところで百円玉を見つけた。それ以来、ジュースに限らず、電車の券売機やスーパーの自動支払機を使う機会があると必ず釣り銭受けを確認しているが、取り忘れの釣り銭を見つけたことはない。

ア 無理が通れば道理がひっこむ　イ 柳の下にいつもどじょうはいない

ウ 三つ子のたましい百まで　エ 渡りに船

(5) 大阪でも五本の指に入る料理人の山田さんは、毎日工夫を凝らした料理で客たちの舌を喜ばせていた。しかし、食材選びやレシピの考案などに時間を取られるため、彼自身はいつもコンビニの弁当で食事をすませていた。

ア かえるの面に水　イ 鬼の目にも涙　ウ 医者の不養生　エ 言うは易く行うは難し

五 次の(1)～(5)の ―― をつけたことばと同じ意味・用法のものを後のア～エの ―― 部から選び、それぞれ記号で答えなさい。

(1) お金はないが、心は豊かだ。
ア 犬の散歩をするのが、毎日の日課だ。
イ 今夜は寒くなるそうだが、夕飯は何にしようか。
ウ まさか君が、こんなことをするなんて。
エ 声をかけたが、返事はなかった。

(2) こんなミスをしてしまうなんて、君らしくないね。
ア 日本らしい建築様式にあこがれを持つ。
イ あたらしいカーテンを部屋に取り付ける。
ウ どうやら社長らしい人物があらわれた。
エ 予報によると明日の天気は雨らしい。

(3) フィンランドに行きたいな。
ア くすぐったい気持ちになる。
イ 言いたいことも言えずに泣く。
ウ 重たい荷物は持ちたくない。
エ 今日はめでたいお正月。

(4) 予想が外れると困ったことになる。
ア 自分の気持ちをはっきりと伝えよう。
イ 彼(かれ)は後に将軍となって国を治めた。
ウ 夏になると子供のころを思い出す。
エ 彼の証言は事実と異なっている。

(5) 犬に「お手」を練習させる。
ア 今日のところは君に任せるよ。
イ 荷物を勝手に車に乗せるな。
ウ 牛乳を弟に買いに行かせる。
エ 予定を五分だけ遅(おく)らせる。